新文科·智能会计课教融合精品教材

Python
财务大数据决策

◎ 主　编　王　晖　金春华

◎ 副主编　李玉曼　吕晓敏

中国教育出版传媒集团

高等教育出版社·北京

内容简介

本书定位于探索智能财会的应用现状及发展趋势，以功能强大且易上手的 Python 为编程语言，内容覆盖了企业财务决策的主要方面，是新形势下利用大数据分析和机器学习技术科学解决企业财务决策量化分析的典型教材。

全书共九章，前三章介绍了 Python 编程基础，Python 模块的数据处理和数据展示，第四章以杜邦分析法展示了企业盈利能力的可视化呈现，第五章以线性回归法展示了企业投资效率影响因素的实证分析，第六章以 ARIMA 模型展示了企业营业收入的预测，第七章以决策树和随机森林模型展示了会计舞弊识别，第八章以 BP 神经网络模型展示了网络平台经济环境下数据资源的价值评估，第九章以遗传算法和普通最小二乘法展示了户籍门槛与企业生产率的实证分析。各章均配套教学数字资源、视频讲解、即测即评等，便于学生学习使用。

本书适合作为高校智能会计、智能财务、数字经济等新兴本科专业及研究生方向教材，或会计学、财务管理、审计等专业本科生和研究生的大数据分析类专业必修课或专业选修课的教材，也适合对企业财务数字化转型方向感兴趣的读者。

图书在版编目（CIP）数据

Python 财务大数据决策 / 王晖，金春华主编 ； 李玉曼，吕晓敏副主编． -- 北京 ： 高等教育出版社，2024. 9. -- ISBN 978-7-04-062587-5

Ⅰ. F275

中国国家版本馆 CIP 数据核字第 2024WE7798 号

Python Caiwu Dashuju Juece

策划编辑　王　琼　　责任编辑　王　琼　　封面设计　王　琰　马天驰　　版式设计　杨　树
责任绘图　易斯翔　　责任校对　马鑫蕊　　责任印制　高　峰

出版发行	高等教育出版社	网　　址	http://www.hep.edu.cn
社　　址	北京市西城区德外大街 4 号		http://www.hep.com.cn
邮政编码	100120	网上订购	http://www.hepmall.com.cn
印　　刷	固安县铭成印刷有限公司		http://www.hepmall.com
开　　本	787 mm× 1092 mm　1/16		http://www.hepmall.cn
印　　张	14.5		
字　　数	320 千字	版　　次	2024 年 9 月第 1 版
购书热线	010-58581118	印　　次	2024 年 9 月第 1 次印刷
咨询电话	400-810-0598	定　　价	39.00 元

物 料 号　62587-00

前 言

当前全球数据呈现爆发式增长，抢占数字经济的红利成为各国发展的重要方向。“十四五”规划提出，加快数字化发展，建设数字经济、数字社会、数字政府，营造良好数字生态，建设数字中国。党的二十大报告指出，加快发展数字经济，促进数字经济和实体经济深度融合，打造具有国际竞争力的数字产业集群。在数字经济蓬勃发展背景下，全球商业模式不断创新，重复性的工作逐渐被智能机器人所取代，行业内的竞争愈发激烈，技术变革对专业人员的会计信息化技能和数据处理能力要求不断提高。为应对新形势、新业态和新挑战，智能会计以及智能财务领域异军突起，成为财务会计领域的前沿阵地。

本书是适应新时代财务会计领域新形势和新业态的发展需要，针对智能会计和智能财务等新兴学科人才培养内容而重点研发的教材。本书旨在让学生从企业财务管理者的角度，对大数据在财务决策领域中的应用及其应用中可能引发的问题有更深入系统的认识和理解。本书以案例作为教学模块，以中国情境式的管理问题培养学生运用 Python 语言进行财务大数据分析和应用的能力、“信息技术 + 专业技能”的综合能力以及科研素养，以满足智能会计、智能财务专业人才培养的新目标和新要求，创建智能会计、智能财务的特色品牌。本书特点体现在以下两个方面：

（1）Python 语言编程贯穿全书。以当下最热门的 Python 程序语言为基础，通过大数据处理与分析对现实财务决策问题提出解决思路和量化处理建议。

（2）教材案例贴合业务、教学和科研。本书案例从企业前沿发展的需求出发，结合编写团队的科研与教学工作，旨在引导学生从现实需求出发提出问题，然后通过收集数据、整理数据、选择合适的模型并用 Python 程序语言来分析问题，再根据运行结果对企业财务决策提出量化处理建议，最终解决问题。

选用本书可根据学情进行分层次教学，让不同层次的学生进行相应的模块化学习，掌握不同广度和深度的知识。本书内容覆盖企业财务管理的三大活动：投资活动、融资活动和生产经营活动，具体案例涉及盈利能力分析、营业收入预测、会计舞弊识别、投资效率分析、数据资源价值评估以及企业生产率分析；所采用的大数据分析方法包括杜邦分析法、线性回归分析、ARIMA 模型、决策树分析与随机森林模型、BP 神经网络模型、遗传算法分析等。另外，为了便于学生学习和掌握，本书编程代码及注释均为电脑截屏图，未区分变量的正斜体。本书内容丰富、分析方法多元，是学习分析和量化企业财务决策的重要途径。

本书具体编写分工如下：第一章至第三章由王晖、金春华编写，第四章和第六章由李玉曼编写，第五章和第七章由吕晓敏和潘蕊编写，第八章由倪渊编写，第九章由张思涵和朱雪宁编写。其中，第五章、第七章和第九章的案例已被狗熊会数据科学精品案例库收录。在此感谢复旦大学朱雪宁、中央财经大学潘蕊及厦门网中网软件有限公司参与案例开发与教材编写！本研究受北京信息科技大学“促进高校分类发展－教学改革－经管学院教学改革与课程建设”资助（项目代码：5112110857）。本书是厦门网中网软件有限公司开发的“大数据财务决策”课程配套教材。

技术变革引起的新经济业务模式需要会计人员更多的职业判断和价值评估。这就需要培养“懂技术＋会专业＋有情怀”的智能财会人才，以应对市场需求变化。但由于作者水平有限，书中的错误和疏漏之处在所难免。敬请各位读者提出宝贵意见，以便进一步修订和改进。

编　者

2024 年 1 月 29 日

目录

数字教学资源目录

第一章

学习目标

通过本章学习,应该能够:了解 Python 的安装和 Jupyter Notebook 的使用;掌握 Python 基础知识和 Python 语句;理解 Python 的主要内置函数与自定义函数。

第一节 Python 的安装和 Jupyter Notebook 的使用

一、Python 的安装

(一) 为什么安装 Anaconda?

安装 Python 有很多种途径。对于初学者而言,Anaconda 是最方便的平台。

Anaconda 不是语言,它只是 Python 的一个集成管理工具,它把 Python 有关数据计算与分析所需要的模块都集成在一起。Anaconda 里面包含了 720 多个数据科学相关的开源模块,在数据可视化、机器学习、深度学习等多方面都有涉及。Anaconda 不仅可以做数据分析,还可以用在大数据和人工智能领域。另外,安装它后就默认安装了 Python、IPython、Jupyter Notebook 和集成开发环境 Spyder 等。总之,安装 Anaconda 让我们省去了大量下载模块包的时间,使用起来更加方便。

(二) Anaconda 介绍

Anaconda 在英文中是“蟒蛇”的意思。Anaconda 主要包括:

1. Anaconda Navigator

用于管理工具包和环境的图形用户界面，后续涉及的众多管理命令也可以在 Navigator 中手工实现。

2. Jupyter Notebook

基于 web 的交互式计算环境，可以编辑易于人们阅读的文档，用于展示数据分析的过程（本教材使用 Jupyter Notebook 进行数据分析与展示）。

3. qtconsole

一个可执行 IPython 的仿终端图形界面程序，相比 Python Shell 界面，qtconsole 可以直接显示代码生成的图形，实现多行代码输入执行，以及内置许多有用的功能和函数。

4. Spyder

一个使用 Python 语言、跨平台的、科学运算集成的开发环境。

（三）Anaconda 安装

读者可以通过搜索 Anaconda，找到 Anaconda 官网下载地址，根据当前操作系统（Windows、macOS 或 Linux）选择相应的版本下载。对于 Windows 系统，还需要根据系统的位数选择 32 位或 64 位。这里选择适用于 64 位 Windows 系统的 Python3.8 版本，如图 1–1 和图 1–2 所示。

如果官网下载速度慢，可以到清华大学开源软件镜像站下载安装文件。例如，操作系统 Win7 旗舰版 64bit，Anaconda 版本信息——Anaconda3 2021.05（Python 3.8.8 64–bit），如图 1–3 所示。

双击下载好的安装文件，进入安装界面。建议使用者不要改变默认安装路径（防止可能出现的安装问题），然后在弹出的界面中单击多次 “Next” 按钮。安装到如图 1–4 所示的界面时，注意一定要勾选第一个复选框，其作用相当于自动配置好环境变量，这对初学者来说比较方便。

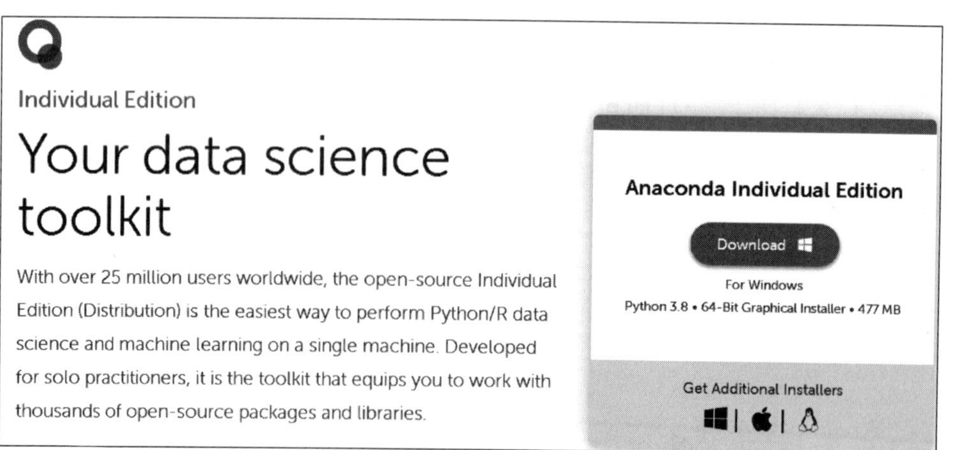

图 1–1 Anaconda 官网下载界面

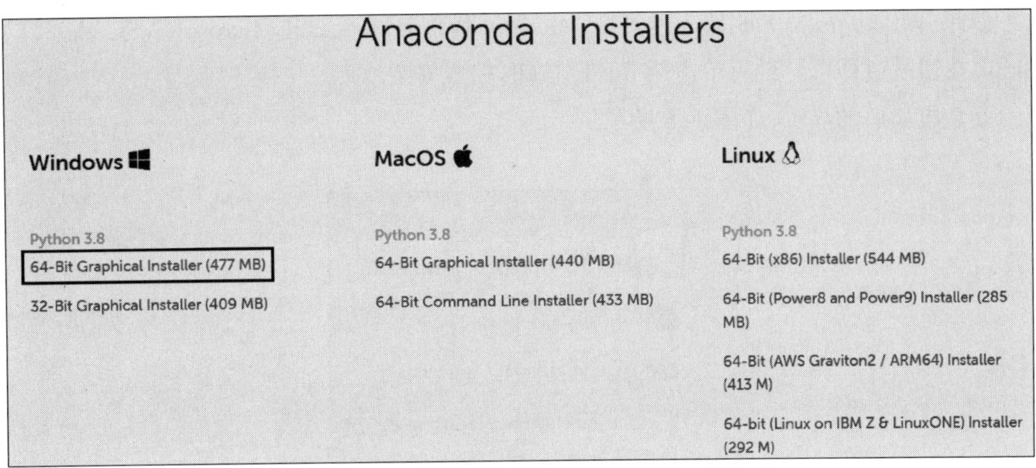

图 1-2　Anaconda 官网下载 64 位 Windows 系统的 Python3.8 版本

https://mirrors.tuna.tsinghua.edu.cn/anaconda/archive/

Anaconda3-2021.05-Linux-ppc64le.sh	285.3 MiB	2021-05-14 11:33
Anaconda3-2021.05-Linux-s390x.sh	291.7 MiB	2021-05-14 11:33
Anaconda3-2021.05-Linux-x86_64.sh	544.4 MiB	2021-05-14 11:33
Anaconda3-2021.05-MacOSX-x86_64.pkg	440.3 MiB	2021-05-14 11:33
Anaconda3-2021.05-MacOSX-x86_64.sh	432.7 MiB	2021-05-14 11:34
Anaconda3-2021.05-Windows-x86.exe	408.5 MiB	2021-05-14 11:34
Anaconda3-2021.05-Windows-x86_64.exe	477.2 MiB	2021-05-14 11:34
Anaconda3-2021.11-Linux-aarch64.sh	487.7 MiB	2021-11-18 02:14

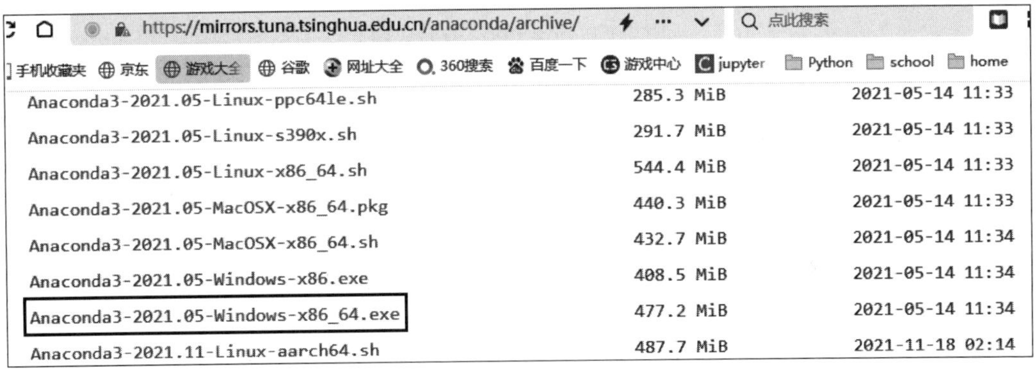

图 1-3　清华大学开源软件镜像站下载 64 位 Windows 系统的 Python3.8 版本

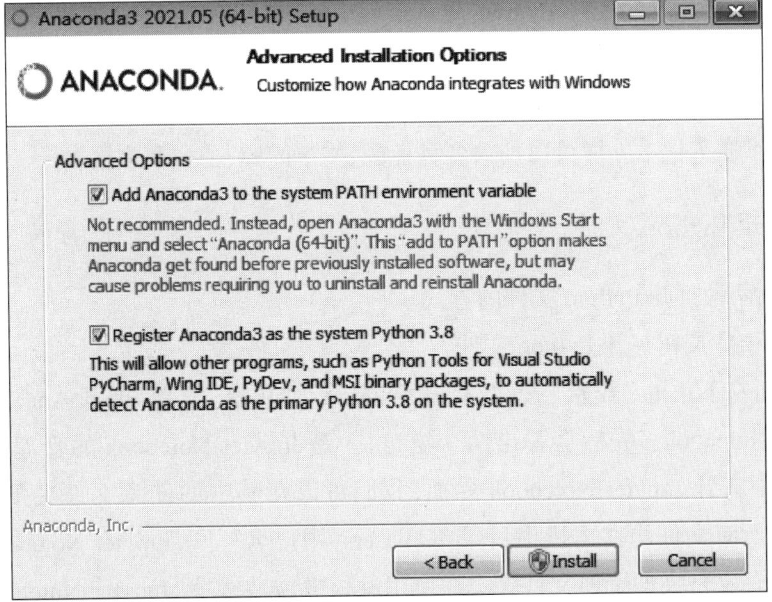

图 1-4　Anaconda 安装

如果弹出的界面中询问是否安装 Microsoft VSCode（Install Microsoft VSCode），单击“Skip”按钮跳过即可。最后单击“Finish”按钮，完成安装。

安装成功后的显示，如图 1-5 所示：

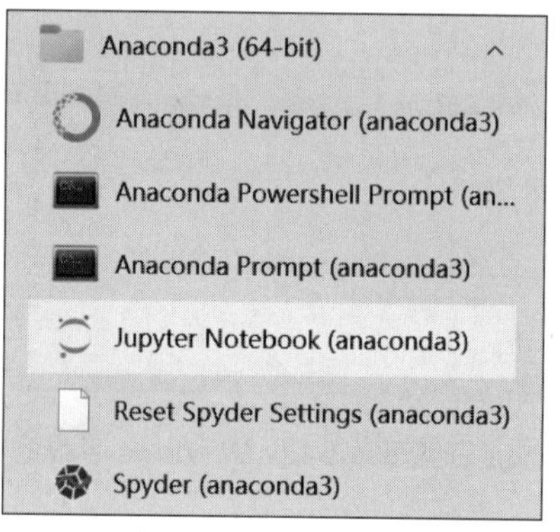

图 1-5 Anaconda 安装成功

教学视频：Jupyter Notebook 的使用

二、Jupyter Notebook 的使用

安装之后就可以开始使用 Python，比如通过 Jupyter Notebook、IPython、Spider 等界面来运行。从运算来说，各种界面没有区别，但因为不同人的习惯不同，所以会有不同偏好。

对于初学者而言，Jupyter Notebook 更加方便，因为它把每一步程序及结果都自动记录下来，而且像纸质笔记本一样可以加入各种标题、文字内容、公式及表格。

（一）打开 Python 文件

本书介绍两种打开 Python 文件的方式。

1. 从“开始”按钮打开 Python 文件

点击桌面左下角的“开始”按钮，打开 Windows“开始”菜单，展开 Anaconda 程序组，单击 Jupyter Notebook。先后会弹出两个窗口，一是 Jupyter Notebook 的管理窗口；二是在默认浏览器中打开 Jupyter Notebook 界面，我们可以在其中的任意文件夹下创建和打开 Python 文件（所有文件均在本机根目录“C:\Users\ 用户名”下），Jupyter Notebook 初始界面内的“Desktop”文件夹即桌面文件夹。在使用过程中，如果关闭 Jupyter Notebook 的管理窗口，则 Jupyter Notebook 会显示连接断开。

如果浏览器中没有自动打开图 1–6 所示的 Jupyter Notebook 界面，也可以把图 1–7 中框出的那一行链接复制、粘贴到浏览器的地址栏中打开。

2. 从某个文件夹直接打开 Python 文件

如果想要打开指定文件夹里的 Jupyter Notebook 文件，可以采用如下办法，在该文件夹的路径框内输入 “cmd”，然后按 Enter 回车键，如图 1–8 所示。

在弹出的界面中输入 “jupyter notebook”，按 Enter 回车键即可，如图 1–9 所示：

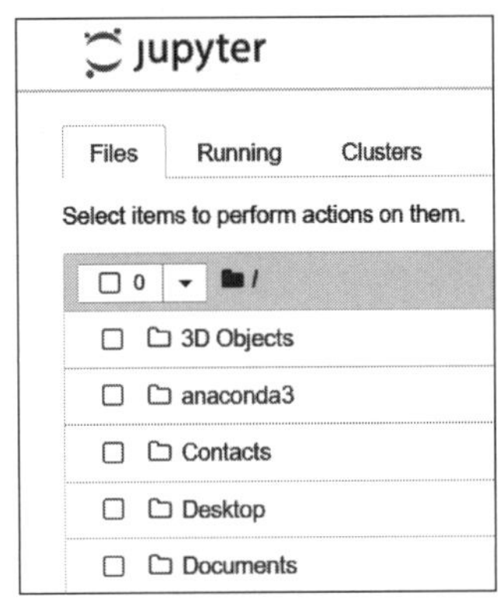

图 1–6　Jupyter Notebook 界面

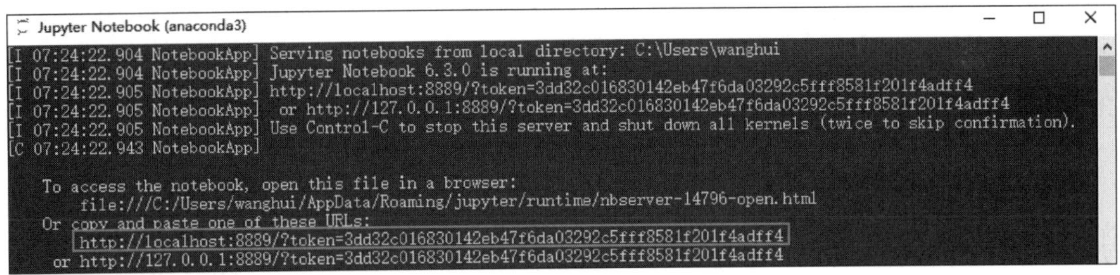

图 1–7　Jupyter Notebook 管理窗口

图 1–8　指定文件夹的路径框内输入 “cmd”

图 1–9　输入 “jupyter notebook”

然后便能在默认浏览器中看到如下内容，单击相关 Python 文件，即可将其打开并进行查看，如图 1–10 所示。

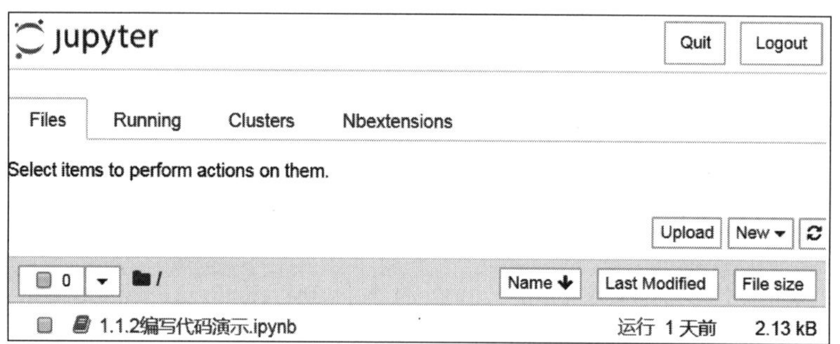

图 1-10 打开 Python 文件

（二）创建 Python 文件

单击 Jupyter Notebook 界面右上角的“New”按钮，在展开的列表中选择“Python 3”选项，就能创建 Python 文件；如果需要创建新文件夹，则选择“Folder”选项，如图 1-11 所示。

选择“Python 3”选项后，会打开图 1-12 所示的界面，单击上面的“Untitled”可以修改文件名，文件会自动保存。Jupyter Notebook 创建的 Python 文件扩展名为“.ipynb”。

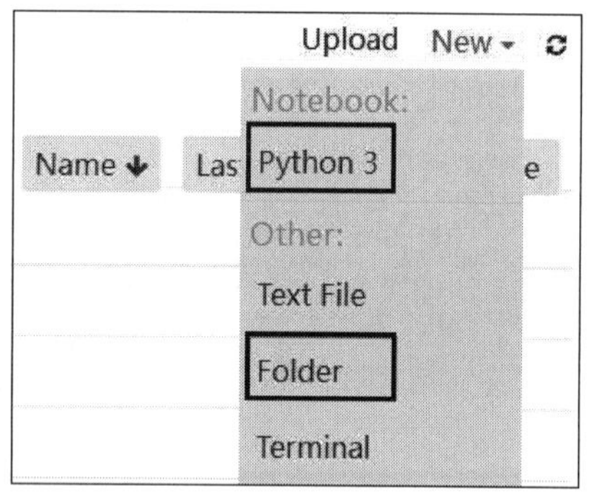

图 1-11 创建 Python 文件

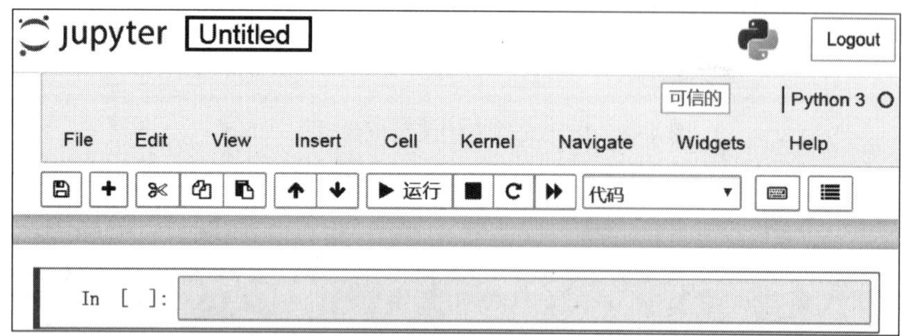

图 1-12 修改文件名

（三）编写代码

在区块中输入代码，使用快捷键【Ctrl+Enter】或单击菜单栏下方工具栏中的“运行”按钮即可运行当前区块。编写代码时区块边框显示为绿色，命令模式时区块边框显示为蓝色，如图 1-13 所示。

下面介绍两种新增一个区块的方法。方法一，通过单击工具栏中的“+”按钮，即可在当前区块下方新增一个区块；方法二，通过单击当前区块左侧（此时该区块左侧边框会变成蓝

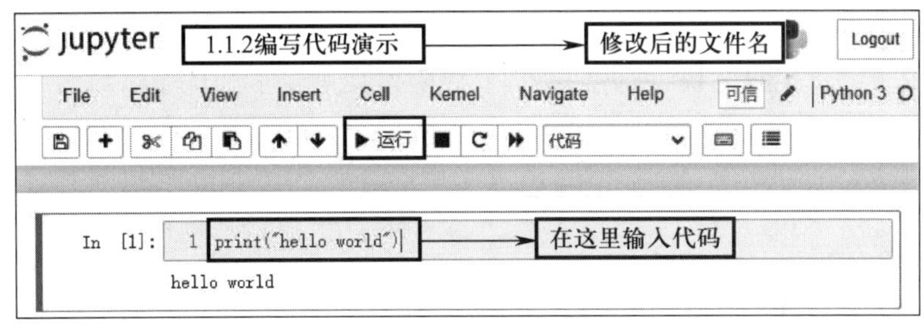

图 1-13　编写代码

色),然后按快捷键【B】,即可在当前区块下方新增一个区块(按快捷键【A】则可以在当前区块上方新增一个区块),如图 1-14 所示。

在代码区块内打印相应内容:方法一,利用 print() 函数;方法二,直接输入变量名即可查看变量值。需要注意的是,在同一区块中只输出最后一个直接输入的变量名的变量值,如图 1-14 所示。

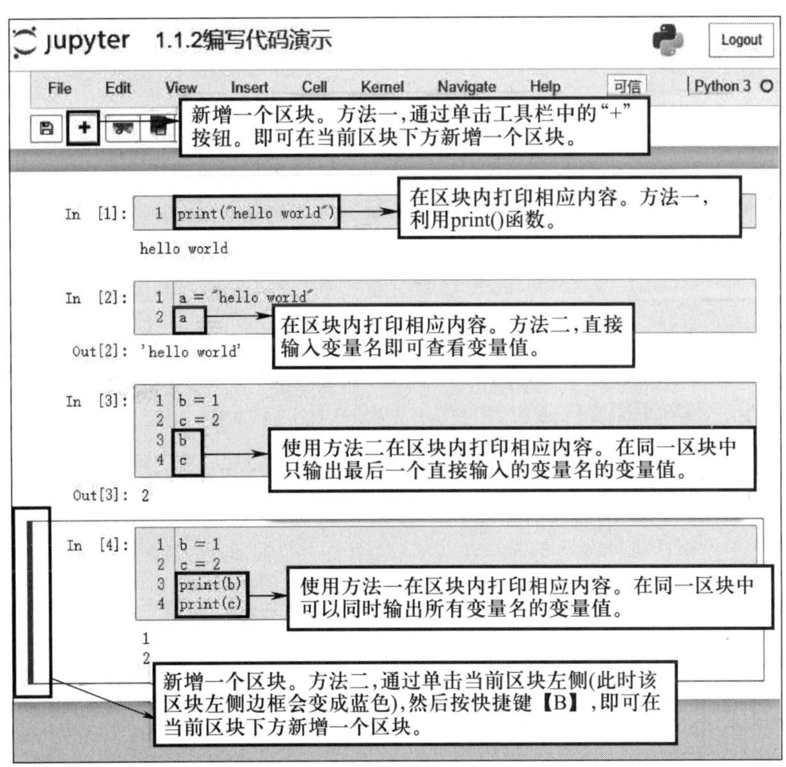

图 1-14　新增一个区块和在代码区块内打印相应内容

(四) 菜单栏的使用

1. "File" 菜单

该菜单用于打开和存储文件。其中的 "Download as" 命令可以把 Jupyter Notebook 创建的扩展名为 ".ipynb" 的 Python 文件另存为扩展名为 ".py" 的常规 Python 文件。

2. “Edit” 菜单

该菜单用于编辑代码区块，如剪切、复制、删除区块等。

3. “Insert” 菜单

该菜单用于插入区块。如在当前代码区块下方或者上方插入一个代码区块。

4. “Cell” 菜单

该菜单用于运行代码区块。如运行所有代码（Run All），运行当前代码区块上方的所有代码（Run All Above），运行当前代码区块下方的所有代码（Run All Below）。

5. “Kernel” 菜单

该菜单用于中断或重启程序。如重启 Jupyter Notebook 系统（Restart），重启并清除输出（Restart & Clear Output），重启并运行所有代码（Restart & Run All）。

6. “Help” 菜单

该菜单下提供了很多使用 Jupyter Notebook 的说明，例如，“Keyboard Shortcuts” 命令可以显示快捷键。

（五）快捷按钮的使用

在 Jupyter Notebook 菜单栏下方的工具栏有许多快捷按钮，如图 1–15 所示。

图 1–15 快捷按钮

这些按钮的作用依次为：保存并检查、在下方插入代码区块、剪切选中的代码区块、复制选中的代码区块、粘贴到当前代码区块下方、上移选中的代码区块、下移选中的代码区块、运行当前代码区块、中断系统（如果无法中断，则可以重启系统）、重启系统、重启并运行所有代码、代码及标题框、打开命令配置、目录图标（安装 Jupyter Notebook extensions 自动生成目录插件后会出现此图标）。

在代码和标题框的下拉菜单内，“代码” 表示选中区块的格式为代码格式；“Markdown” 表示选中区块的格式为标记格式，类似笔记或注释的内容；“标题” 表示选中区块的格式为标题格式。

（六）快捷键的使用

Jupyter Notebook 自带一组快捷键，能让使用者快速使用键盘与单元格交互，而无须使用鼠标和工具栏。熟悉这些快捷键需要花费一点时间，但如果能熟练掌握，将大大加快在 Jupyter Notebook 中的工作速度。快捷键可以通过单元格 “蓝色” 状态下按 “h” 来查看，如图 1–16 所示。

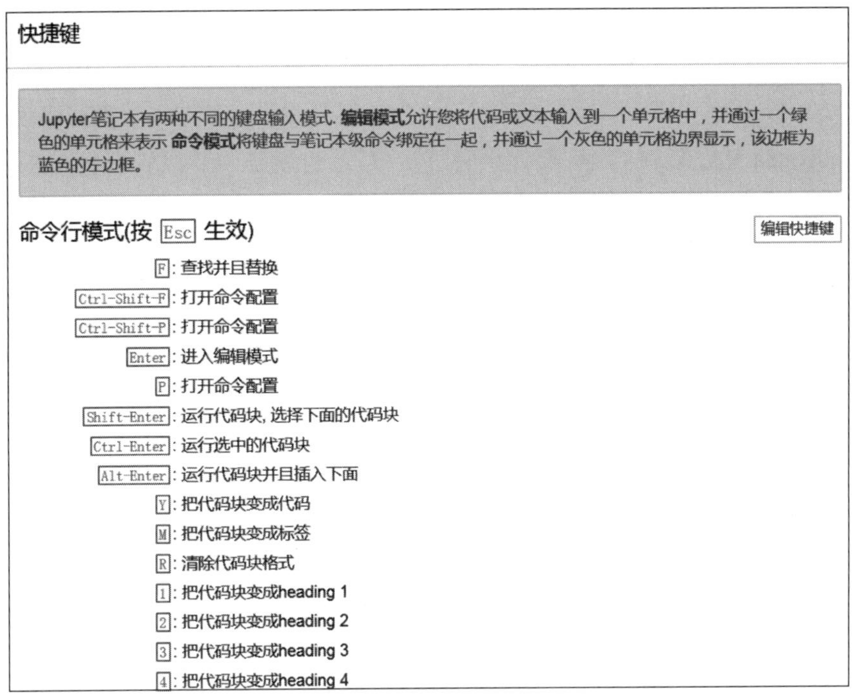

图 1-16　快捷键

下面重点列出几个常用的快捷键。

【Shift+Enter】:运行代码块,选择下面的代码块。

【Ctrl+Enter】:运行选中的代码块。

【A】:在上方插入新代码块。

【B】:在下方插入新代码块。

连按两次【D】:删除选中的代码块。

【Y】:把代码块变成代码。

【M】:把代码块变成 markdown 状态。

(七) Jupyter Notebook extensions 自动生成目录安装与使用

当我们在分析数据时,会有很多步骤或者结果,经常需要在各个分析或者结果之间切换,而目录(Table of Contents, TOC)功能可以提高工作效率。Jupyter Notebook 中的 Markdown 不可以添加目录。如果想为 Jupyter Notebook 添加目录,可以使用 Jupyter notebook nbextensions,它是 Jupyter 安装各种插件的基础,其中的 TOC2,可以添加至目录。

下面以本教材使用的操作系统和 Anaconda 版本为例,介绍 Jupyter Notebook nbextensions 的安装。操作系统是 Win7 旗舰版 64bit,Anaconda 的版本信息是 Anaconda3 2021.05(Python 3.8.8 64-bit)。

1. 安装 Jupyter Notebook nbextensions

点击桌面左下角的“开始”按钮，打开 Windows “开始”菜单，展开 Anaconda 程序组，选中 Anaconda Prompt，按鼠标右键，点击“更多”右侧的“>”，点击“以管理员身份运行”（注意：如果 Anaconda 是安装在 C 盘，要提供管理员权限，也就是说要以管理员方式运行，否则会出现安装错误），如图 1–17 所示。

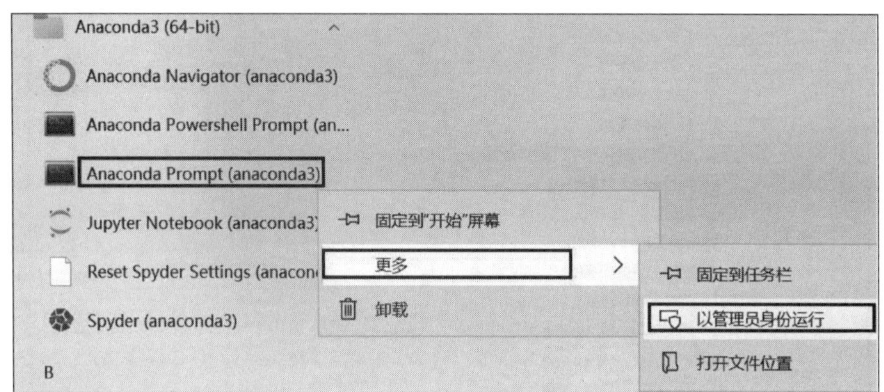

图 1–17 如何“以管理员身份运行”示意图

在弹出的界面中输入下列命令，“conda install –c conda–forge jupyter_contrib_nbextensions”。按 Enter 回车键进行安装，如图 1–18 所示。

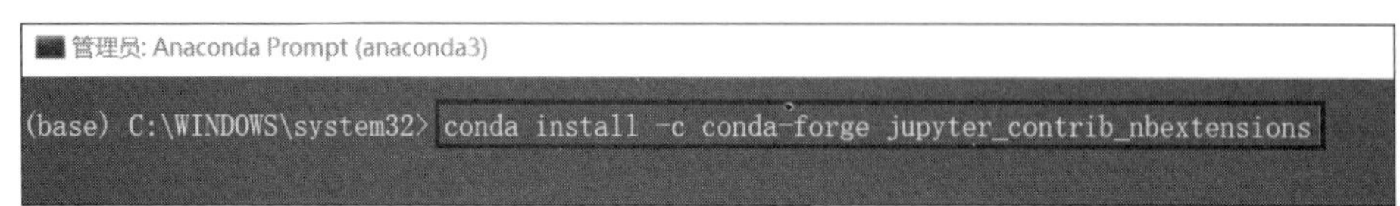

图 1–18 在弹出的界面中输入命令进行安装

Jupyter Notebook nbextensions 安装完毕，还需要继续后面的几个步骤。

2. 执行“Jupyter contrib nbextension install –user”

输入如图 1–19 框出的命令“Jupyter contrib nbextension install –user”，按 Enter 回车键，直至如图 1–20 框出的提示行出现为止，本命令执行完成。

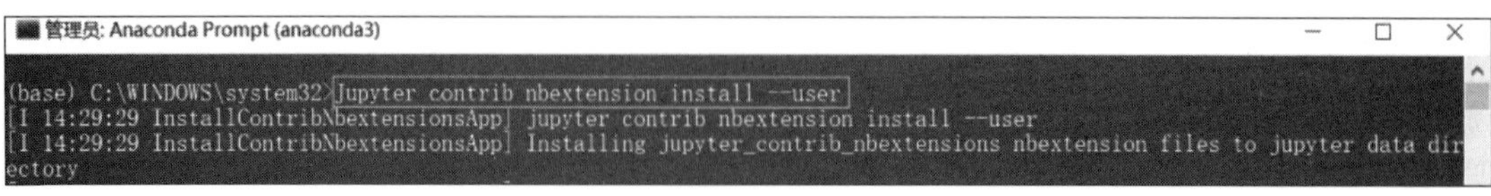

图 1–19 输入命令“Jupyter contrib nbextension install –user”

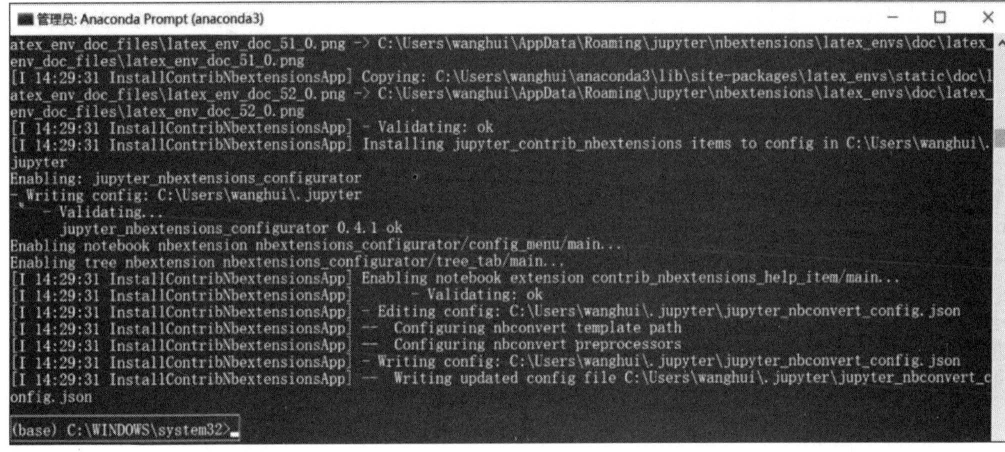

图 1-20　“Jupyter contrib nbextension install -user” 命令执行完成

3. 开启 “Table of Contents（2）” 插件

重新启动 Jupyter Notebook，在打开的 Notebook 界面里，则多了一个 “Nbextensions” 菜单，如图 1-21 所示。

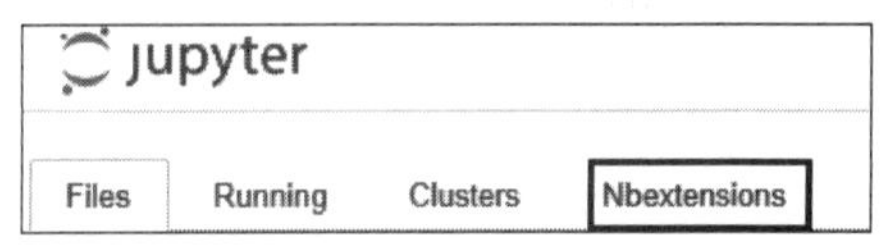

图 1-21　Jupyter Notebook 界面出现 “Nbextensions” 菜单

点击图 1-21 内的 “Nbextensions”，会出现图 1-22 所示界面，勾选 “Table of Contents（2）”（有的版本是 “toc2”）。

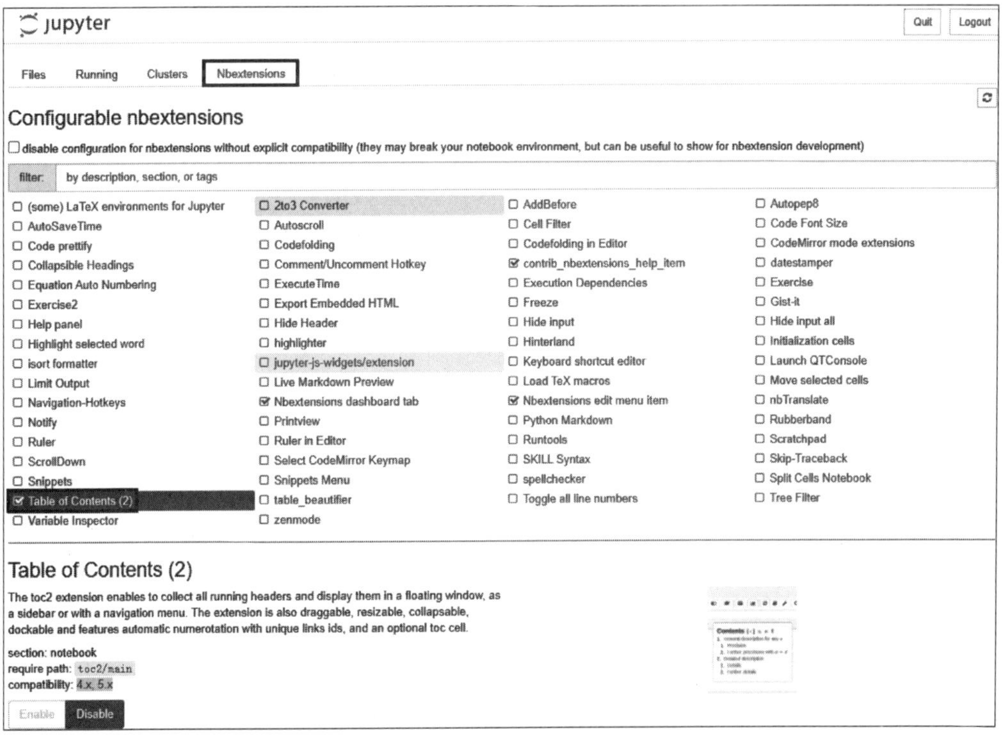

图 1-22　勾选 “Table of Contents（2）”

4. 生成 Notebook 目录

创建或者打开一个 Jupter Notebook 文档。工具栏右侧多了一个显示目录树的按钮（“目录图标”），点击后可以查看到左侧的目录显示，目录可以折叠、刷新、设置，如图 1-23 所示。

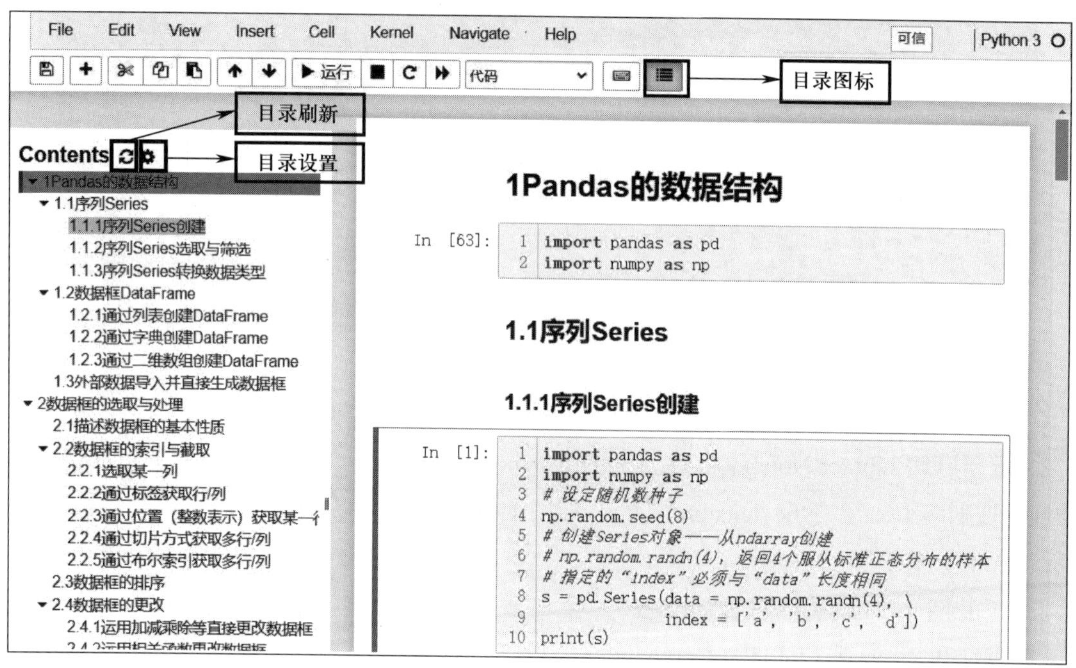

图 1-23 Notebook 目录

三、财务数据的获取

目前可以通过很多渠道获取国内外上市公司的财务数据。一是通过网站获取，例如，中证网、中国证券监督管理委员会官网、上海证券交易所官网、深证证券交易所官网、巨潮资讯网、东方财富网、证券时报网等；二是通过金融数据库获取，例如，万得（Wind）数据库、锐思数据库、希施玛（CSMAR）经济金融研究数据库、Tushare 库等。

下面介绍利用 CSMAR 数据库，获取第 3 章（3.6 案例：格力电器盈利能力分析）所需的上市公司财务数据集。

希施玛 CSMAR（原名国泰安 CSMAR）经济金融研究数据库是国泰安从学术研究的需求出发，借鉴芝加哥大学证券价格研究中心（CRSP）、标准普尔 Compustat、纽约证券交易所 TAQ、I/B/E/S、Thomson 等国际知名数据库的专业标准，并结合中国实际国情开发的国内首个经济金融型数据库。该数据库涵盖了股票市场、公司、基金、债券、衍生市场、经济、行业、货币市场、海外、板块、市场资讯、专题、科技金融等 18 个研究系列 140 多个子数据库，含有 4 000 多张表、40 000 多个指标，是目前市场上最全面的经济金融研究数据库之一。

格力电器是一家在上海证券交易所上市的公司，其全称为珠海格力电器股份有限公司。

根据申万行业分类，格力电器属于申万一级家用电器、申万二级白色家电。截至 2021 年 8 月 15 日，申万二级白色家电，共计 60 家上市公司，详见“家用电器白色家电行业代码对照表.xlsx”。

利用希施玛 CSMAR 经济金融研究数据库，下载 2016~2020 年所有申万二级白色家电行业上市公司的资产负债表和利润表。结果见文件：FS_Combas.xlsx（资产负债表）和 FS_Comins.xlsx（利润表）。其具体步骤如下：

（1）登录希施玛 CSMAR 经济金融研究数据库页面，进入单表查询——公司研究系列——财务报表——资产负债表。

（2）时间设置和代码选择（见图 1–24）。

输入时间区间：开始时间 2016–12–31，结束时间 2020–12–31。

代码设置：首先点击“模板下载”；然后将申万二级白色家电 60 家上市公司代码存入文件“Codetemplate.xlsx”；最后点击“文件选择”，上传文件“Codetemplate.xlsx”。

图 1–24 时间设置和代码选择

（3）字段设置（见图 1–25）

点击“全选”，将资产负债表 136 个字段全部选中。也可以根据所需在“搜索”栏输入关键字选中相应字段。“字段说明”提供了所有字段的详细信息。

（4）条件筛选（见图 1–26）

根据需要进行条件设置。先设置条件，然后点击“添加”，可以设置多个条件组合。

（5）下载数据

选择文件输出类型，输入邮箱信息或保存方案，点击“下载数据”（见图 1–27）。打开下载的 Excel 文件，得到图 1–28 所示的数据集 FS_Combas（资产负债表）。

按照同样的步骤可以得到数据集 FS_Comins.xlsx（利润表）。

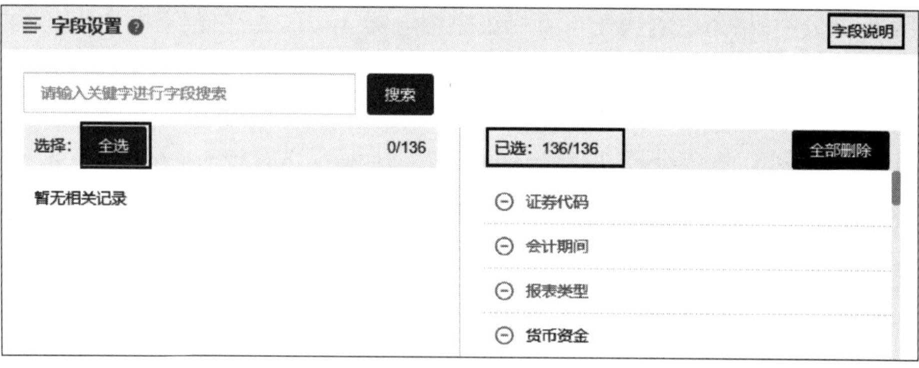

图 1-25 字段设置

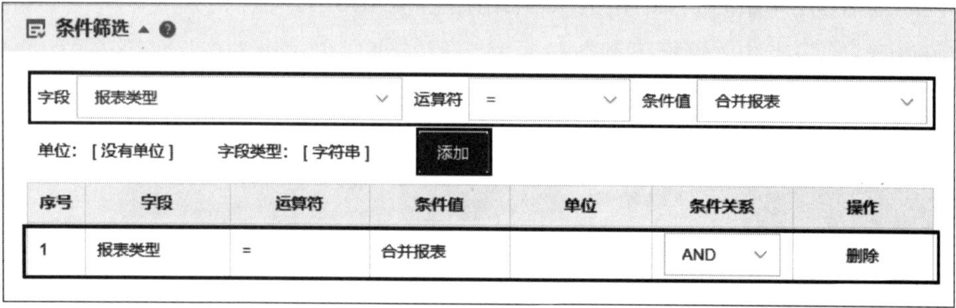

图 1-26 条件筛选

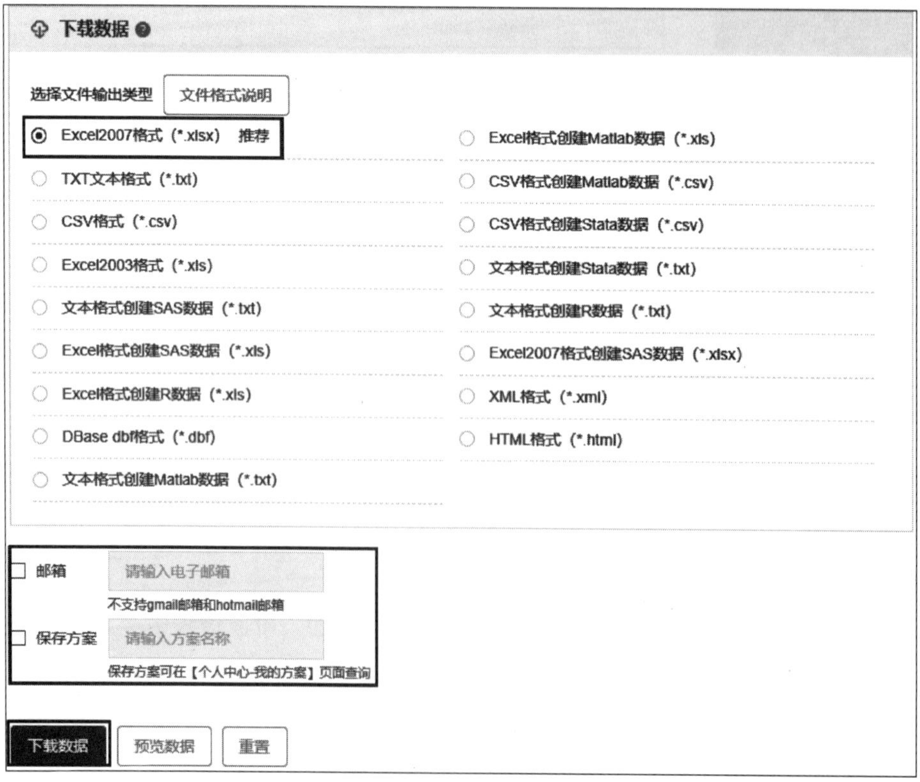

下载数据

选择文件输出类型 文件格式说明

Excel2007格式 (*.xlsx) 推荐
Excel格式创建Matlab数据 (*.xls)
TXT文本格式 (*.txt)
CSV格式创建Matlab数据 (*.csv)
CSV格式 (*.csv)
CSV格式创建Stata数据 (*.csv)
Excel2003格式 (*.xls)
文本格式创建Stata数据 (*.txt)
文本格式创建SAS数据 (*.txt)
文本格式创建R数据 (*.txt)
Excel格式创建SAS数据 (*.xls)
Excel2007格式创建SAS数据 (*.xlsx)
Excel格式创建R数据 (*.xls)
XML格式 (*.xml)
DBase dbf格式 (*.dbf)
HTML格式 (*.html)
文本格式创建Matlab数据 (*.txt)

邮箱 请输入电子邮箱
不支持gmail邮箱和hotmail邮箱
保存方案 请输入方案名称
保存方案可在【个人中心-我的方案】页面查询

下载数据 预览数据 重置

图 1-27 下载数据

	A	B	C	D	E	F
1	Stkcd	Accper	Typrep	A001101000	A0d1101101	A0d1102000
2	证券代码	会计期间	报表类型	货币资金	其中:客户资金存款	结算备付金
3	没有单位	没有单位	没有单位	元	元	元
4	000333	2016-12-31	A	1.7196E+10		0
5	000333	2017-01-01	A	2.7169E+10		

图 1-28 数据集 FS_Combas(资产负债表)

第二节 Python 基础知识

一、变量

变量是一个代号,它代表的是一个数据。定义一个变量的操作包含两个步骤:变量的命名和变量的赋值。这两个步骤在同一行代码中完成,即:变量=值。

变量的命名要遵循如下规则:变量名可以由任意数量的字母、数字、下画线组合而成,但是必须以字母或者下画线开头,不能以数字开头;不要用 Python 的关键字或内置函数来命名变量;变量名使用英文字母时区分大小写。

```
x = 20
print(x)
y = x + 25
print(y)
```

上述代码中的 x 和 y 就是变量。第 1 行代码表示定义一个名为 x 的变量,并赋值为 20;第 2 行代码表示输出变量 x 的值;第 3 行代码表示定义一个名为 y 的变量,并将变量 x 的值与 25 相加后赋给变量 y;第 4 行代码表示输出变量 y 的值。其中,print( ) 函数是 Python 的一个内置函数,用于输出信息。

可以通过下面方法查看 Python 中的关键字。关于 Python 的内置函数,详见本章第四节。

```
# 查看python中的关键字①
import keyword
print(keyword.kwlist)
```

```
['False', 'None', 'True', 'and', 'as', 'assert', 'async', 'await', 'break',
'class', 'continue', 'def', 'del', 'elif', 'else', 'except', 'finally', 'fo
r', 'from', 'global', 'if', 'import', 'in', 'is', 'lambda', 'nonlocal', 'no
t', 'or', 'pass', 'raise', 'return', 'try', 'while', 'with', 'yield']
```

① “#” 的右侧是注释。

二、数据类型:数字与字符串

Python 中有 6 种基本数据类型:数字、字符串、列表、字典、元组和集合。我们先介绍数字和字符串,后面介绍另外 4 种数据类型。

(一) 数字

数字包括整型(int)和浮点型(float),数字可以进行加减乘除操作。

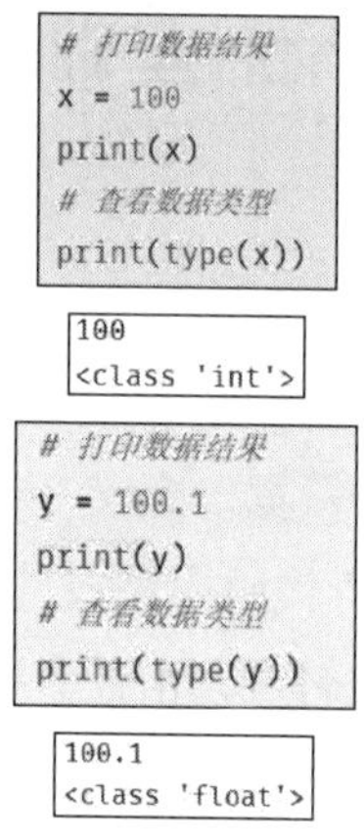

```
# 打印数据结果
x = 100
print(x)
# 查看数据类型
print(type(x))
```

```
100
<class 'int'>
```

```
# 打印数据结果
y = 100.1
print(y)
# 查看数据类型
print(type(y))
```

```
100.1
<class 'float'>
```

(二) 字符串

字符串是由一个个字符连接起来的组合,组成字符串的字符可以是数字、字母、符号、汉字等。字符串的内容需要置于一对引号内。字符串有以下四大特征。

1. 输入时需要引号

```
a = "finance"
print("a = ", a)
print(type(a))
```

```
a =  finance
<class 'str'>
```

2. 可索引性

字符串中的所有元素都是有编号的,编号从 0 开始递增。字符串中的所有元素都可以通过编号访问,这个编号被称为索引。如果索引是 0 或正整数,那么 Python 语言会从字符串左侧第 1 个元素开始取值;如果索引是负数,那么 Python 语言会从序列右侧第 1 个元素开始取值,此时字符串最后一个元素的索引是–1,倒数第 2 个元素的索引是–2,以此类推。

```
# 索引首字母
print(a[0])
```

```
f
```

3. 可截取性

可截取性是指从源字符串中选取某一字符或字符串。注意,空格也是占据一个字符的。

```
# 截取第2位至第6位的子字符串
b = "I love finance"
print(b[2:6])
```

```
love
```

4. 可替代性

可替代性是指把源字符串中的某一字符或字符串全部替换成指定的字符或字符串。

```
# 用finance替代management
c = "I love management"
print(c.replace("management", "finance"))
```

```
I love finance
```

三、数据类型:列表、字典、元组与集合

(一) 列表

在财务金融领域,列表(list)经常被运用。列表可以将多个数据有序地组织在一起,更方便调用。列表可以容纳 Python 的任何对象,列表中的每个元素都是可以进行修改的,且元素不是唯一的。

1. 列表的创建

创建一个列表,可以利用“[ ]”直接赋值给变量。

```
# 列表list的创建, 并查看类型
x = [1, '1', 2, 3, 5]
print('x =', x)
print('type(x) : ', type(x))
```

```
x = [1, '1', 2, 3, 5]
type(x) :  <class 'list'>
```

2. 列表的访问及索引值

列表与字符串一样,列表内的所有元素是有编号的。利用编号可以输出列表内任何元素,利用 index 可以输出元素的索引值。

```
print('x[0] =', x[0])    # 输出变量x内的第1个元素
print('x[1] =', x[1])    # 输出变量x内的第2个元素
print('type(x[0]) : ', type(x[0]))    # 查看x内的第1个元素的类型
print('type(x[1]) : ', type(x[1]))    # 查看x内的第2个元素的类型
print('x.index(5) : ', x.index(5))    # 输出元素5在列表x内的索引值
```

```
x[0] = 1
x[1] = 1
type(x[0]) :  <class 'int'>
type(x[1]) :  <class 'str'>
x.index(5) :  4
```

3. 列表的修改

修改列表，只需要直接将值赋值“列表名[序号]”。序号是指需要修改的元素在列表内的索引值。

```
# 修改x内的第3个元素
x[2] = "finance"
print('x =', x)
```

```
x = [1, '1', 'finance', 3, 5]
```

可以利用函数对列表进行其他修改操作，例如，添加 append 函数、删除 remove 函数、插入 insert 函数等。

4. 列表中元素的计数

有时需要统计列表内元素的个数，可以使用 len() 函数。

```
print(len(x))
```

```
5
```

5. 列表中的二维数组

二维列表是指包含列表的列表，即一个列表的每个元素又都是一个列表。

```
# 输出列表a内第1行第2列的元素
a = [[1, 2, 3], [4, 5, 6]]
print('a =', a)
print('a[0][1] =', a[0][1])
```

```
a = [[1, 2, 3], [4, 5, 6]]
a[0][1] = 2
```

（二）字典

假定需要将表 1-1 格力电器基本信息输入到 Python 中，就需要运用一种名为“字典（dict）”的数据结构。

表 1-1 格力电器基本信息

股票代码	股票简称	交易日期	收盘价
000651	格力电器	2021-07-23	49.02

字典有以下三个特征：一是字典中的元素必须以键（key）和值（value）的形式成对出现，也就是所谓的键—值存储；二是键不可以重复，但是值可以重复；三是键不可以修改，但是值可以修改，并且值可以是任意的数据类型。

1. 字典的创建

创建一个字典，可以利用“{}”直接赋值给变量。

```
stock = {'股票代码': '000651', '股票名称': '格力电器', '交易日期': '2021-07-23', '收盘价': 49.02}
print('stock =', stock)
print('type(stock) : ', type(stock))
```

```
stock = {'股票代码': '000651', '股票名称': '格力电器', '交易日期': '2021-07-23', '收盘价': 49.02}
type(stock) : <class 'dict'>
```

2. 字典的访问

如果要访问字典中的某个元素,可以通过如下格式实现,字典名[‘键名’]。

```
print('stock.keys() : ', stock.keys())    # 输出全部键
print('stock.values() : ', stock.values())    # 输出全部值
print("stock['收盘价'] =", stock['收盘价'])    # 输出收盘价对应的具体数值
```

```
stock.keys() : dict_keys(['股票代码', '股票名称', '交易日期', '收盘价'])
stock.values() : dict_values(['000651', '格力电器', '2021-07-23', 49.02])
stock['收盘价'] = 49.02
```

3. 字典的修改

修改字典,只需要将值直接赋给相应的字典名[‘键名’]。

```
# 修改收盘价的具体数值
stock['收盘价'] = 60
print('stock =', stock)
```

```
stock = {'股票代码': '000651', '股票名称': '格力电器', '交易日期': '2021-07-23', '收盘价': 60}
```

如果要在已经创建的字典中新增加键与值,需要运用 update 函数;如果要删除相应的键与值,需要运用 del 命令。

(三)元组

1. 元组的创建

创建一个元组,可以利用“()”直接赋值给变量。

```
tup = ('finance', 'accounting', 'big data')
print('tup =', tup)
print('type(tup) : ',type(tup))
```

```
tup = ('finance', 'accounting', 'big data')
type(tup) : <class 'tuple'>
```

2. 元组的访问

元组一旦创建,其中的元素是不可以修改的,只能访问。访问的方式与字符串索引类似。

```
print('tup[0] =', tup[0])    # 输出元组的第1个元素
print('tup[-1] =', tup[-1]) # 输出元组的最后1个元素
```

```
tup[0] = finance
tup[-1] = big data
```

(四)集合

集合是一个无序不重复的序列,与列表比较类似,用于存储不重复数据。集合可通过大括号 {} 或 set() 函数创建。通过下面的例子可以看出,通过 set() 函数获得了一个集合,删除了列表中重复的内容。

```
#创建一个列表l，将列表l转换为集合s，输出列表l和集合s
l = ['finance', 'accounting', 'big data', 'accounting']
s = set(l)
print('l =', l)
print('s =', s)
```

```
l = ['finance', 'accounting', 'big data', 'accounting']
s = {'accounting', 'big data', 'finance'}
```

四、运算符号

在 Python 中进行运算,需要有相应的运算符号,具体包括算术运算符、比较运算符和逻辑运算符。

(一) 算术运算符

算术运算符主要有 “+” “-” “*” “/” 等。下面以运算符 “+” 为例。

```
a = 2    # 整型
b = 8    # 整型
c = 7.5  # 浮点型
d = 2.5  # 浮点型
print('a + b =', a+b)
print('type(a+b) : ', type(a+b))    # 整型与整型的计算得到的结果是整型
print('c + d =', c+d)
print('type(c+d) : ', type(c+d))    # 浮点型与浮点型的计算得到的结果是浮点型
print('a + c =', a+c)
print('type(a+c) : ', type(a+c))    # 整型与浮点型的计算得到的结果是浮点型
```

```
a + b = 10
type(a+b) :  <class 'int'>
c + d = 10.0
type(c+d) :  <class 'float'>
a + c = 9.5
type(a+c) :  <class 'float'>
```

(二) 比较运算符

比较运算符主要有 “>” “<” “==”。下面以运算符 “<” 为例。

```
2<3
```

```
True
```

需要注意的是,不要混淆 “==” 和 “=”。“=” 的作用是给变量赋值,而 “==” 的作用则是比较两个对象(如数字)是否相等。

```
2==3
```

```
False
```

（三）逻辑运算符

逻辑运算符主要有“not”“and”“or”。例如，当股票代码为“000651”，并且收盘价大于40元时，给出“建议卖出股票”。下面代码中用到的 if 条件语句，将在下一节中详细介绍。

```
close_price = 50
stock_code = "000651"
if (close_price > 40) and (stock_code == "000651"):
    print("建议卖出股票")
else:
    print("不建议卖出股票")
```

```
建议卖出股票
```

第三节 Python 条件与循环语句

在 Python 中，条件语句为 if 语句，循环语句包括 for 语句和 while 语句。

一、if 条件语句

if 条件语句用于根据条件是否成立执行不同操作。如果条件成立，则执行代码 1；否则，执行代码 2。如果不需要在条件不成立时执行指定操作，可省略 else。

```
close_price = 50
if close_price > 40:              # 条件，注意不要遗漏冒号
    print("股票价格超出成本价")    # 代码1，注意代码前要有缩进
else:                             # 注意不要遗漏冒号
    print("股票价格低于成本价")    # 代码2，注意代码前要有缩进
```

```
股票价格超出成本价
```

缩进在 Python 中具有十分重要的意义，如果缩进不规范，代码在运行时就会报错。缩进的快捷键是【Tab】键。

二、for 循环语句

for 循环语句用于完成指定次数的重复操作。例如，如果想把字典 stock 内每个键和值都打印出来，可以用 for 循环语句来实现。

```
stock = {'股票代码': '000651', '股票名称': '格力电器', '交易日期': '2021-07-23', '收盘价'
for i in stock:                       # for 变量 in 序列类型，注意不要遗漏冒号
    print(i + ':' + str(stock[i]))  # 要重复执行的代码，注意代码前要有缩进
```

```
股票代码:000651
股票名称:格力电器
交易日期:2021-07-23
收盘价:49.02
```

注意,对于“for 变量 in 区域”。如果区域是一个字典,则变量代表字典的键名;如果区域是一个列表,则变量代表列表的元素;如果区域是一个 range(*n*),则变量代表 0~*n*–1 的 *n* 个整数。

三、while 循环语句

While 语句用于指定条件成立时重复执行操作。例如,首先给变量 *n* 赋值 1,while 语句条件满足“小于等于 3”,则执行打印命令,然后 *n* 在 1 的基础上加上 1 等于 2;此时 *n* 仍然满足 while 条件,所以执行打印命令;直到 *n* 不满足 while 条件,循环终止。

```
n = 1
while n <= 3:                  # 条件,注意不要遗漏冒号
    print('输出数字是:', n)     # 要重复执行的代码,注意代码前要有缩进
    n = n + 1                  # 要重复执行的代码,此处也可以写成 n += 1
```

```
输出数字是: 1
输出数字是: 2
输出数字是: 3
```

第四节 Python 的主要内置函数与自定义函数

一、Python 的主要内置函数

Python 的内置函数是 Python 自带的函数,任何时候都可以被直接调用。

(一)运用命令 dir(__builtin__)查看 Python 内置函数

Python 的内置函数从 abs 开始一直到 zip 结束。

```
print(dir(__builtins__))
```

```
['ArithmeticError', 'AssertionError', 'AttributeError', 'BaseException', 'BlockingIOError', 'BrokenPipeError', 'Buffe
rError', 'BytesWarning', 'ChildProcessError', 'ConnectionAbortedError', 'ConnectionError', 'ConnectionRefusedError',
'ConnectionResetError', 'DeprecationWarning', 'EOFError', 'Ellipsis', 'EnvironmentError', 'Exception', 'False', 'File
ExistsError', 'FileNotFoundError', 'FloatingPointError', 'FutureWarning', 'GeneratorExit', 'IOError', 'ImportError',
'ImportWarning', 'IndentationError', 'IndexError', 'InterruptedError', 'IsADirectoryError', 'KeyError', 'KeyboardInte
rrupt', 'LookupError', 'MemoryError', 'ModuleNotFoundError', 'NameError', 'None', 'NotADirectoryError', 'NotImplement
ed', 'NotImplementedError', 'OSError', 'OverflowError', 'PendingDeprecationWarning', 'PermissionError', 'ProcessLooku
pError', 'RecursionError', 'ReferenceError', 'ResourceWarning', 'RuntimeError', 'RuntimeWarning', 'StopAsyncIteratio
n', 'StopIteration', 'SyntaxError', 'SyntaxWarning', 'SystemError', 'SystemExit', 'TabError', 'TimeoutError', 'True',
'TypeError', 'UnboundLocalError', 'UnicodeDecodeError', 'UnicodeEncodeError', 'UnicodeError', 'UnicodeTranslateErro
r', 'UnicodeWarning', 'UserWarning', 'ValueError', 'Warning', 'WindowsError', 'ZeroDivisionError', '__IPYTHON__', '__
build_class__', '__debug__', '__doc__', '__import__', '__loader__', '__name__', '__package__', '__spec__', 'abs', 'al
l', 'any', 'ascii', 'bin', 'bool', 'breakpoint', 'bytearray', 'bytes', 'callable', 'chr', 'classmethod', 'compile',
'complex', 'copyright', 'credits', 'delattr', 'dict', 'dir', 'display', 'divmod', 'enumerate', 'eval', 'exec', 'filte
r', 'float', 'format', 'frozenset', 'get_ipython', 'getattr', 'globals', 'hasattr', 'hash', 'help', 'hex', 'id', 'inp
ut', 'int', 'isinstance', 'issubclass', 'iter', 'len', 'license', 'list', 'locals', 'map', 'max', 'memoryview', 'mi
n', 'next', 'object', 'oct', 'open', 'ord', 'pow', 'print', 'property', 'range', 'repr', 'reversed', 'round', 'set',
'setattr', 'slice', 'sorted', 'staticmethod', 'str', 'sum', 'super', 'tuple', 'type', 'vars', 'zip']
```

（二）运用help函数查询各种函数的具体用法

Help函数运用非常简单，直接在括号内输入需要查询的函数即可，例如：help（abs）。

```
print(help(abs))
```

```
Help on built-in function abs in module builtins:

abs(x, /)
    Return the absolute value of the argument.

None
```

（三）财务金融领域常用的10个Python内置函数

1. abs()函数

利用abs()函数可以求取给定数值的绝对值。

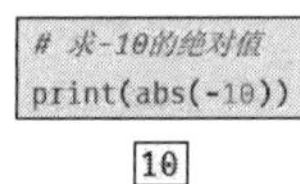

```
# 求-10的绝对值
print(abs(-10))
```

```
10
```

2. list()函数

利用list()函数可以创建一个列表。如果不传入任何参数，结果返回一个空列表。

```
# 可以不传入任何参数，结果返回一个空列表
a = list()
print('a =', a)
# 也可以传入一个可迭代对象，如字符串，元组、列表等对象，结果将返回可迭代对象中元素组成的列表
b = list('abcd')
print('b =', b)
```

```
a = []
b = ['a', 'b', 'c', 'd']
```

3. enumerate()函数

enumerate()函数是将列表组合为一个可带有索引的序列，一般用于for循环语句。

```
# enumerate()函数将列表组合为一个带有索引的序列，一般用于for循环
stock_type = ['A股', 'B股', 'H股', 'S股']
enu = list(enumerate(stock_type, start = 1))
print(enu)
```

```
[(1, 'A股'), (2, 'B股'), (3, 'H股'), (4, 'S股')]
```

4. float()函数

利用float()函数可以将其他类型数据转换为浮点型。

```
# float()函数将整型转化为浮点型
print('float(6) : ', float(6))
# float()函数将字符串转化为浮点型
print('float("28") : ', float("28"))
```

```
float(6) :  6.0
float("28") :  28.0
```

5. int() 函数

利用 int() 函数可以将其他类型数据转换为整型。

```
# int()函数将浮点型转化为整型
print('int(5.6) : ', int(5.6))
# int()函数将字符串转化为整型
print('int("35") : ', int("35"))
```

```
int(5.6) :  5
int("35") :  35
```

6. print() 函数

利用 print() 函数可以输出所需要的内容。

```
stock_type = ['A股', 'B股', 'H股', 'S股']
for i in stock_type:
    print(i) # 输出列表stock_type内的所有元素
```

```
A股
B股
H股
S股
```

7. range() 函数

该函数的语法结构:range(x, y, z)。参数 x 是计数的起始值,默认(不填)是从 0 开始;参数 y 是计数的终止值,但不包括 y;参数 z 是步长,默认为 1。在 Python3.X 版本中,需要用 list 函数输出结果。

```
# 从2到8, 步长为2的整数数列
print(list(range(2,8,2)))
```

```
[2, 4, 6]
```

8. reversed() 函数

reversed() 函数用于输出一个逆序排列的序列(包括列表、元组、字符串等)。在 Python3.X 版本中,需要用 list 函数输出结果。

```
stock_type = ['A股', 'H股', 'B股', 'S股']
# 逆序排列
stock_type_reversed = reversed(stock_type)
# 输出结果
print(list(stock_type_reversed))
```

```
['S股', 'B股', 'H股', 'A股']
```

9. sorted() 函数

利用 sorted() 函数可以对给定数据排序。

```
stock_type = ['A股', 'H股', 'B股', 'S股']
# 对序列排序
stock_type_sorted = sorted(stock_type)
# 输出结果
print(list(stock_type_sorted))
```

```
['A股', 'B股', 'H股', 'S股']
```

10. zip() 函数

zip() 函数用于将对象中对应的元素打包成元组,并返回一个由这些元组组成的对象。

在 Python3.X 版本中,需要用 list 函数输出结果。

```
stock_code = ['000651', '000333', '600690']
stock_name = ['格力电器', '美的集团', '海尔智家']
z = zip(stock_code, stock_name)
l_z = list(z)
# 输出z
print('z :', z)
# 输出列表l_z
print('l_z :', l_z)
# 输出列表l_z的第1个元素的类型
print('type(l_z[0]) :', type(l_z[0]))
```

```
z : <zip object at 0x0000026E94DA8740>
l_z : [('000651', '格力电器'), ('000333', '美的集团'), ('600690', '海尔智家')]
type(l_z[0]) : <class 'tuple'>
```

二、自定义函数

当 Python 内置函数无法满足需要时,用户可以使用 Python 自定义函数。用户自定义函数有以下两种方式:一是用 def 语法构建新的函数;二是直接运用 lambda 函数构建新的函数。

(一) 用 def 语法构建新的函数

运用 def 语法时,函数的基本框架如下:

def 函数名(参数):

　　""" 函数说明文档 """

　　函数主体

　　return 返回对象

注意:函数说明文档可以不写。函数主体和 return 的前面要缩进。

例如,定义一个求给定值平方的函数 square。

```
"""
def语法结构—
def 函数名(参数):
    函数主体
    return 返回对象
print(square(5))
"""
def square(x):          # 注意不要漏掉冒号
    squared = x * x     # 函数主体部分要缩进
    return squared      # 返回对象
print(square(5))        # 输出自定义函数结果, 5的平方
```

25

(二) 运用 lambda 函数构建新的函数

Lambda 函数在 Python 中被称为匿名函数,运用 lambda 定义函数时,撰写的代码长度

通常控制在一行以内。函数基本格式如下：

函数名 = lambda 参数:表达式

```
# lambda函数基本格式，函数名 = lambda 参数：表达式
square = lambda x: x * x
print(square(5))
```

25

思考与练习

模仿本章利用 CSMAR 数据库获取数据集《FS_Combas.xlsx（资产负债表）》过程，下载 2016~2020 年所有申万二级白色家电行业上市公司的利润表《FS_Comins.xlsx（利润表）》。

即测即评

请扫描右侧二维码，进行随堂测试。

第二章

学习目标

通过本章学习,应该能够:了解模块的导入与 math 模块;理解 NumPy 模块操作;掌握 Pandas 模块操作。

第一节 模块的导入与 math 模块

一、初识模块

模块在 Python 中扮演着非常重要的作用,可以理解为 Python 的扩展工具。换言之,虽然 Python 在默认情况下提供了一些可用的东西,但是这些无法满足编程的需要,于是就有人专门制作了另外一些工具以弥补 Python 的不足,这些工具被称为“模块”。模块也可以称为库或者包,简单来说,每一个以“.py”为扩展名的文件都可以称为一个模块。Python 的模块主要分为以下三种类型。

(一) 内置模块

内置模块是指 Python 自带的模块,如 sys、time、math 等。

(二) 第三方的开源模块

通常所说的模块是指开源模块,这类模块是由一些程序员或企业开发并免费分享给公众使用的。用户可以直接调用这些开源模块来实现某种功能,无须绞尽脑汁地编写基础代码。第三方模块在使用前需要用户自行安装，例如，运用 pip 命令安装和卸载第三方模块。

本书第一章介绍的 Anaconda，包含了多个与数据科学相关的开源模块，比如实现科学数据分析的 NumPy、Pandas、Scipy 等模块，实现数据可视化的 Matplotlib、Bokeh 等模块，实现开发与训练机器学习和深度学习模型的 scikit-learn、TensorFlow 等模块。Anaconda 基本满足了财务金融领域对 Python 的需求。

（三）自定义模块

Python 用户可以将自己编写的代码或函数封装成模块，以方便在编写其他程序时调用，这样的模块就是自定义模块。

二、模块导入的方法

在 Python 中，模块不能直接使用，在启动 Python 后如果要使用相关模块，需要导入该模块。模块的常用导入方法有以下两种：一是用 import 语句导入；二是用 from 语句导入。

（一）import 语句导入

直接导入整个模块，这种导入方法比较占用内存。

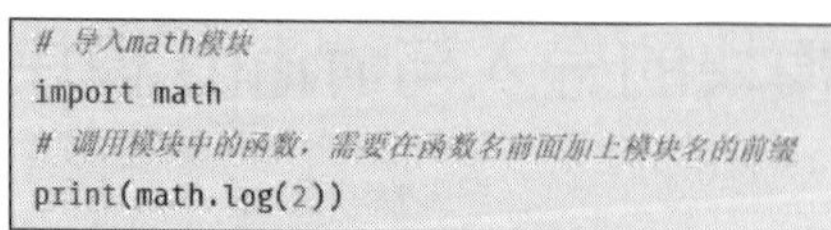

```
# 导入math模块
import math
# 调用模块中的函数，需要在函数名前面加上模块名的前缀
print(math.log(2))
```

```
0.6931471805599453
```

教学视频：模块的导入与 math 模块

（二）from 语句导入

从特定模块中导入某个或者某几个函数，这样占用的内存相对比较少。

```
# 导入math模块内的log函数
from math import log
# 调用模块中的的函数，可以直接以函数名字的方式使用
print(log(2))
```

```
0.6931471805599453
```

三、math 模块

针对比较复杂的数学运算，比如求解对数、正弦等，就会用到 Python 的数学模块 math。

```
# 查看math模块包含了哪些函数和数学符号
print(dir(math))
```

```
['__doc__', '__loader__', '__name__', '__package__', '__spec__', 'acos', 'a
cosh', 'asin', 'asinh', 'atan', 'atan2', 'atanh', 'ceil', 'comb', 'copysig
n', 'cos', 'cosh', 'degrees', 'dist', 'e', 'erf', 'erfc', 'exp', 'expm1',
'fabs', 'factorial', 'floor', 'fmod', 'frexp', 'fsum', 'gamma', 'gcd', 'hyp
ot', 'inf', 'isclose', 'isfinite', 'isinf', 'isnan', 'isqrt', 'ldexp', 'lga
mma', 'log', 'log10', 'log1p', 'log2', 'modf', 'nan', 'perm', 'pi', 'pow',
'prod', 'radians', 'remainder', 'sin', 'sinh', 'sqrt', 'tan', 'tanh', 'ta
u', 'trunc']
```

从 “acos” 至 “trunc” 共计 50 个函数，下面以 “ceil” “pi” “sin” 为例。

```
# 导入math模块
import math
# 取大于等于6.7的最小整数值
print('math.ceil(6.7) =', math.ceil(6.7))
# 取圆周率pi
print('math.pi =', math.pi)
# 取（pi/2）的正弦值
print('math.sin(math.pi/2) =', math.sin(math.pi/2))
```

```
math.ceil(6.7) = 7
math.pi = 3.141592653589793
math.sin(math.pi/2) = 1.0
```

第二节 NumPy 模块

Numpy（Numerical Python）模块是一个用于科学计算、处理多维数组的 Python 模块。NumPy 长期以来一直是 Python 科学计算的基石，它提供了数值数据的大多数科学应用所需的数据结构和算法，具体包括：

- 快速高效的多维数组的对象（numpy.ndarray）
- 用于对数组执行元素级计算以及直接对数组执行数学运算的函数
- 用于读写硬盘上基于数组的数据集的工具
- 线性代数运算、傅里叶变换以及随机数生成
- 用于集成由 C、C++、Fortran 等语言编写的代码工具

一、N 维数组

ndarray 是 NumPy 的核心功能，其含义是 N-dimensional arraytype，即 N 维数组类型（又称多维数组）。

(一) 数组的结构

数组由实际数据和描述这些数据的元素组成。数组的结构如下:

一维数组(又称向量)	np.array(一个数列)
二维数组	np.array([数列 1, 数列 2, …, 数列 m])

注意,小括号中的数列可以是一个数列(相当于 $1\times n$ 的向量),也可以是由 m 个数列作为元素组成的一个数列(相当于 $m\times n$ 的矩阵)。也可以有三维甚至更高维度的数组,在财务金融领域中常见的是一维数组和二维数组。

(二) 数组的创建

1. 直接输入法

(1) 创建一维数组。

根据一维数组的结构定义 "np.array(一个数列)",可以直接创建一维数组。

```
import numpy as np    # 导入NumPy模块,并以np命名该模块
a = np.array([1, 2, 3, 4])    # 创建一维数组
print('a :', a)
print('a.dtype :', a.dtype)    # 查看数组的元素类型
print('a.shape :', a.shape)    # 查看数组的形状
print('a.ndim :', a.ndim)    # 查看数组的维度
```

```
a : [1 2 3 4]
a.dtype : int32
a.shape : (4,)
a.ndim : 1
```

从输出结果可以看到,利用 np.array 直接创建了一个由 4 个元素组成的一维数组。

(2) 创建二维数组。

同理,根据二维数组的结构定义 "np.array([数列 1,数列 2, …,数列 m])",可以直接创建二维数组。

```
# 创建二维数组
b = np.array([[1, 2], [3, 4], [5, 6]])
print(b)
```

```
[[1 2]
 [3 4]
 [5 6]]
```

2. 运用函数创建数组

利用 arange() 等函数可以创建形式更为丰富的数组。

```
# 创建从1至16且步长为2的一维数组
array1 = np.arange(1, 16, 2)
print(array1)
```

```
[ 1  3  5  7  9 11 13 15]
```

```
# 创建从1至16且步长为2的, 2行4列二维数组
array2 = np.arange(1, 16, 2).reshape(2, 4)
print(array2)
```

```
[[ 1  3  5  7]
 [ 9 11 13 15]]
```

```
# 创建初始值为1，终止值为19，元素个数为10个的等差数列一维数组
array3 = np.linspace(1, 19, 10)
print(array3)
```

```
[ 1.  3.  5.  7.  9. 11. 13. 15. 17. 19.]
```

```
# 创建数组元素连续重复复制的数组
array4 = np.repeat([1, 2], 2)
print(array4)
```

```
[1 1 2 2]
```

```
# 创建2行3列形式的零数组
array5 = np.zeros((2, 3))
print(array5)
```

```
[[0. 0. 0.]
 [0. 0. 0.]]
```

```
# 创建由4行4列随机整数组成的数组，起始数0终止数10
array6 = np.random.randint(0, 10, (4, 4))
print(array6)
```

```
[[2 9 7 7]
 [7 9 8 4]
 [2 6 4 3]
 [0 7 5 5]]
```

```
# 创建元素服从均值为0，标准差为1的正态分布，且个数为3的数组
array7 = np.random.normal(loc = 0, scale = 1, size = 3)
print(array7)
```

```
[0.43486266 1.2055456  0.81300844]
```

（三）数组和列表的区别

数组（array）与前面介绍的列表（list）之间的主要区别为：

第一，数组是同类的，即数组中的所有元素必须是相同的类型；而列表可以包含任意类型的元素。

第二，列表存储的是一维数据，而数组则能存储多维数据。

第三，数组进行数学运算时比列表方便。

```
a = np.array([1, 2, 3, 4]) # 创建一维数组
b = [1, 2, 3, 4]           # 创建列表
c = a * 2
d = b * 2
print('c :', c)
print('d :', d)
```

```
c : [2 4 6 8]
d : [1, 2, 3, 4, 1, 2, 3, 4]
```

可以看到同样做乘法运算，列表是把元素复制了一遍，而数组是对每个元素做了乘法。

二、数组的索引、切片和排序

(一) 数组的索引和切片

Python 数组的索引与切片使用中括号“[ ]”来实现,同时采用“:”分割起始位置与间隔,用“,”表示不同维度。

```
# 创建3行2列数组
b = np.arange(6).reshape(3, 2)
print(b)
```

```
[[0 1]
 [2 3]
 [4 5]]
```

```
# 选取第1行第2列的元素
print('b[0,1] :', b[0, 1])
```

```
b[0,1] : 1
```

```
# 选取第2列所有元素
print('b[:,1] :', b[:, 1])
```

```
b[:,1] : [1 3 5]
```

```
# 判断第2列元素是否大于2且小于4
print((b[:, 1]>2)&(b[:, 1]<4))
```

```
[False  True False]
```

```
# 选取第2列大于2且小于4的元素所在行的所有元素
print(b[(b[:,1]>2)&(b[:,1]<4),])
```

```
[[2 3]]
```

(二) 数组的排序

NumPy 提供了多种排序函数,例如:第一,numpy.sort( ) 函数返回输入数组的排序副本(改变原数组)。可以通过设置 axis 参数来指定沿着哪个轴进行排序,默认是按列排序。还可以使用 order 参数进行按字段排序。

第二,numpy.argsort( ) 函数返回数组值从小到大的索引值,可以根据这些索引值重新排列数组。

第三,numpy.nonzero( ) 函数返回输入数组中非零元素的索引。

下面以一维和二维数组排序为例。

1. 一维数组排序

```
c = np.array([3, 2, 5, 4])
print(c)
```

```
[3 2 5 4]
```

```
# 数组排序，np.sort()函数不改变原数组
print('np.sort(c) :', np.sort(c))
print('c :', c)
```

```
np.sort(c) : [2 3 4 5]
c : [3 2 5 4]
```

```
d = np.array([3, 2, 5, 4])
print('d_排序前 :', d)
# 用d.sort()对数组d排序，会改变原数组
d.sort()
print('d_排序后 :', d)
```

```
d_排序前 : [3 2 5 4]
d_排序后 : [2 3 4 5]
```

2. 二维数组排序

```
e = np.array([[1, 4, 3], [4, 5, 1], [2, 3, 2]])
print(e)
```

```
[[1 4 3]
 [4 5 1]
 [2 3 2]]
```

```
# 二维数组按列排序，每一行上的元素沿着列的方向递增
e.sort(axis = 0)
print(e)
```

```
[[1 3 1]
 [2 4 2]
 [4 5 3]]
```

三、数组的组合和分拆

（一）数组的组合

1. 水平组合

水平组合就是把所有参加组合的数组拼接起来，各数组的行数保持不变，列数扩展。

```
f = np.arange(9).reshape(3, 3)
print(f)
```

```
[[0 1 2]
 [3 4 5]
 [6 7 8]]
```

```
h = np.array([[0, 11, 22, 33],[44, 55, 66, 77],[88, 99, 0, 11]])
print(h)
```

```
[[ 0 11 22 33]
 [44 55 66 77]
 [88 99  0 11]]
```

```
# 水平组合，行数相同，列数扩展
zh_h = np.hstack((f, h))
print(zh_h)
```

```
[[ 0  1  2  0 11 22 33]
 [ 3  4  5 44 55 66 77]
 [ 6  7  8 88 99  0 11]]
```

```
# 水平组合，行数相同，列数扩展
zh_h1 = np.concatenate((f, h), axis = 1)
print(zh_h1)
```

```
[[ 0  1  2  0 11 22 33]
 [ 3  4  5 44 55 66 77]
 [ 6  7  8 88 99  0 11]]
```

2. 垂直组合

垂直组合就是把所有组合的数据追加在一起,各数组列数保持不变,行数扩展。

```
v = np.array([[0, 11, 22],[44, 55, 66],[88, 99, 0],[22, 33, 44]])
print(v)
```

```
[[ 0 11 22]
 [44 55 66]
 [88 99  0]
 [22 33 44]]
```

```
# 垂直组合，列数不变，行数扩展
print(np.vstack((f, v)))
```

```
[[ 0  1  2]
 [ 3  4  5]
 [ 6  7  8]
 [ 0 11 22]
 [44 55 66]
 [88 99  0]
 [22 33 44]]
```

```
# 垂直组合，列数要相同
print(np.concatenate((f, v), axis = 0))
```

```
[[ 0  1  2]
 [ 3  4  5]
 [ 6  7  8]
 [ 0 11 22]
 [44 55 66]
 [88 99  0]
 [22 33 44]]
```

(二) 数组的分拆

1. 水平分拆

```
f = np.arange(9).reshape(3, 3)
print(f)
```

```
[[0 1 2]
 [3 4 5]
 [6 7 8]]
```

```
# 把数组沿着水平方向进行分拆
ahs = np.hsplit(f, 3)
print(ahs)
```

```
[array([[0],
       [3],
       [6]]), array([[1],
       [4],
       [7]]), array([[2],
       [5],
       [8]])]
```

```
# 数组分拆结果返回的是列表
print(type(ahs))
# 列表中的元素是NumPy数组
print(type(ahs[1]))
```

```
<class 'list'>
<class 'numpy.ndarray'>
```

2. 垂直分拆

```
# 把数组沿着垂直方向进行分拆
print(np.vsplit(f, 3))
```

```
[array([[0, 1, 2]]), array([[3, 4, 5]]), array([[6, 7, 8]])]
```

```
# 把数组沿着垂直方向进行分拆
print(np.split(f, 3, axis = 0))
```

```
[array([[0, 1, 2]]), array([[3, 4, 5]]), array([[6, 7, 8]])]
```

四、数组的 ufunc 函数

ufunc 是 universal function 的缩写，意思是这些函数能够作用于 ndarray 对象的每一个元素上，而不是针对 ndarray 对象操作，NumPy 提供了大量的 ufunc 函数。主要包括：一元通用函数、数组级函数、矩阵运算函数和随机数生成函数。

（一）一元通用函数

一元通用函数可对数组中的每个元素进行运算。例如，平方（square）、对数（log）、排序（sort）等运算。下面以二维数组为例进行介绍。

```
b = np.array([[4, 2, 2], [1, 1, 3]])
print('b :', b)
print('np.square(b) :', np.square(b))    # 计算数组内各元素的平方
print('np.log10(b) :', np.log10(b))      # 计算数组内各元素的以10为底的对数
print('np.unique(b) :', np.unique(b))    # 去除数组内重复的元素
print('np.sort(b) :', np.sort(b))        # 对数组进行排序（默认升序）
```

```
b : [[4 2 2]
 [1 1 3]]
np.square(b) : [[16  4  4]
 [ 1  1  9]]
np.log10(b) : [[0.60205999 0.30103    0.30103    ]
 [0.         0.         0.47712125]]
np.unique(b) : [1 2 3 4]
np.sort(b) : [[2 2 4]
 [1 1 3]]
```

（二）数组级函数

数组级函数主要是统计函数。例如：求和、求平均等。

```
c = np.array([[2, 4, 1], [3, 6, 0], [7, 5, -1]])
print('c :', c)
# 计算数组内所有元素的和
print('np.sum(c) :', np.sum(c))
# 按列(0轴)计算数组内所有元素的和
print('np.sum(c, axis = 0) :', np.sum(c, axis = 0))
# 按列(0轴)计算数组内所有元素的平均数
print('np.mean(c) :', np.mean(c, axis = 0))
# 按列(0轴)计算数组内所有元素的标准差
print('np.std(c) :', np.std(c, axis = 0))
# 按列(0轴)求所有元素的最大值
print('np.max(c) :', np.max(c, axis = 0))
# 按列(0轴)求所有元素的最小值
print('np.min(c) :', np.min(c, axis = 0))
# 按列(0轴)求所有元素的全距,即最大值与最小值的差
print('np.ptp(c) :', np.ptp(c, axis = 0))
# 按列(0轴)求所有元素的50分位数
print('np.percentile50(c) :', np.percentile(c, 50, axis = 0))
# 按列(0轴)求所有元素的中位数
print('np.median(c) :', np.median(c, axis = 0))
```

```
c : [[ 2  4  1]
 [ 3  6  0]
 [ 7  5 -1]]
np.sum(c) : 27
np.sum(c, axis = 0) : [12 15  0]
np.mean(c) : [4. 5. 0.]
np.std(c) : [2.1602469  0.81649658 0.81649658]
np.max(c) : [7 6 1]
np.min(c) : [ 2  4 -1]
np.ptp(c) : [5 2 2]
np.percentile50(c) : [3. 5. 0.]
np.median(c) : [3. 5. 0.]
```

(三)矩阵运算函数

NumPy 可以很方便地进行矩阵的运算,财务金融领域比较常用的矩阵运算包括求内积、矩阵的行列式、逆矩阵、特征值分解以及奇异值分解等。NumPy 有一个很重要的子模块 linalg,是一个专门用于线性代数运算的工具包。下面以求解一个三元一次方程组为例,介绍 NumPy 的矩阵运算函数。

线性方程组:

$x + y + z = 2$

$x + 2y + 3z = 3$

$x + 4y + 9z = 5$

1. 求解线性方程组方法一

```
A = np.array([[1, 1, 1], [1, 2, 3], [1, 4, 9]])
b = np.array([2, 3, 5])
# 方程组系数矩阵
print('A :', A)
# 方程组常数项矩阵
print('b :', b)
```

```
A : [[1 1 1]
 [1 2 3]
 [1 4 9]]
b : [2 3 5]
```

```
# 计算方程组系数矩阵A的行列式
# 根据克莱姆法则，方程组的系数行列式不等于0，则方程组有唯一解
# 求解A的行列式，linalg是NumPy的子模块
print('A的行列式 :', np.linalg.det(A))
```

```
A的行列式 : 1.9999999999999998
```

```
# 求解A的逆矩阵
A_inv = np.linalg.inv(A)
print('A的逆矩阵 :', A_inv)
```

```
A的逆矩阵 : [[ 3.  -2.5  0.5]
 [-3.   4.  -1. ]
 [ 1.  -1.5  0.5]]
```

```
# 计算矩阵点乘，得到方程组的解
print('x, y, z :', np.dot(A_inv, b))
```

```
x, y, z : [ 1.0000000e+00  1.0000000e+00 -4.4408921e-16]
```

2. 求解线性方程组方法二

```
# 运用solve函数可以直接求解，结果与上面的计算相同
print('x, y, z :', np.linalg.solve(A, b))
```

```
x, y, z : [ 1.00000000e+00  1.00000000e+00 -8.32667268e-17]
```

(四) 随机数生成函数

在进行决策模拟时，随机数的生成是核心。一般而言，随机数并非真正的随机，它是来自某种分布。numpy.random 模块提供了 30 多种统计分布的随机数函数，可以很方便地根据需要生成各类随机数。常用的随机数生成函数有：标准均匀分布（rand）、给定区间内随机抽取整数（randint）、二项分布（binomial）、正态分布（normal）、随机种子（seed）。

```
# 产生4个均值为1，标准差为2的正态分布随机数，并形成2行2列的二维数组
print(np.random.normal(1, 2, 4).reshape(2, 2))
```

```
[[-1.63849851 -3.0024484 ]
 [-2.66119676 -0.02334213]]
```

```
# 产生（0, 1）均匀分布的随机数，并形成2行2列的二维数组
# 每次运行，生成的随机数不同
print(np.random.rand(2, 2))
```

```
[[0.03575818 0.22876267]
 [0.21118056 0.18072059]]
```

```
# 确定随机数生成器的种子，使得生成随机数的过程可重现
# 当不设置seed，每次生成的随机数不同
# 当设置相同的seed，每次生成的随机数相同
# 设定随机数种子：
np.random.seed(4)
# 每次运行，生成的随机数相同
print(np.random.rand(2, 2))
```

```
[[0.96702984 0.54723225]
 [0.97268436 0.71481599]]
```

第三节 Pandas 模块

Pandas 由 AQR Capital Management 于 2008 年 4 月开发,并于 2009 年年底开源。Pandas 最初被作为金融数据分析工具而开发出来,因此,Pandas 为时间序列分析提供了很好的支持。Pandas 的名称来自面板数据(panel data)和 Python 数据分析(data analysis)。Pandas 构造于 NumPy 基础之上,兼具 NumPy 的高性能数组计算功能以及灵活的电子表格和关系型数据处理能力。Pandas 提供了复杂精细的索引功能,可以更为便捷地完成索引、切片、组合以及选取数据子集等数据整理操作。

一、Pandas 的数据结构

Pandas 包含了序列(Series)和数据框(DataFrame)两种较为常用的数据结构类型,它们使得 Python 进行数据处理时非常快速和简单。

(一) 序列

Series 是带索引的一维数组。它由以下两部分构成:索引(index)和数据值(values)。这两部分的长度必须一致。可见,Series 类似通过 NumPy 模块创建的一维数组,不同的是 Series 对象不仅包括数值,还包含一组索引。大多数 NumPy 的函数可以直接应用于 Series 的运算中。

1. 序列创建

利用 pd.Series( ) 函数可以创建 Series,指定的参数 index 必须与序列的数据值长度一致。

```python
import pandas as pd
import numpy as np
# 设定随机数种子
np.random.seed(8)
# 创建Series对象——从ndarray创建
# np.random.randn(4), 返回4个服从标准正态分布的样本
# 指定的"index"必须与"data"长度相同
s = pd.Series(data = np.random.randn(4), \
              index = ['a', 'b', 'c', 'd'])
print(s)
```

```
a    0.091205
b    1.091283
c   -1.946970
d   -1.386350
dtype: float64
```

2. 序列选取与筛选

可以根据需要选取 Series 内任意元素，同时还可以利用比较运算符进行 Series 的筛选。

```
# 序列Series选取
print("---s[[1,3]] :\n", s[[1, 3]])
print("---s[['b','d']] :\n", s[['b', 'd']])
```

```
---s[[1,3]] :
 b     1.091283
d    -1.386350
dtype: float64
---s[['b','d']]
 b     1.091283
d    -1.386350
dtype: float64
```

```
# 序列Series筛选
print("序列s的均值 :", s.mean())
print("序列s内小于序列均值的元素 :\n", s[s < s.mean()])
```

```
序列s的均值 : -0.5377080978418889
序列s内小于序列均值的元素 :
 c    -1.94697
d    -1.38635
dtype: float64
```

3. 序列转换数据类型

Pandas 有以下几种数据类型：字符串或混合类型（object）、整型（int）、浮点型（float）、时间类型（datetime）、布尔型（bool），使用 astype 函数可转换数据类型。

```
print('---s :\n', s)
# 转换为整型
s1 = s.astype('int')
# 转换为字符串或混合类型
s2 = s.astype('object')
print('---s1 :\n', s1)
print('---s2 :\n', s2)
```

```
---s :
 a     0.091205
b     1.091283
c    -1.946970
d    -1.386350
dtype: float64
---s1 :
 a     0
b     1
c    -1
d    -1
dtype: int32
---s2 :
 a     0.091205
b     1.091283
c     -1.94697
d     -1.38635
dtype: object
```

（二）数据框

数据框（DataFrame）是一种二维的结构，可以将它想象成一个 Excel 工作表。它由以下三部分构成：行索引（index）、列索引（columns）、数据值（data）。数据框的任意一行或者一列就是一个 Series 对象。下面介绍几种创建数据框的方法。

创建数据框的语法结构为:pd.DataFrame(data, index, columns)

其中,data 允许输入以下格式:

- 列表、字典或 Series 的字典。
- 二维数组。
- 一个 Series 对象。
- 另一个数据框对象。

1. 通过列表创建数据框

通过列表可以创建 Pandas 模块的数据框和 NumPy 模块的二维数组,对比二者可以发现,数据框更像 Excel 中的二维表格数据,它有行索引和列索引。

```
df_list = pd.DataFrame([[20, 200], [45, 300],[40, 350]])
df_list.columns = ['profit', 'sales']
df_list.index = ['2018', '2019', '2020']
print(df_list)
```

```
      profit  sales
2018      20    200
2019      45    300
2020      40    350
```

```
# 通过NumPy模块创建二维数组
a = np.array([[1, 2], [3, 4], [5, 6]])
print(a)
```

```
[[1 2]
 [3 4]
 [5 6]]
```

2. 通过字典创建数据框

创建数据框最常用的就是传入一个字典,每个键对应的值可以是列表、字典或者 Series。可以看到,在从字典创建数据框时,最终得到的数据框的索引是原来两个 Series 索引的并集“{'2018', '2019', '2020'} ∪ {'2017', '2018', '2019'} = {'2017', '2018', '2019', '2020'}”。如果其中一个 Series 没有某个索引或者某一列找不到数据,则在该索引或者该列下的值为 NaN(not a number,是 Pandas 中标准的缺失值标识符)。

```
dict = {'profit' : pd.Series([20., 45., 40.], index=['2018', '2019', '2020']),
        'sales' : pd.Series([150., 200., 300.], index=['2017', '2018', '2019'])}
df_dict = pd.DataFrame(dict)
print(df_dict)
```

```
      profit  sales
2017     NaN  150.0
2018    20.0  200.0
2019    45.0  300.0
2020    40.0    NaN
```

3. 通过二维数组创建 DataFrame

```
# 创建一个3行4列的数据框
b = pd.DataFrame(np.arange(12).reshape(3, 4), index = [1, 2, 3],
                 columns = ['A', 'B', 'C', 'D'])
print(b)
```

```
   A  B   C   D
1  0  1   2   3
2  4  5   6   7
3  8  9  10  11
```

（三）外部数据导入并直接生成数据框

通过 Pandas 模块内的函数可以从多种数据格式文件中直接读取数据，例如，read_Excel 函数（读取 Excel 格式文件）、read_csv 函数（读取 csv 格式文件）等。

下面以读取数据集"ratio.xlsx"为例介绍两种方法，该文件保存在文件夹"D:\Python 财务大数据决策"中。数据集一共有五个字段："code"上市公司证券代码、"date"会计期间、"industry"上市公司所属行业、"ROA"总资产净利润率（%）、"ROE"净资产收益率（%）。其中：

$$\text{总资产净利润率 ROA}(\%)=\frac{\text{净利润}}{\text{总资产余额}}\times 100 \tag{2-1}$$

$$\text{净资产收益率 ROE}(\%)=\frac{\text{净利润}}{\text{股东权益余额}}\times 100 \tag{2-2}$$

方法一：利用相对路径读取文件（见图 2–1）。相对路径即代码文件所在的文件夹，该文件夹应被设为当前工作目录。

```
import pandas as pd
# 读取代码文件所在文件夹内的Excel工作簿，相对路径
data_rela = pd.read_excel('ratio.xlsx', dtype = { 'code' : str })
# 查看data_rela内的数据，head()函数默认显示前5行
print(data_rela.head())
```

	code	date	industry	ROA	ROE
0	000002	2016-12-31	房地产	3.4129	17.5352
1	000002	2017-12-31	房地产	3.1929	19.9323
2	000002	2018-12-31	房地产	3.2234	20.9117
3	000002	2019-12-31	房地产	3.1869	20.3754
4	000002	2020-12-31	房地产	3.1724	16.9499

图 2–1 利用相对路径读取文件，并展示前 5 行

方法二：利用绝对路径读取文件。绝对路径即文件的完整路径。例如，"D:\Python 财务大数据决策"就是绝对路径。在 Python 中反斜杠"\"有特殊含义，如"\n"表示换行符，所以写绝对路径时通常用两个反斜杠取消单个反斜杠的特殊含义，如"D:\\Python 财务大数据决策 \\ratio.xlsx"。注意在 Python 中，可以用"\"将一行长代码切成多行（可参见图 2–2）。

```
# 读取Excel工作簿，绝对路径
# 注意在Python中，可以用"\"将一行长代码切成多行
data_abso = pd.read_excel('D:\\Python财务大数据决策\\ratio.xlsx',\
                          dtype = {'code':str})
# 查看data_abso内的数据，tail()函数默认显示后5行
print(data_abso.tail())
```

```
         code        date industry     ROA      ROE
25  600743  2016-12-31       房地产  2.7526  10.9259
26  600743  2017-12-31       房地产  3.3541  14.8833
27  600743  2018-12-31       房地产  1.4798   8.5745
28  600743  2019-12-31       房地产  1.2136   7.6746
29  600743  2020-12-31       房地产  0.4540   2.9300
```

图 2-2 利用绝对路径读取文件,并展示后 5 行

二、数据框的处理与导出

(一) 描述数据框的基本性质(见图 2-3)

```
import pandas as pd
# 如果行数超过5,则使用截断浏览模式,中间的部分样本用省略号略过
pd.set_option('display.max_rows', 5)
# 读取Excel工作簿"ratio.xlsx",设置列"code"为字符串,设置列"date"为行索引
data = pd.read_excel('ratio.xlsx', dtype = { 'code' : str },\
                     index_col = 'date')
print(data.head())
```

```
              code industry     ROA      ROE
date
2016-12-31  000002       房地产  3.4129  17.5352
2017-12-31  000002       房地产  3.1929  19.9323
2018-12-31  000002       房地产  3.2234  20.9117
2019-12-31  000002       房地产  3.1869  20.3754
2020-12-31  000002       房地产  3.1724  16.9499
```

图 2-3 读取文件,设置列 "code" 为字符串,设置列 "date" 为行索引,并展示前 5 行

教学视频:数据框的处理与导出

(二) 数据框的索引与截取

与 Numpy 中的数组相比,Series 和 DataFrame 由于存在行索引和列索引,并且索引的方式不再只有 0,1, …的整数索引的方式,所以它们索引数据更高效和便利。

表 2-1 列示了通过索引获取部分数据的方法(表内 "*df*" 表示变量名)。

表 2-1 通过索引获取部分数据的方法

操作	语法	结果
选取某一列	*df*[col]	Series
通过标签获取行/列	*df*.loc[label]	DataFrame

续表

操作	语法	结果
通过位置(整数表示)获取某一行/列	*df*.iloc [loc]	Series
通过切片方式获取多行/列	*df* [0:2]	DataFrame
通过布尔索引获取多行/列	*df* [bool_vec]	DataFrame

1. 选取某一列(见图 2–4)

```
# 选取某一列
print(data['ROA'])
```

```
date
2016-12-31    3.4129
2017-12-31    3.1929
                 ...
2019-12-31    1.2136
2020-12-31    0.4540
Name: ROA, Length: 30, dtype: float64
```

图 2–4 选取某一列操作显示

2. 通过标签获取行/列(见图 2–5 和图 2–6)

```
# 通过标签获取符合条件的行
print(data.loc['2016-12-31'])
```

```
              code industry     ROA      ROE
date
2016-12-31  000002      房地产  3.4129  17.5352
2016-12-31  000333     家用电器  9.2977  22.9960
...            ...      ...     ...      ...
2016-12-31  600690     家用电器  5.0980  17.8054
2016-12-31  600743      房地产  2.7526  10.9259

[6 rows x 4 columns]
```

图 2–5 通过标签获取“date”为“2016–12–31”的所有数据

```
# 通过标签获取符合条件的行/列
print(data.loc[['2016-12-31', '2017-12-31'],[ 'code', 'ROA']])
```

```
              code     ROA
date
2016-12-31  000002  3.4129
2016-12-31  000333  9.2977
...            ...     ...
2017-12-31  600690  5.9761
2017-12-31  600743  3.3541

[12 rows x 2 columns]
```

图 2–6 通过标签获取“date”为“2016–12–31”或者“2017–12–31”所有行的“code”和“ROA”列

3. 通过位置(整数表示)获取某一行/列(见图 2–7)

```
print(data.iloc[:, 2])  # 获取第3列所有数据
```

```
date
2016-12-31    3.4129
2017-12-31    3.1929
                ...
2019-12-31    1.2136
2020-12-31    0.4540
Name: ROA, Length: 30, dtype: float64
```

图 2-7 通过位置获取第 3 列所有数据

4. 通过切片方式获取多行/列(见图 2-8)

```
# 获取第1行和第2行所有数据
print(data[0: 2])
```

```
              code  industry     ROA      ROE
date
2016-12-31  000002       房地产  3.4129  17.5352
2017-12-31  000002       房地产  3.1929  19.9323
```

图 2-8 通过切片方式获取第 1 行和第 2 行所有数据

5. 通过布尔向量获取多行/列(见图 2-9)

```
# 获取"code"为"000333"的所有数据, 并显示前5行
df = data[data['code'] == '000333'].head()
print(df)
```

```
              code  industry     ROA      ROE
date
2016-12-31  000333      家用电器  9.2977  22.9960
2017-12-31  000333      家用电器  7.5013  22.4434
2018-12-31  000333      家用电器  8.2102  23.4174
2019-12-31  000333      家用电器  8.3712  23.5145
2020-12-31  000333      家用电器  7.6326  22.1404
```

图 2-9 通过布尔向量获取 “code” 为 “000333” 的所有数据,并展示前 5 行

(三) 数据框的排序(见图 2-10 和图 2-11)

```
# 按照行索引"date"由大到小排序
print(data.sort_index(axis = 0, ascending = False))
```

```
              code  industry     ROA      ROE
date
2020-12-31  600743       房地产  0.4540   2.9300
2020-12-31  000333      家用电器  7.6326  22.1404
...            ...       ...     ...      ...
2016-12-31  000333      家用电器  9.2977  22.9960
2016-12-31  600383       房地产  5.5820  16.1492

[30 rows x 4 columns]
```

图 2-10 按照行索引 “date” 由大到小排序

```
#按照列"ROA"由小到大排序
print(data.sort_values(by = 'ROA', ascending = True))
```

```
                code industry      ROA      ROE
date
2020-12-31    600743      房地产   0.4540   2.9300
2019-12-31    600743      房地产   1.2136   7.6746
...              ...      ...      ...      ...
2017-12-31    000651     家用电器  10.4707  33.6780
2018-12-31    000651     家用电器  10.4998  28.4518

[30 rows x 4 columns]
```

图 2-11 按照列"ROA"由小到大排序

(四) 数据框的更改

当需要对数据框某行、某列的某个元素进行运算处理，产生并添加新的列时，可以运用加减乘除等直接更改数据框，或者运用相关函数更改数据框。

1. 运用加减乘除等直接更改数据框（见图 2-12）

```
# 将"ROA"除以100并生成新列"ROA_1"
data['ROA_1'] = data['ROA'] / 100
print(data)
```

```
                code industry     ROA      ROE     ROA_1
date
2016-12-31    000002      房地产  3.4129  17.5352  0.034129
2017-12-31    000002      房地产  3.1929  19.9323  0.031929
...              ...      ...     ...      ...       ...
2019-12-31    600743      房地产  1.2136   7.6746  0.012136
2020-12-31    600743      房地产  0.4540   2.9300  0.004540

[30 rows x 5 columns]
```

图 2-12 将列"ROA"除以 100，并生成新列"ROA_1"

2. 运用相关函数更改数据框

使用 Python 的 apply、applymap 和 map 函数，结合 lambda 表达式可以为数据框添加新的列，还可改变列的值。

apply 的操作对象是 DataFrame 的某一列（axis=0）或者某一行（axis=1）；applymap 的操作对象是元素级，作用于 DataFrame 的每个元素；map 的操作对象也是元素级，但其是对 Series 中的每个数据调用一次函数。

（1）运用 map 函数产生新列"name"（见图 2-13）。

```
# 运用map()函数生成与"code"对应的新列"name"
mapper = {'000002':'万科A', '000333':'美的集团', '000651':'格力电器',\
          '600383':'金地集团', '600690':'海尔智家', '600743':'华远地产'}
data['name'] = data['code'].map(mapper)
print(data)
```

```
           code industry     ROA      ROE     ROA_1   name
date
2016-12-31  000002   房地产  3.4129  17.5352  0.034129   万科A
2017-12-31  000002   房地产  3.1929  19.9323  0.031929   万科A
...            ...     ...     ...      ...       ...    ...
2019-12-31  600743   房地产  1.2136   7.6746  0.012136  华远地产
2020-12-31  600743   房地产  0.4540   2.9300  0.004540  华远地产

[30 rows x 6 columns]
```

图 2-13 运用 map 函数产生新列 “name”

（2）运用 apply 函数产生新列 “ROA_ 两位小数”，对原有数据列 “ROA” 取两位小数（四舍五入法）（见图 2-14）。apply 函数的语法结构如下：

DataFrame.apply（func, axis=0, broadcast=False, raw=False, reduce=None, args=( ), **kwds）

该函数最有用的是第一个参数，这个参数是函数，相当于 C/C++的函数指针。这个函数可以是一个 python 函数，也可以是一个字符串，该函数的传入参数根据 axis 来确定，比如 axis = 1，就会把一行数据作为 Series 的数据结构传入该函数中，然后在函数中实现对 Series 不同属性之间的计算，返回一个结果，则 apply 函数会自动遍历每一行 DataFrame 的数据，最后将所有结果组合成一个 Series 数据结构并返回。

```
# 针对列“ROA”运用apply()函数产生四舍五入保留两位小数的新列“ROA_两位小数”
data['ROA_两位小数'] = data['ROA'].apply(lambda x: '%.2f' % x)
print(data)
```

date	code	industry	ROA	ROE	ROA_1	name	ROA_两位小数
2016-12-31	000002	房地产	3.4129	17.5352	0.034129	万科A	3.41
2017-12-31	000002	房地产	3.1929	19.9323	0.031929	万科A	3.19
...	...	...	...	...	...	...	...
2019-12-31	600743	房地产	1.2136	7.6746	0.012136	华远地产	1.21
2020-12-31	600743	房地产	0.4540	2.9300	0.004540	华远地产	0.45

30 rows x 7 columns

图 2-14 针对列 “ROA” 运用 apply 函数产生四舍五入保留两位小数的新列 “ROA_ 两位小数”

（五）数据框的导出

利用 Pandas 模块内的函数可以将处理好的数据从 Python 中导出保存，例如，to_excel 函数（以 Excel 格式保存文件）、to_csv 函数（以 csv 格式保存文件）等。

```
# 将上面生成的最终数据框写入Excel文件内
# 文件名称“ratio_2.3.2.xlsx”，表示此文件是在第2.3.2节对数据集ratio.xlsx处理后生成的新数据集
pd.DataFrame.to_excel(data, 'ratio_2.3.2.xlsx')
```

在代码所在文件夹生成一个 Excel 工作簿 “ratio_2.3.2.xlsx”，打开后如图 2-15 所示。

	A	B	C	D	E	F	G	H
1	date	code	industry	ROA	ROE	ROA_1	name	ROA_两位小数
2	2016-12-31	000002	房地产	3.4129	17.5352	0.034129	万科A	3.41
3	2017-12-31	000002	房地产	3.1929	19.9323	0.031929	万科A	3.19
4	2018-12-31	000002	房地产	3.2234	20.9117	0.032234	万科A	3.22

图 2-15　将上面生成的最终数据以 Excel 格式保存，并打开该 Excel 文件（此处只展示前三行数据）

三、数据框拼接与融合

（一）数据框拼接

在已有数据框的基础上添加新的行或列，或者添加另外一个表格，可以用 pd.concat( ) 函数或者 pd.append( ) 函数实现。下面以 pd.concat( ) 函数为例。

```
import pandas as pd
df_1 = pd.DataFrame(dict(name = ['海尔智家', '格力电器', '美的集团'], \
                        code = ['600690', '000651', '000333']))
df_r = pd.DataFrame(dict(name = ['海信家电'], code = ['000921']))
df_c = pd.DataFrame(dict(asset = [2034, 2792, 3603]))
print('******df_1 :******\n', df_1)
print('******df_r :******\n', df_r)
print('******df_c :******\n', df_c)
```

```
******df_1 :******
    name     code
0  海尔智家  600690
1  格力电器  000651
2  美的集团  000333
******df_r :******
    name     code
0  海信家电  000921
******df_c :******
   asset
0   2034
1   2792
2   3603
```

```
# 纵向合并，按行合并
dat_rbind = pd.concat([df_1, df_r], axis = 0)
print('******dat_rbind :******\n', dat_rbind)
# 横向合并，按列合并
dat_cbind = pd.concat([df_1, df_c], axis = 1)
print('******dat_cbind :******\n', dat_cbind)
```

```
******dat_rbind :******
    name     code
0  海尔智家  600690
1  格力电器  000651
2  美的集团  000333
0  海信家电  000921
******dat_cbind :******
    name     code   asset
0  海尔智家  600690   2034
1  格力电器  000651   2792
2  美的集团  000333   3603
```

(二) 数据框融合

如果两个数据框有差异,则不能简单地直接拼接。它们需要一个共同的列(common key)作为融合的依据,下面以 pd.merge() 函数为例。

1. 构造数据框

```
df_1 = pd.DataFrame(dict(name = ['海尔智家', '格力电器', '美的集团'], \
                         code = ['600690', '000651', '000333']))
df_2 = pd.DataFrame(dict(name = ['海尔智家', '格力电器', '海信家电'], \
                         asset = [2034, 2792, 418]))
df_3 = pd.DataFrame(dict(stock_name = ['海尔智家', '格力电器', '海信家电'], \
                         asset = [2034, 2792, 418]))
# 数据框df_4, 海尔智家的代码由于人工原因输入错误
df_4 = pd.DataFrame(dict(name = ['海尔智家', '格力电器', '海信家电'], \
                         code = ['600999', '000651', '000921'], \
                         asset = [2034, 2792, 418]))
print('******df_1 :******\n', df_1)
print('******df_2 :******\n', df_2)
print('******df_3 :******\n', df_3)
print('******df_4 :******\n', df_4)
```

```
******df_1 :******
    name     code
0  海尔智家  600690
1  格力电器  000651
2  美的集团  000333
******df_2 :******
    name   asset
0  海尔智家   2034
1  格力电器   2792
2  海信家电    418
******df_3 :******
  stock_name  asset
0       海尔智家   2034
1       格力电器   2792
2       海信家电    418
******df_4 :******
    name     code  asset
0  海尔智家  600999   2034
1  格力电器  000651   2792
2  海信家电  000921    418
```

2. 只保留左表的所有数据

```
# 只保留左表的所有数据
dat_merge1 = pd.merge(left = df_1, right = df_2, \
                      how = 'left', on = 'name')
print('******dat_merge1 :******\n', dat_merge1)
```

```
******dat_merge1 :******
    name     code   asset
0  海尔智家  600690  2034.0
1  格力电器  000651  2792.0
2  美的集团  000333     NaN
```

3. 只保留右表的所有数据

```
# 只保留右表的所有数据
dat_merge2 = pd.merge(left = df_1, right = df_2, \
                      how = 'right', on = 'name')
print('******dat_merge2 :******\n', dat_merge2)
```

```
******dat_merge2 :******
     name    code  asset
0  海尔智家  600690   2034
1  格力电器  000651   2792
2  海信家电     NaN    418
```

4. 只保留两个表中公共部分的信息

```
# 只保留两个表中公共部分的信息
dat_merge3 = pd.merge(left = df_1, right = df_2, \
                      how = 'inner', on = 'name')
print('******dat_merge3 :******\n', dat_merge3)
```

```
******dat_merge3 :******
     name    code  asset
0  海尔智家  600690   2034
1  格力电器  000651   2792
```

5. 保留两个表的所有信息

```
# 保留两个表的所有信息
dat_merge4 = pd.merge(left = df_1, right = df_2, \
                      how = 'outer', on = 'name')
print('******dat_merge4 :******\n', dat_merge4)
```

```
******dat_merge4 :******
     name    code   asset
0  海尔智家  600690  2034.0
1  格力电器  000651  2792.0
2  美的集团  000333     NaN
3  海信家电     NaN   418.0
```

6. on = ['name', 'code'] 表示多列匹配

```
# on = ['name', 'code']表示多列匹配
dat_merge5 = pd.merge(left = df_1, right = df_4, \
                      how = 'left', on = ['name', 'code'])
print('******dat_merge5 :******\n', dat_merge5)
```

```
******dat_merge5 :******
     name    code   asset
0  海尔智家  600690     NaN
1  格力电器  000651  2792.0
2  美的集团  000333     NaN
```

7. left_on = 'name', right_on = 'stock_name',根据两个表的不同列名合并

```
# left_on和right_on，根据两个表的不同列名合并
dat_merge6 = pd.merge(left = df_1, right = df_3, \
                      how = 'left', left_on = 'name', \
                      right_on = 'stock_name')
print('******dat_merge6 :******\n', dat_merge6)
```

```
******dat_merge6 :******
     name    code stock_name   asset
0  海尔智家  600690       海尔智家  2034.0
1  格力电器  000651       格力电器  2792.0
2  美的集团  000333        NaN     NaN
```

8. 两个表有一列同名,但值不同,suffixes 可以给每个表的重复列名增加后缀并保留下来

```
# 两个表有一列同名，但值不同，suffixes可以给每个表的重复列名增加后缀并保留下来
dat_merge7 = pd.merge(left = df_1, right = df_4, \
                      how = 'left', on = 'name', suffixes = ['1', '2'])
print('******dat_merge7 :******\n', dat_merge7)
```

```
******dat_merge7 :******
   name    code1   code2   asset
0  海尔智家  600690  600999  2034.0
1  格力电器  000651  000651  2792.0
2  美的集团  000333     NaN     NaN
```

四、数据框分组与聚合

(一) 数据框分组

数据框分组是对数据进行分组计算并将各组计算结果合并的一项操作,可用 groupby() 函数实现,包括以下三个过程:

拆分(Splitting):即数据分组,基于一定规则(提供一个或者多个列)将原始 Pandas 对象拆分为多组。

应用(Applying):将一个函数独立地应用到各个分组,并产生一个值。

合并(Combining):对计算结果进行数据聚合,然后将这些值合并到最终的结果对象中。

1. 按照单个键进行分组(见图 2-16)

```
# 导入相关模块
import pandas as pd
import numpy as np
# 设置如果行数超过4，则使用截断浏览模式，中间的部分样本用省略号略过
pd.set_option('display.max_rows', 4)
data = pd.read_excel('ratio.xlsx', dtype = { 'code' : str }, \
                     index_col = 'date')
# obj.groupby(key)，默认沿着axis=0进行分组，即沿纵向轴分组
# 是以分组时依据的键的唯一值作为索引
df1 = data.groupby('date').mean(numeric_only = True)
print(df1)
```

```
                ROA        ROE
date
2016-12-31  5.775983  18.946267
2017-12-31  5.842133  21.108567
...              ...        ...
2019-12-31  5.457383  18.579400
2020-12-31  4.766317  15.652100

[5 rows x 2 columns]
```

图 2-16 按照单个键 “date” 进行分组,并计算组内 “ROA” 和 “ROE” 的平均值

2. 按照多个键进行分组,产生带有层次化索引的对象(见图 2-17)

```
# obj.groupby([key1, key2])，按照多个键进行分组，产生带有层次化索引的对象
df2 = data.groupby(['date', 'industry']).mean(numeric_only = True)
print(df2)
```

```
                         ROA        ROE
date       industry
2016-12-31 家用电器    7.636133  23.022433
           房地产      3.915833  14.870100
...                        ...        ...
2020-12-31 家用电器    7.058933  19.275267
           房地产      2.473700  12.028933

[10 rows x 2 columns]
```

图 2-17 按照多个键 “date” 和 “industry” 进行分组，并计算组内 “ROA” 和 “ROE” 的平均值

```
print(data.groupby('date').size())
```

```
date
2016-12-31    6
2017-12-31    6
             ..
2019-12-31    6
2020-12-31    6
Length: 5, dtype: int64
```

3. 获取分组名和数据块（见图 2–18）

```
# GroupBy对象是一个可迭代对象，可以迭代获取分组名和数据块
# 如：获取按照日期和行业分组的组名和数据块
# 如果按多个键分组，分组名将变成元组
grouped = data.groupby(['date', 'industry'])
for name, group in grouped:
    print (name)
    print (group)
```

```
('2016-12-31', '家用电器')
              code industry     ROA      ROE
date
2016-12-31  000333     家用电器  9.2977  22.9960
2016-12-31  000651     家用电器  8.5127  28.2659
2016-12-31  600690     家用电器  5.0980  17.8054
('2016-12-31', '房地产')
              code industry     ROA      ROE
date
2016-12-31  000002      房地产  3.4129  17.5352
2016-12-31  600383      房地产  5.5820  16.1492
2016-12-31  600743      房地产  2.7526  10.9259
```

```
('2020-12-31', '家用电器')
              code industry     ROA      ROE
date
2020-12-31  000333     家用电器  7.6326  22.1404
2020-12-31  000651     家用电器  7.9792  19.0616
2020-12-31  600690     家用电器  5.5650  16.6238
('2020-12-31', '房地产')
              code industry     ROA      ROE
date
2020-12-31  000002      房地产  3.1724  16.9499
2020-12-31  600383      房地产  3.7947  16.2069
2020-12-31  600743      房地产  0.4540   2.9300
```

图 2-18 获取分组名和数据块的操作

4. 选择指定组或组内的列(见图 2-19)

```
# 选择指定组或组内的列
print(grouped.get_group(('2016-12-31', '家用电器')))
```

```
              code industry     ROA      ROE
date
2016-12-31  000333     家用电器  9.2977  22.9960
2016-12-31  000651     家用电器  8.5127  28.2659
2016-12-31  600690     家用电器  5.0980  17.8054
```

图 2-19 获取指定组("2016-12-31","家用电器")的所有数据

5. 分组之后,其中的部分列进行聚合(见图 2-20)

```
# 分组之后,若想对其中的部分列进行聚合,可以直接使用一组列名进行聚合
# 输出结果是一个SeriesGroupBy对象
print("******grouped['ROA'] :\n", grouped['ROA'])
# 输出结果是一个DataFrameGroupyBy对象
print("******grouped[['ROA']] :\n", grouped[['ROA']])
# 以上两种方法都将得到只包含"ROA"列数据的分组结果
# 这种方法将避免在聚合过程对一些无关列进行某种运算
# 只对分组后的"ROA"列求平均值
print(grouped[['ROA']].mean())
```

```
******grouped['ROA'] :
 <pandas.core.groupby.generic.SeriesGroupBy object at 0x00000253FC489070>
******grouped[['ROA']] :
 <pandas.core.groupby.generic.DataFrameGroupBy object at 0x00000253FC4897F0>
                           ROA
date        industry
2016-12-31 家用电器      7.636133  ──► 7.636133=(9.2977+8.5127+5.098)/3
           房地产        3.915833
...                          ...
2020-12-31 家用电器      7.058933
           房地产        2.473700

[10 rows x 1 columns]
```

图 2-20 对分组后的"ROA"求平均值

(二)数据框聚合

除了使用 GroupBy.mean() 的聚合方法,另一个直观的方法是用 aggregate 函数或者 agg 函数直接接在 GroupBy 对象后面。下面以 agg 函数为例。

1. 使用多个聚合函数(见图 2-21)

```
# 使用多个聚合函数
df_agg1 = grouped.agg([np.mean, np.median])
print(df_agg1)
```

```
                        ROA                  ROE
                        mean      median     mean        median
date        industry
2016-12-31  家用电器    7.636133  8.5127     23.022433   22.9960
            房地产      3.915833  3.4129     14.870100   16.1492
...                     ...       ...        ...         ...
2020-12-31  家用电器    7.058933  7.6326     19.275267   19.0616
            房地产      2.473700  3.1724     12.028933   16.2069

[10 rows x 4 columns]
```

图 2-21　对分组后的所有列求平均值和中位数

注:2016-12-31 家用电器行业三家上市公司 ROA 分别为 9.297 7、8.512 7、5.098 0。

（1）均值 = 7.636 133 =（9.297 7 + 8.512 7 + 5.098 0）/ 3

（2）中位数是指将数据按大小顺序排列起来，形成一个数列，居于数列中间位置的那个数据。此处中位数为 8.512 7。

2. 使用自定义聚合函数（见图 2-22）

```
# 使用自定义聚合函数
df_agg2 = grouped.agg([np.max, np.min, lambda x:x.max() - x.min()])
print(df_agg2)
```

```
                        ROA                            ROE
                        amax    amin  <lambda_0>       amax     amin  <lambda_0>
date        industry
2016-12-31  家用电器    9.2977  5.0980      4.1997     28.2659  17.8054     10.4605
            房地产      5.5820  2.7526      2.8294     17.5352  10.9259      6.6093
...                     ...     ...          ...       ...      ...          ...
2020-12-31  家用电器    7.9792  5.5650      2.4142     22.1404  16.6238      5.5166
            房地产      3.7947  0.4540      3.3407     16.9499   2.9300     14.0199

[10 rows x 6 columns]
```

图 2-22　对分组后的所有列使用自定义聚合函数求最大值和最小值

3. 向 agg() 函数传入一个字典实现对不同列执行不同的聚合运算（见图 2-23）

```
# 向agg()函数传入一个字典实现对不同列执行不同的聚合运算
map_func = {'ROA':[np.max, np.mean], 'ROE':np.max}
print(grouped.agg(map_func))
```

```
                        ROA                 ROE
                        amax    mean        amax
date        industry
2016-12-31  家用电器    9.2977  7.636133    28.2659
            房地产      5.5820  3.915833    17.5352
...                     ...     ...         ...
2020-12-31  家用电器    7.9792  7.058933    22.1404
            房地产      3.7947  2.473700    16.9499

[10 rows x 3 columns]
```

图 2-23　对分组后的“ROA”求最大值和平均值，“ROE”求最大值

五、时间序列处理

已知数据集 "timeseries.xlsx" 为格力电器 2019 年和 2020 年各季度营业收入(单位:亿元),求季度营业收入环比增长率,以及 2019 年和 2020 年年度营业收入总额。

1. 季度营业收入环比增长率

```
import pandas as pd
# 读取数据，并指定列"会计期间"为索引列
sales = pd.read_excel('timeseries.xlsx', index_col = '会计期间')
print('******sales :\n', sales)
```

```
******sales :
                  营业收入
会计期间
2019-03-31  410.061194
2019-06-30  573.349549
2019-09-30  583.352217
2019-12-31  438.320376
2020-03-31  209.086811
2020-06-30  496.930450
2020-09-30  568.663988
2020-12-31  430.292908
```

```
# shift(1): 索引不变，数据向后移动1行
print('******sales.shift(1) :\n', sales.shift(1))
```

```
******sales.shift(1) :
                  营业收入
会计期间
2019-03-31         NaN
2019-06-30  410.061194
2019-09-30  573.349549
2019-12-31  583.352217
2020-03-31  438.320376
2020-06-30  209.086811
2020-09-30  496.930450
2020-12-31  568.663988
```

```
# 计算相邻两个季度营业收入增长率
print('******sales / sales.shift(1) - 1 :\n', sales / sales.shift(1) - 1)
```

```
******sales / sales.shift(1) - 1 :
               营业收入
会计期间
2019-03-31       NaN
2019-06-30  0.398205
2019-09-30  0.017446
2019-12-31 -0.248618
2020-03-31 -0.522982
2020-06-30  1.376670
2020-09-30  0.144353
2020-12-31 -0.243327
```

由计算可知,格力电器 2019 年第一季度营业收入为 410.061 194 亿元,第二季度营业收入为 573.349 549 亿元。2019 年第二季度营业收入比第一季度营业收入增长 39.82%,即 0.398 205 =(573.349 549−410.061 194)÷410.061 194。

2. 年度营业收入总额

```
from pandas.tseries.offsets import *
# 每年年末显示该年数据的总计
# step1：先将时间序列用rollforward()向前滚动
# step2：使用groupby()对时间索引进行分组聚合，并求均值
offset = YearEnd()
# 计算年度营业收入总额
print('******年度营业收入总额 :\n', sales.groupby(offset.rollforward).sum())
```

```
******年度营业收入总额 :
                 营业收入
2019-12-31   2005.083336
2020-12-31   1704.974157
```

由上面可知，格力电器2019年第一季度营业收入为410.061 194亿元，第二季度营业收入为573.349 549亿元，第三季度营业收入为583.352 217亿元，第四季度营业收入为438.320 376亿元。2019年全年营业收入为2 005.083 336亿元，即：

$$410.061\ 194 + 573.349\ 549 + 583.352\ 217 + 438.320\ 376 = 2\ 005.083\ 336(\text{亿元})$$

思考与练习

利用CSMAR数据库获取以下上市公司，近5年来，反映企业偿债能力的财务数据（如流动比率、资产负债率等），并进行数据分析。

股票代码	公司名称	行业
000002	万科A	房地产
600383	金地集团	房地产
600743	华远地产	房地产
000333	美的集团	家用电器
000651	格力电器	家用电器
600690	海尔智家	家用电器

即测即评

请扫描右侧二维码，进行随堂测试。

第三章

Python 模块:数据展示

学习目标

通过本章学习，应该能够：掌握 matplotlib 模块和 xlwings 模块操作；理解 python-docx 模块、python-pptx 模块和 streamlit 模块操作；理解格力电器盈利能力分析案例。

第一节 matplotlib 模块

一、matplotlib 模块简介

数据可视化的主要作用有：真实、准确、全面地展示数据；揭示数据的本质、关系和规律。matplotlib 模块是 Python 数据可视化的模块，它是 Anaconda 自带的，无须单独安装。利用 matplotlib 模块内包含的大量函数，可以创建各种图形，包括简单的散点图、折线图、柱形图、饼图、统计直方图、箱型图等。

matplotlib 图表的组成元素及其函数核心参数说明（见表 3-1）：

表 3-1　matplotlib 图表的组成元素及其函数核心参数

函数	核心参数说明	功能
figure()	figsize（窗口尺寸）、dpi（分辨率）	设置窗口的大小与分辨率
title()	str（图名）、fontdict（文本格式，包括字体大小、类型等）	设置标题
xlabel()、ylabel()	xlabel（x 轴名）、ylabel（y 轴名）	设置 x 轴和 y 轴的标题
axis()、xlim()、ylim()	xmin、xmax 或 ymin、ymax	设置 x 轴和 y 轴的范围
xticks()、yticks()	ticks（刻度数值）、labels（刻度名称）、fontdict	设置 x 轴和 y 轴的刻度

续表

函数	核心参数说明	功能
grid()	b（有无网格线）、which（主/次网格线）、axis（x 轴和 y 轴网格线）、color（颜色）、linestyle（线条类型）、linewidth（线条宽度）、alpha（透明度）	设置 x 轴和 y 轴的主要和次要网格线
legend()	loc（位置）、edgecolor（边缘颜色）、facecolor（表面颜色）、fontsize（字体大小）	控制图例显示

教学视频：matplotlib 模块操作

下面以绘制折线图为例具体介绍。

二、matplotlib 模块基本图表绘制：折线图

绘制折线图使用 plot() 函数，其核心参数如下所示：

➢ x：x 轴数据

➢ y：y 轴数据

➢ color：线条颜色

➢ linestyle：线条类型

➢ linewidth：线条宽度

➢ marker：标记类型

➢ markeredgecolor：标记边框颜色

➢ markeredgewidth：标记边框宽度

➢ markerfacecolor：标记填充颜色

➢ markersize：标记大小

➢ lable：线条标签

下面以绘制家用电器行业内 3 家公司 2016~2020 年 ROA 指标为例进行介绍。数据来自第二章中生成的数据集“ratio_2.3.2.xlsx”。

（一）数据准备（见图 3-1 和图 3-2）

```
# 导入模块
import pandas as pd
import numpy as np
import matplotlib.pyplot as plt
# 设置如果行数超过4，则使用截断浏览模式，结果中间的部分样本用省略号略过
pd.set_option('display.max_rows', 4)
data = pd.read_excel('ratio_2.3.2.xlsx', dtype = { 'code' : str },\
                     index_col = 'date',\
                     usecols = ['date','name','industry','ROA','ROE'])
print(data)
```

```
            industry     ROA      ROE   name
date
2016-12-31       房地产  3.4129  17.5352    万科A
2017-12-31       房地产  3.1929  19.9323    万科A
...              ...     ...      ...    ...
2019-12-31       房地产  1.2136   7.6746   华远地产
2020-12-31       房地产  0.4540   2.9300   华远地产

[30 rows x 4 columns]
```

图 3-1 读取数据

```
grouped = data.groupby(['industry'])
# 获取家用电器行业数据
appliance = grouped.get_group(('家用电器'))
print(appliance)
```

```
            industry     ROA      ROE   name
date
2016-12-31     家用电器  9.2977  22.9960   美的集团
2017-12-31     家用电器  7.5013  22.4434   美的集团
...              ...     ...      ...    ...
2019-12-31     家用电器  6.5799  18.9789   海尔智家
2020-12-31     家用电器  5.5650  16.6238   海尔智家

[15 rows x 4 columns]
```

图 3-2 获取指定组“家用电器”的所有数据

（二）折线图绘制

1. 绘制简单折线图（见图 3-3）

```
# 用figsize设置图像大小（单位：英寸），dpi设置图像分辨率
fig = plt.figure(figsize = (4, 3),dpi = 200)
# 将输入的3家上市公司名称赋值给列表“company”，比如：“格力电器”，“海尔智家”，“美的集团”
company = input('请输入3家上市公司名称，用空格隔开：').split()
# 用plt.plot()绘制折线图
for i in range(0,3):
    temp_df = appliance[appliance.name == company[i]]
    plt.plot(temp_df.index, temp_df.ROA)
plt.savefig('plot3.1_1.jpg')    # 保存图表
plt.show()                      # 显示图表
```

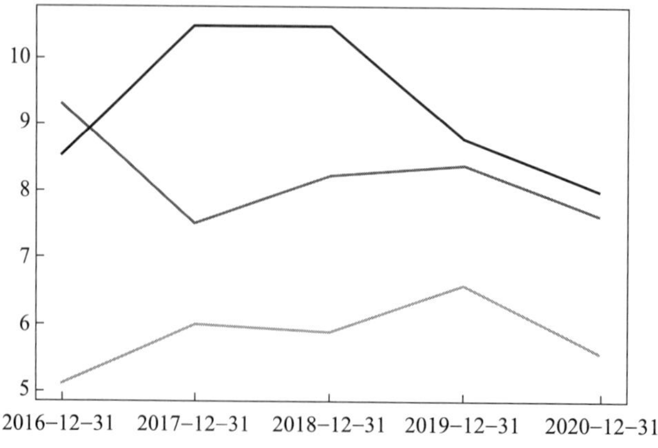

图 3-3 “ROA”简单折线图

2. 调整参数

修改数据系列的折线颜色、添加数据标记与数据系列标签（见图 3–4）。

```
# 在简单折线图基础上，修改数据系列的折线颜色（color）
# 添加数据标记（marker）与数据系列标签（label）等
colors = ['#e41a1c', '#377eb8', '#4daf4a']
markers = ['o', 's', 'H']
# 用来正常显示中文标签
plt.rcParams['font.sans-serif'] = ['SimHei']
# 用来解决符号显示为方块的问题
plt.rcParams['axes.unicode_minus'] = False
for i in range(0, 3):
    temp_df = appliance[appliance.name == company[i]]
    plt.plot(temp_df.index, temp_df.ROA, marker = markers[i],\
             markerfacecolor = colors[i], markersize = 8,\
             markeredgewidth = 0.5, color = "k",\
            linewidth = 0.5, linestyle = "-", label = company[i])
plt.legend(loc='upper right')
plt.savefig('plot3.1_2.jpg')    # 保存图表
plt.show()                      # 显示图表
```

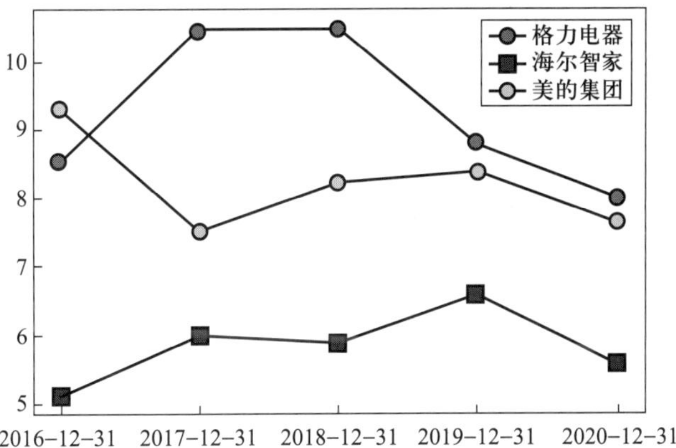

图 3–4 “ROA”进阶折线图：修改折线颜色、添加数据标记与数据系列标签

3. 添加图元素

添加图表标题、轴名和图例（见图 3–5）。

```
# 用来正常显示中文标签
plt.rcParams['font.sans-serif'] = ['SimHei']
# 用来解决符号显示为方块的问题
plt.rcParams['axes.unicode_minus'] = False
colors = ['#e41a1c', '#377eb8', '#4daf4a']
markers = ['o', 's', 'H']
for i in range(0, 3):
    temp_df = appliance[appliance.name == company[i]]
    plt.plot(temp_df.index, temp_df.ROA, marker = markers[i],\
           markerfacecolor = colors[i], markersize = 8,\
            markeredgewidth = 0.5, color = "k",\
            linewidth = 0.5, linestyle = "-", label = company[i])
plt.title('总资产净利润率（ROA）对比图')    # 添加图表标题
plt.xlabel('日期')         # 添加X轴名
plt.ylabel('ROA（%）')     # 添加Y轴名
plt.legend(loc='upper right')     # 添加图例
plt.savefig('plot3.1_3.jpg')      # 保存图表
plt.show()                        # 显示图表
```

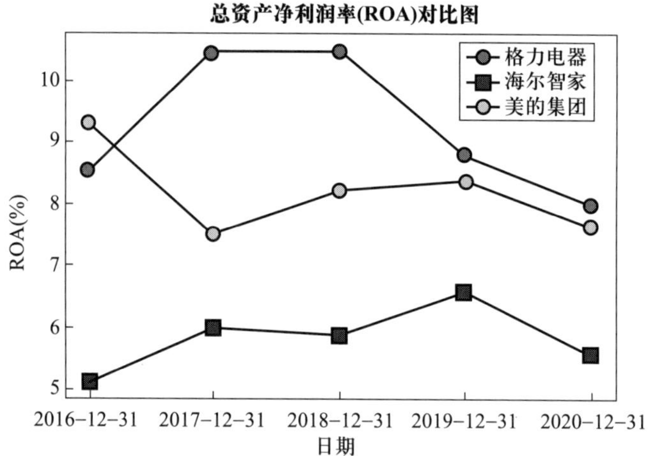

图 3-5 “ROA”进阶折线图：添加图表标题、轴名和图例

4. 添加其他元素

添加行业均值线（见图 3-6）。

```
colors = ['#e41a1c', '#377eb8', '#4daf4a']
markers = ['o', 's', 'H']
for i in range(0, 3):
    temp_df = appliance[appliance.name == company[i]]
    plt.plot(temp_df.index, temp_df.ROA, marker = markers[i],\
            markerfacecolor = colors[i], markersize = 8,\
             markeredgewidth = 0.5, color = "k",\
             linewidth = 0.5, linestyle = "-", label = company[i])
y1 = appliance.groupby('date').mean(numeric_only = True).ROA
plt.plot(y1, color = 'blue', marker = 'D', markerfacecolor = '#984ea3',\
         markersize = 8, markeredgewidth = 0.5,linewidth = 0.5,\
         linestyle = '-', label = '行业均值')
plt.title('总资产净利润率（ROA）对比图')    # 添加图表标题
plt.xlabel('日期')        # 添加X轴名
plt.ylabel('ROA（%）')    # 添加Y轴名
plt.legend(loc='upper right')    # 添加图例
plt.savefig('plot3.1_4.jpg')    # 保存图表
plt.show()              # 显示图表
```

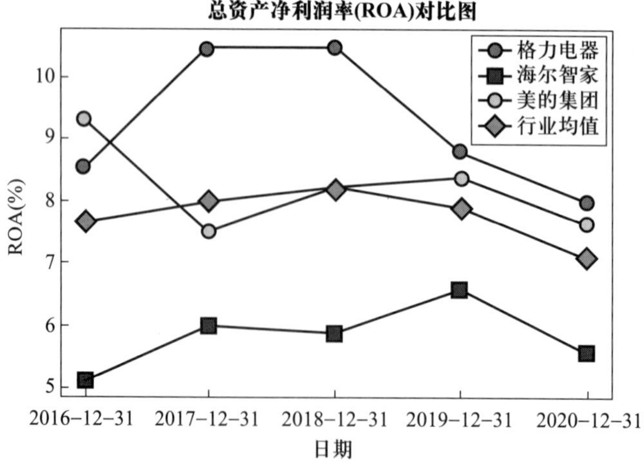

图 3-6 “ROA”进阶折线图：添加行业均值线

注：本教材内“行业均值”和“行业中位数”是基于所给数据集计算得到的。例如，图 3-6 内的“行业均值”是基于数据集“ratio_2.3.2.xlsx”计算得到的。

利用同样的步骤可以绘制家用电器行业内 3 家公司 2016~2020 年“净资产收益率（ROE）对比图”，并保存图片“plot3.1_5.png”。此处程序代码略。

第二节 xlwings 模块

一、xlwings 模块简介

可以处理 Excel 文件的 Python 模块有很多，如 xlsxwriter、xlrd、xlwt、xlutils、openpyxl 和 xlwings 等。其中 xlwings 模块的功能是最齐全的，包括读、写和修改两种格式的 Excel 文件（xls 和 xlsx），而且能批量处理多个 Excel 文件。此外，xlwings 模块还能与 Excel VBA 结合使用，实现更强大的数据输入和分析功能。该模块的基本功能有创建工作簿、保存工作簿、打开工作簿以及操控工作表和单元格。

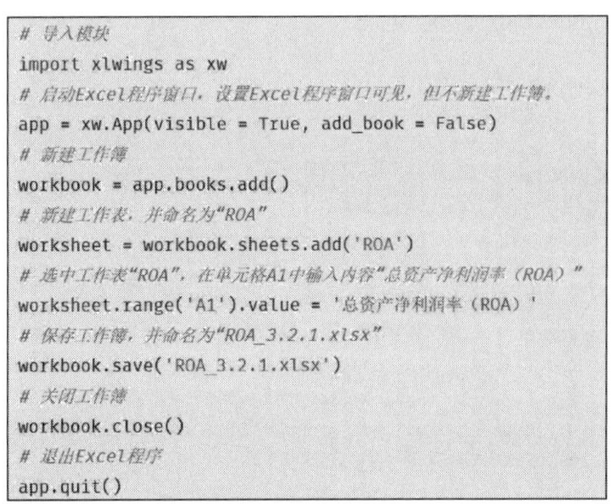

```
# 导入模块
import xlwings as xw
# 启动Excel程序窗口，设置Excel程序窗口可见，但不新建工作簿。
app = xw.App(visible = True, add_book = False)
# 新建工作簿
workbook = app.books.add()
# 新建工作表，并命名为"ROA"
worksheet = workbook.sheets.add('ROA')
# 选中工作表"ROA"，在单元格A1中输入内容"总资产净利润率（ROA）"
worksheet.range('A1').value = '总资产净利润率（ROA）'
# 保存工作簿，并命名为"ROA_3.2.1.xlsx"
workbook.save('ROA_3.2.1.xlsx')
# 关闭工作簿
workbook.close()
# 退出Excel程序
app.quit()
```

程序运行后，在代码所在目录下新建一个名为“ROA_3.2.1.xlsx”的工作簿，该工作簿中有一个名为“ROA”的工作表，该工作表的单元格 A1 中输入内容“总资产净利润率（ROA）”（见图 3–7）。

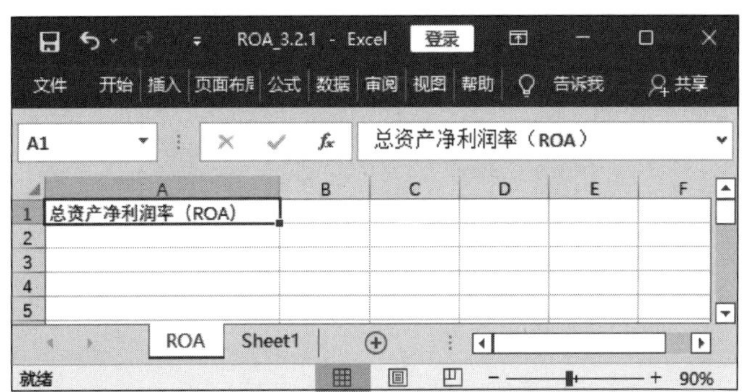

图 3–7　利用 xlwings 模块新建 Excel 工作簿、工作表，并输入内容

打开一个已有的 Excel 工作簿,例如打开工作簿 “D:\ 投资回报率.xlsx”,并赋值给 workbook,可以运行下面程序代码。

Workbook = app.books.open(r ‘D:\ 投资回报率.xlsx’)

二、xlwings 模块与 pandas 模块的交互

用 pandas 模块创建数据表格,再用 xlwings 模块将表格写入工作簿,实现 xlwings 模块与 pandas 模块之间的交互。下面以生成 “2016~2020 年家用电器行业 3 家公司 ROA 比较表(ROA_3.2.2.xlsx)” 为例进行介绍。

(一) 利用 pandas 模块创建数据表格(见图 3–8)

```
# 导入模块
import pandas as pd
import numpy as np
import matplotlib.pyplot as plt
# 如果行数超过4, 则使用截断浏览模式, 中间的部分样本用省略号略过
pd.set_option('display.max_rows', 4)
# 读取数据集
data = pd.read_excel('ratio_2.3.2.xlsx', dtype = { 'code' : str },\
                     index_col = 'date',\
                     usecols = ['date','name','industry','ROA','ROE'])
grouped = data.groupby(['industry'])
company = ['格力电器','海尔智家','美的集团']
appliance = grouped.get_group(('家用电器'))   # 获取家用电器行业数据
ROA_1 = appliance.groupby('name').get_group(('格力电器'))[['ROA']].T
ROA_1 = ROA_1.rename(index={'ROA':'格力电器'})   #重 新命名index
ROA_2 = appliance.groupby('name').get_group(('美的集团'))[['ROA']].T
ROA_2 = ROA_2.rename(index={'ROA':'美的集团'})
ROA_melt = pd.concat([ROA_1,ROA_2],axis=0)   # 按行合并
ROA_3 = appliance.groupby('name').get_group(('海尔智家'))[['ROA']].T
ROA_3 = ROA_3.rename(index={'ROA':'海尔智家'})
ROA_melt = pd.concat([ROA_melt,ROA_3],axis=0)
ROA_4 = appliance.groupby('date').mean()[['ROA']].T    # 计算均值
ROA_4 = ROA_4.rename(index={'ROA':'行业均值'})
ROA_melt = pd.concat([ROA_melt,ROA_4],axis=0)
ROA_melt.rename(columns = {'2016-12-31':'2016年','2017-12-31':'2017年',\
                           '2018-12-31':'2018年', '2019-12-31':'2019年',\
                           '2020-12-31':'2020年'},inplace = True) # 重新命名columns
ROA_melt = ROA_melt.round(2)   # 保留两位小数
print(ROA_melt)
```

date	2016年	2017年	2018年	2019年	2020年
格力电器	8.51	10.47	10.50	8.77	7.98
美的集团	9.30	7.50	8.21	8.37	7.63
海尔智家	5.10	5.98	5.86	6.58	5.56
行业均值	7.64	7.98	8.19	7.91	7.06

图 3–8 利用 pandas 模块创建数据表格

(二) 用 xlwings 模块将数据写入 Excel 工作簿(见图 3-9)

```
# 导入模块
import xlwings as xw
# 启动Excel程序窗口
app = xw.App()
# 新建工作簿
workbook = app.books.add()
# 新建工作表，并命名为“ROA”
worksheet = workbook.sheets.add('ROA')
# 选中工作表“ROA”，在单元格A1中输入内容“ROA_melt”
worksheet.range('A1').value = ROA_melt
# 保存工作簿，并命名为“ROA_3.2.2.xlsx”
workbook.save('ROA_3.2.2.xlsx')
# 关闭工作簿
workbook.close()
# 退出Excel程序
app.quit()
```

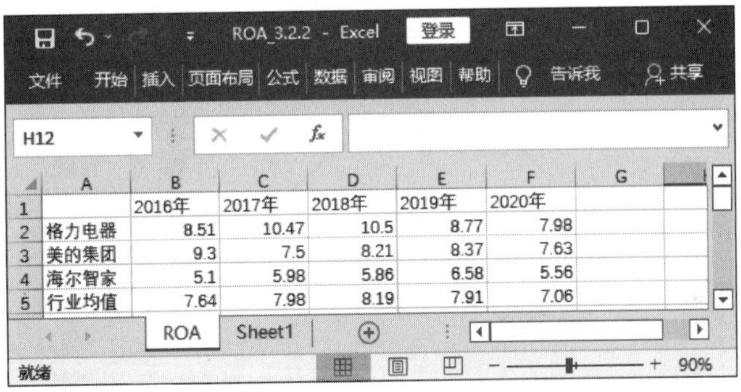

	A	B	C	D	E	F	G
1		2016年	2017年	2018年	2019年	2020年	
2	格力电器	8.51	10.47	10.5	8.77	7.98	
3	美的集团	9.3	7.5	8.21	8.37	7.63	
4	海尔智家	5.1	5.98	5.86	6.58	5.56	
5	行业均值	7.64	7.98	8.19	7.91	7.06	

图 3-9 利用 xlwings 模块将数据写入 Excel 工作簿

三、xlwings 模块与 matplotlib 模块的交互

用 matplotlib 模块绘制图表，再用 xlwings 模块将图表写入工作簿，实现 xlwings 模块与 matplotlib 模块之间的交互。

(一) 利用 matplotlib 模块绘制图表(见图 3-10)

```
# 导入模块
import pandas as pd
import numpy as np
import matplotlib.pyplot as plt
# 如果行数超过4，则使用截断浏览模式，中间的部分样本用省略号略过
pd.set_option('display.max_rows', 4)
# 读取数据集
data = pd.read_excel('ratio_2.3.2.xlsx', dtype = { 'code' : str },\
                     index_col = 'date',\
                     usecols = ['date','name','industry','ROA','ROE'])
# 获取家用电器行业数据
grouped = data.groupby(['industry'])
appliance = grouped.get_group(('家用电器'))
```

```
# 绘制折线图
plt.rcParams['font.sans-serif'] = ['SimHei'] # 用来正常显示中文标签
plt.rcParams['axes.unicode_minus'] = False  # 用来解决符号显示为方块的问题
colors = ['#e41a1c','#377eb8','#4daf4a']
markers = ['o','s','H']
company = ['格力电器','海尔智家','美的集团']
figure = plt.figure()
for i in range(0,3):
    temp_df = appliance[appliance.name==company[i]]
    plt.plot(temp_df.index, temp_df.ROA,marker=markers[i],\
            markerfacecolor=colors[i],markersize=8,\
             markeredgewidth=0.5,color="k",\
             linewidth=0.5,linestyle="-",label=company[i])
y1 = appliance.groupby('date').mean().ROA
plt.plot(y1,color='blue',marker='D',markerfacecolor='#984ea3',\
        markersize=8,markeredgewidth=0.5,linewidth=0.5,\
        linestyle='-',label='行业均值')
plt.title('总资产净利润率（ROA）对比图')   # 添加图表标题
plt.xlabel('日期')        # 添加X轴名
plt.ylabel('ROA（%）')    # 添加Y轴名
plt.legend(loc='upper right')   # 添加图例
plt.savefig("ROA.jpg")  # 保存图表
plt.show()              # 显示图表
```

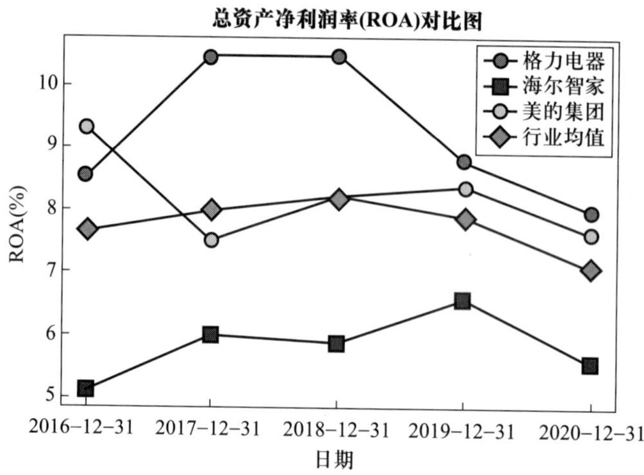

图 3-10 利用 matplotlib 模块绘制“总资产净利润率(ROA)对比图”

(二) 用 xlwings 模块将图表写入 Excel 工作簿

```
# 用xlwings将图写入Excel
import xlwings as xw
app = xw.App()
workbook = app.books.add()
worksheet = workbook.sheets.add('ROA')
worksheet.pictures.add(figure,name='tupian',update=True,left=10)
workbook.save('ROA_3.2.3.xlsx')
workbook.close()
app.quit()
```

打开 Exlcel 文件“ROA_3.2.3.xlsx”可以看到如图 3-11 所示。

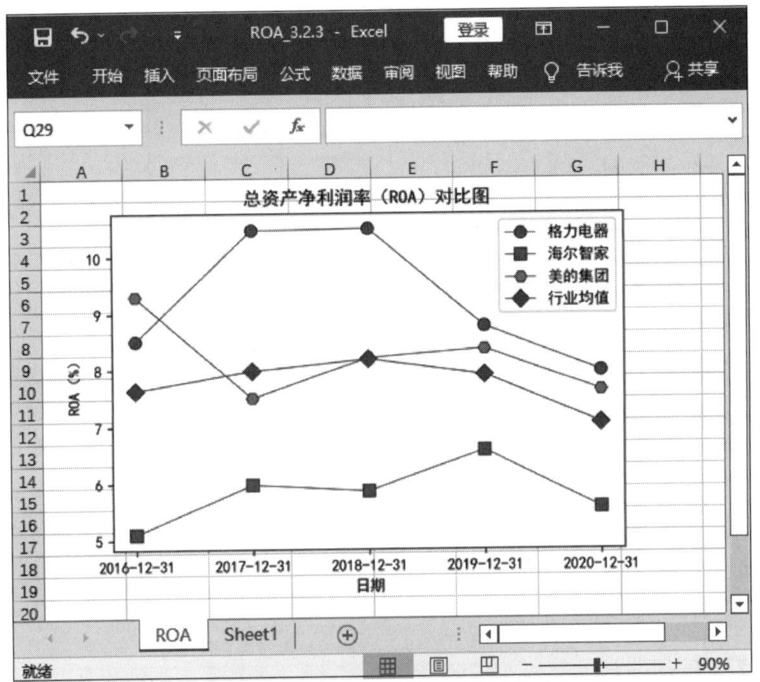

图 3-11 利用 xlwings 模块将图片写入 Excel 工作簿

四、xlwings 模块批量生成和处理 Excel 文件

用 xlwings 模块操控 Excel 文件，可实现批量处理工作簿和工作表，进而提升工作效率。首先，利用本节“xlwings 模块与 pandas 模块交互”得到“ROA_3.2.2.xlsx”的思路，批量生成 2016~2020 年房地产、家用电器行业的 ROA 和 ROE 对比表，并分别保存为“房地产.xlsx”和“家用电器.xlsx”工作簿，每个工作簿里面有两个工作表（“ROA”和“ROE”）。然后，利用 xlwings 模块批量处理“房地产.xlsx”和“家用电器.xlsx”，更改每个工作簿内全部工作表的行高、列宽和单元格的数据格式。

（一）批量生成工作簿和工作表

1. 导入模块并读取数据集（见图 3-12）

```
# 导入模块
import pandas as pd
import numpy as np
import matplotlib.pyplot as plt
# 如果行数超过4，则使用截断浏览模式，中间的部分样本用省略号略过
pd.set_option('display.max_rows', 4)
# 读取数据集
data = pd.read_excel('ratio_2.3.2.xlsx', dtype = { 'code' : str },\
                     index_col = 'date',\
                     usecols = ['date','name','industry','ROA','ROE'])
# 将“ROA”和“ROE”两列分别除以100
data['ROA'] = data['ROA'] / 100
data['ROE'] = data['ROE'] / 100
print(data)
```

```
           industry       ROA        ROE   name
date
2016-12-31      房地产  0.034129  0.175352   万科A
2017-12-31      房地产  0.031929  0.199323   万科A
...             ...       ...       ...    ...
2019-12-31      房地产  0.012136  0.076746  华远地产
2020-12-31      房地产  0.004540  0.029300  华远地产

[30 rows x 4 columns]
```

图 3-12 导入并读取数据集

2. 批量生成工作簿和工作表具体操作

运行代码之前,请在 D 盘创建文件夹 "D:\Python 财务大数据决策 \ 批量处理的 Excel 文件"。

```
ind = ['家用电器','房地产']
grouped = data.groupby(['industry'])
indicator = ['ROA','ROE']
# 导入模块
import xlwings as xw
# 启动Excel程序窗口
app = xw.App()
```

```
for i in range(2):
    # 新建工作簿
    print(ind[i])
    file_path = 'D:\\Python财务大数据决策\\批量处理的Excel文件' + '\\' + ind[i] + '.xlsx'
    print(file_path)
    workbook = app.books.add()
    temp = grouped.get_group((ind[i]))    #获取行业数据
    company = list(temp.name.unique())
    for j in range(2):
        R_1 = temp.groupby('name').get_group((company[0]))[[indicator[j]]].T
        R_1 = R_1.rename(index={indicator[j]:company[0]})   # 重新命名index
        R_2 = temp.groupby('name').get_group((company[1]))[[indicator[j]]].T
        R_2 = R_2.rename(index={indicator[j]:company[1]})
        R_melt = pd.concat([R_1,R_2],axis=0)   # 按行合并
        R_3 = temp.groupby('name').get_group((company[2]))[[indicator[j]]].T
        R_3 = R_3.rename(index={indicator[j]:company[2]})
        R_melt = pd.concat([R_melt,R_3],axis=0)
        R_4 = temp.groupby('date').mean()[[indicator[j]]].T    # 计算均值
        R_4 = R_4.rename(index={indicator[j]:'行业均值'})
        R_melt = pd.concat([R_melt,R_4],axis=0)
        R_melt.rename(columns = {'2016-12-31':'2016年',\
                                 '2017-12-31':'2017年',\
                                 '2018-12-31':'2018年',\
                                 '2019-12-31':'2019年',\
                                 '2020-12-31':'2020年'},inplace = True)
        # 新建工作表
        worksheet = workbook.sheets.add(indicator[j])
        # 选中工作表, 在单元格A1中输入内容"R_melt"
        worksheet.range('A1').value = R_melt
    # 保存工作簿
    workbook.save(file_path)
    # 关闭工作簿
    workbook.close()
# 退出Excel程序
app.quit()
```

在文件夹 "D:\Python 财务大数据决策 \ 批量处理的 Excel 文件" 内,生成两个 Excel 文件,如图 3-13 所示。

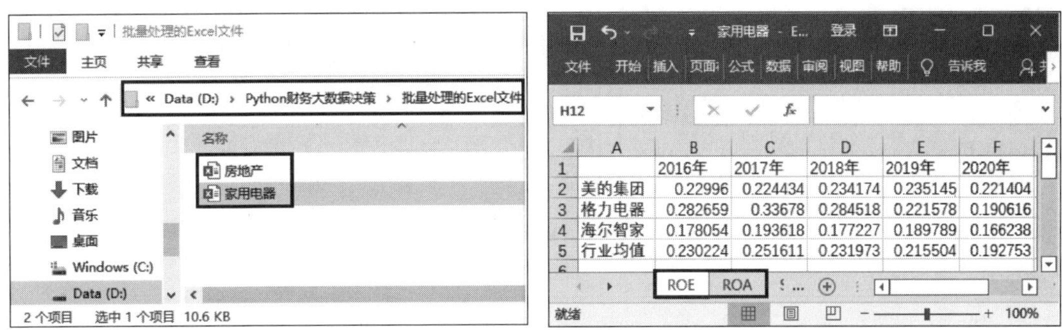

图 3-13 批量生成工作簿和工作表

（二）批量处理工作簿和工作表

1. 导入模块

```
import os                   # 导入os模块
import xlwings as xw        # 导入xlwings模块
```

2. 获取工作簿所在路径下所有文件和文件夹的名称

```
# 给出工作簿所在的文件夹路径
file_path = 'D:\\Python财务大数据决策\\批量处理的Excel文件'
# 列出文件夹下所有文件和子文件夹的名称
file_list = os.listdir(file_path)
print(file_list)
```

```
['家用电器.xlsx', '房地产.xlsx']
```

3. 利用 xlwings 批量处理行、列和单元格

```
# 启动Excel程序
app = xw.App(visible = False, add_book = False)
for i in file_list:  # 遍历文件夹路径下的所有文件名
    if i.startswith('~$'):  # 判断是否有文件名以"~$"开头的文件
        continue  # 如果有，则跳过这种类型的文件
    # 将文件夹路径和文件名拼接成工作簿的完整路径
    file_paths = os.path.join(file_path, i)
    workbook = app.books.open(file_paths)  # 打开要调整的工作簿
    for j in workbook.sheets:    # 遍历当前工作簿中的工作表
        # 在工作表中选择要调整行高和列宽的单元格区域
        value = j.range('A1').expand('table')
        value.column_width = 12   # 将列宽调整为可容纳12个字符的宽度
        value.row_height = 20     # 将行高调整为20磅
        # 获取工作表中数据区域最后一行的行号
        row_num = j['A1'].current_region.last_cell.row
        # 将"B5: F5"的数据全部更改为百分比和无小数位的格式
        j['B2:F5'.format(row_num)].number_format = '0%'
    workbook.save()  # 保存工作簿
    workbook.close()  # 关闭工作簿
app.quit()           # 退出Excel程序
```

在文件夹“D:\Python 财务大数据决策 \ 批量处理的 Excel 文件”内，所有 Excel 工作簿中所有工作表的行高、列宽和单元格的数据格式发生更改（见图 3-14）。

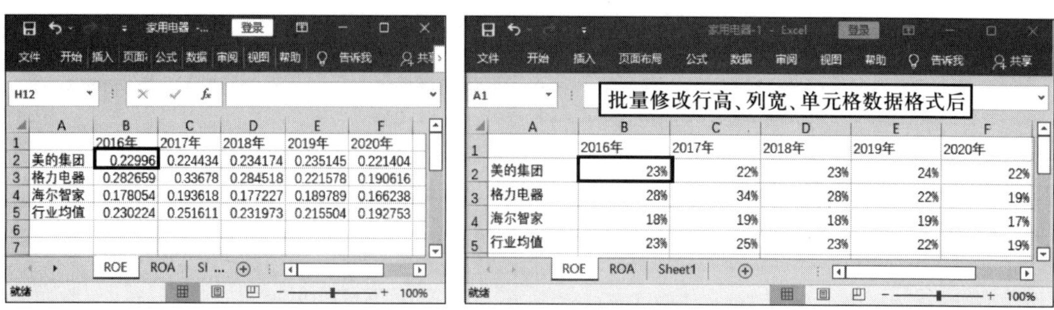

图 3-14 批量处理工作簿和工作表

第三节 python-docx 模块

一、python-docx 模块简介

用 python-docx 模块可以创建 Word 文档并生成其中的文本内容，具体操作包括段落的生成、表格的制作、样式的设计等。

（一）模块的安装和导入

1. 模块的安装

安装模块命令：pip install python-docx

2. 模块的导入

导入模块命令：import docx

（二）WORD 结构说明

（1）Document 是一个 Word 文档对象，Document 是独立的，打开不同的 Word 文档，就会有不同的 Document 对象，相互之间没有影响。

（2）Paragraph 是段落，一个 Word 文档由多个段落组成，当在文档中输入一个“回车键”，就会成为新的段落，输入“shift+回车”，不会分段。

（3）Run 表示一个节段，每个段落由多个节段组成，每个节段都是具有相同样式的连续文本，所以一个段落有一个 Run 列表。

下面以生成一份《格力电器盈利能力分析报告(基本版)》为例,先展示运用该模块基本操作生成的简单报告,然后再展示运用该模块进阶操作生成的复杂 Word 文档报告。

二、python-docx 模块基本操作

模块安装成功后,利用前面章节生成的图片(plot3.1_4.png、plot3.1_5.png)和数据表格"ROA_3.2.2.xlsx",运用 python-docx 模块实现自动生成 Word 文档分析报告(见图 3-15)。

```
# 导入Python-docx模块
import docx
# 1 创建一个空白的Word文档
file = docx.Document()
# 2 添加标题
file.add_heading('格力电器盈利能力分析报告',level=0)
# 3 添加段落
file.add_paragraph('格力电器2016年至2020年ROA对比图')
# 4 添加图片
file.add_picture('plot3.1_4.png')
# 5 添加表格
import pandas as pd
df = pd.read_excel('ROA_3.2.2.xlsx', sheet_name = 'ROA', \
                   header = None)
df.iloc[0, 0] = 'ROA (%) '
print(df)
```

```
        0       1       2       3       4       5
0  ROA (%)  2016年  2017年  2018年  2019年  2020年
1    格力电器   8.51   10.47    10.5    8.77    7.98
2    美的集团    9.3     7.5    8.21    8.37    7.63
3    海尔智家    5.1    5.98    5.86    6.58    5.56
4    行业均值   7.64    7.98    8.19    7.91    7.06
```

```
# 结合pandas的iloc函数，将dataframe写入word
# 设置行数，加标题栏
rowNum = df.shape[0]
# 设置列数
colNum = df.shape[1]
# 添加一个行数为rowNum，列数为colNum，样式为"Light Grid"的表格
table = file.add_table(rows=rowNum, cols=colNum, style = "Light Grid")
# 添加word表格标题行
for j in range(colNum):
    cell = table.cell(0,j)
    cell.text = str(df.iloc[0,j])
# 添加word表格内容行
for i in range(1, rowNum):
    for j in range(colNum):
        cell = table.cell(i,j)
        cell.text = str(df.iloc[i,j])
```

```
# 6添加分页符
file.add_page_break()
# 添加图片
file.add_paragraph('格力电器2016年至2020年ROE对比图')
file.add_picture('plot3.1_5.png')
# 7保存Word文档
file.save('格力电器盈利能力分析报告（基本版）.docx')
```

图 3-15 数据准备

在程序代码所在目录下生成 Word 文档“格力电器盈利能力分析报告(基本版).docx”,打开 Word 文档可以看到分析报告全文,如图 3-16 所示。

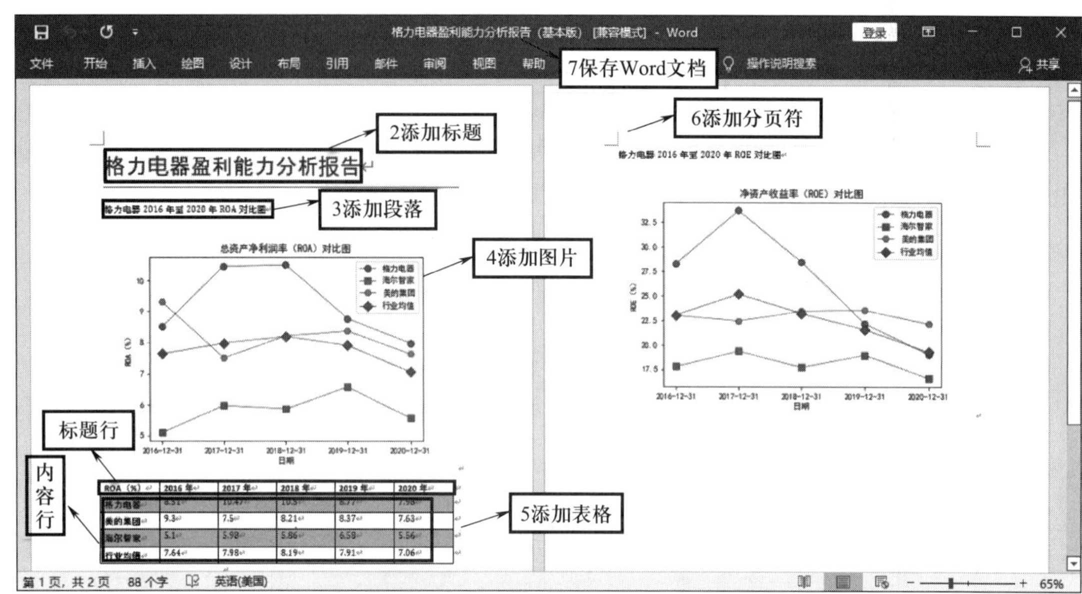

图 3-16 利用 python-docx 模块生成分析报告(基本版)

三、python-docx 模块进阶操作

在 python-docx 模块基本操作中生成的 Word 文档分析报告,基本功能已经实现,但是文档不够美观。下面介绍 python-docx 模块进阶操作,改进字体、段落、表格、图片等的表现形式。

1. 导入模块

```
# 1 导入模块
import docx
from docx.shared import RGBColor
from docx.shared import Inches
from docx.shared import Pt
from docx.enum.text import WD_ALIGN_PARAGRAPH
from docx.oxml.ns import qn
```

2. 创建一个空白的 Word 文档,并设置字体

```
# 2 创建一个空白的Word文档, 并设置字体
file = docx.Document()
file.styles['Normal'].font.name = u'宋体' # 可以换其他字体, 直接输入字体名称
file.styles['Normal']._element.rPr.rFonts.set(qn('w:eastAsia'),u'宋体')
```

3. 创建一个封面

```
# 3 创建一个封面
# 3.1 添加分析报告名称
p = file.add_paragraph()      # 创建一个段落
p.paragraph_format.alignment = WD_ALIGN_PARAGRAPH.CENTER # 居中对齐
p.paragraph_format.space_before = Pt(200)      # 段前间距
p.paragraph_format.space_after = Pt(30)        # 段后间距
run = p.add_run('格力电器盈利能力分析报告')       # 在段落里添加内容
font = run.font                   # 设置字体
font.color.rgb = RGBColor(54, 95, 145)   # 用RGB颜色模式设置字体颜色
font.size = Pt(35)                # 设置字体大小
# 3.2 添加撰写人姓名
p = file.add_paragraph()          # 创建一个段落
p.paragraph_format.alignment = WD_ALIGN_PARAGRAPH.CENTER # 居中对齐
run = p.add_run('撰写人：张三')   # 在段落里添加内容
font = run.font                    # 设置字体
font.color.rgb = RGBColor(54, 95, 145)   # 用RGB颜色模式设置字体颜色
font.size = Pt(22)                 # 设置字体大小
# 3.3 添加分页符
file.add_page_break()
```

4. 设置第 1 章—1 格力电器概况

```
# 4 设置第1章—1 格力电器概况
# 4.1 设置标题
p = file.add_paragraph()             # 创建一个段落
p.paragraph_format.alignment = WD_ALIGN_PARAGRAPH.LEFT # 靠左对齐
p.paragraph_format.space_after = Pt(5)    # 段后间距
run = p.add_run('1 格力电器概况')    # 在段落里添加内容
font = run.font                      # 设置字体
font.color.rgb = RGBColor(72, 61, 139)   # 用RGB颜色模式设置字体颜色
font.bold = True                     # 设置字体为粗体
font.size = Pt(16)                   # 设置字体大小
# 4.2 设置正文内容
geli_introduction = '珠海格力电器股份有限公司（以下简称格力电器）\
是一家多元化、科技型的全球工业集团，旗下拥有格力、TOSOT、晶弘三大\
品牌，产品覆盖家用消费品和工业装备两大领域，产品远销160多个国家及\
地区，为全球超过4亿用户提供满意的产品和服务，致力创造美好生活。'
p = file.add_paragraph()              # 创建一个段落
p.paragraph_format.alignment = WD_ALIGN_PARAGRAPH.LEFT # 靠左对齐
p.paragraph_format.first_line_indent = Inches(0.32)    # 设置首行缩进
p.paragraph_format.line_spacing = Pt(18)    # 设置行距
p.paragraph_format.space_after = Pt(5)      # 段后间距
run = p.add_run(geli_introduction)          # 在段落里添加内容
font = run.font                       # 设置字体
font.color.rgb = RGBColor(72, 61, 139)      # 用RGB颜色模式设置字体颜色
font.size = Pt(12)                    # 设置字体大小
```

5. 设置第 2 章—2 格力电器盈利能力分析

```
# 5 设置第2章—2 格力电器盈利能力分析
# 5.1 设置章标题
p = file.add_paragraph()    # 创建一个段落
p.paragraph_format.alignment = WD_ALIGN_PARAGRAPH.LEFT # 靠左对齐
p.paragraph_format.space_after = Pt(5)    # 段后间距
run = p.add_run('2 格力电器盈利能力分析')    # 在段落里添加内容
font = run.font              # 设置字体
font.color.rgb = RGBColor(72, 61, 139)    # 用RGB颜色模式设置字体颜色
font.bold = True             # 设置字体为粗体
font.size = Pt(16)           # 设置字体大小
```

```
# 5.2 设置表格标题
p = file.add_paragraph(style='List Bullet') # 创建一个段落, 并设置为项目符号
p.paragraph_format.alignment = WD_ALIGN_PARAGRAPH.LEFT  # 靠左对齐
p.paragraph_format.space_after = Pt(5)      # 段后间距
run = p.add_run('格力电器盈利能力ROA对比表')    # 在段落里添加内容
font = run.font       # 设置字体
font.color.rgb = RGBColor(72, 61, 139)    # 用RGB颜色模式设置字体颜色
font.size = Pt(12)   # 设置字体大小
```

```
# 5.3 准备表格数据
# 导入模块
import pandas as pd
import numpy as np
# 设置如果行数超过4, 则使用截断浏览模式, 中间的部分样本用省略号略过
pd.set_option('display.max_rows', 4)
# 读取数据集
data = pd.read_excel('ratio_2.3.2.xlsx', dtype = { 'code' : str },\
                     usecols = ['date','name','industry','ROA','ROE'])
period = ['2016-12-31','2017-12-31','2018-12-31','2019-12-31','2020-12-31']
company = ['格力电器','海尔智家','美的集团']
industry = ['家用电器']
```

```
# 5.4 设置表格内容
rowNum = len(company) + 2 # 行数
colNum = len(period) + 1  # 列数
# 添加一个行数为rowNum, 列数为colNum, 样式为"Light Shading Accent 1"的表格
table = file.add_table(rows=rowNum, cols=colNum, style = "Light Shading Accent 1")
# 添加word表格标题行
for j in range(colNum):
    if j == 0:
        cell = table.cell(0,0)
        cell.text = "ROA (%) "
    else:
        cell = table.cell(0,j)
        cell.text = period[j-1][0:4] + '年'
```

```
# 添加word表格内容行—公司指标
for i in range(1, rowNum-1):
    temp_company = company[i-1]
    #print(temp_company)
    for j in range(colNum):
        if j == 0:
            cell = table.cell(i,j)
            cell.text = temp_company
        else:
            cell = table.cell(i,j)
            temp = data[(data['date'] == period[j-1])\
                        & (data['name']==temp_company)][['ROA']]
            temp = temp.iloc[0,0]
            cell.text = str(round(temp,2))
```

```
# 添加word表格内容行——行业均值
for i in range(rowNum-1, rowNum):
    temp_mean = '行业均值'
    for j in range(colNum):
        if j == 0:
            cell = table.cell(i,j)
            cell.text = temp_mean
        else:
            cell = table.cell(i,j)
            grouped = data.groupby(['date','industry'])
            appliance= grouped.get_group((period[j-1],industry[0]))
            temp = appliance.mean().ROA
            cell.text = str(round(temp,2))
```

```
# 5.5 设置图片标题并添加图片
p = file.add_paragraph(style='List Bullet') # 创建一个段落，并设置为项目符号
p.paragraph_format.alignment = WD_ALIGN_PARAGRAPH.LEFT    # 靠左对齐
p.paragraph_format.space_before = Pt(10)    # 段前间距
p.paragraph_format.space_after = Pt(5)      # 段后间距
run = p.add_run('格力电器盈利能力ROA对比图')    # 在段落里添加内容
font = run.font       # 设置字体
font.color.rgb = RGBColor(72, 61, 139)    # 用RGB颜色模式设置字体颜色
font.size = Pt(12)    # 设置字体大小
file.add_picture('plot3.1_4.png')
```

6. 保存 Word 文档

```
# 6 保存Word文档
file.save('格力电器盈利能力分析报告（进阶版）.docx')
```

在程序代码所在目录下生成 Word 文档“格力电器盈利能力分析报告(进阶版).docx”,打开 Word 文档可以看到分析报告全文。报告共 2 页,第一页为报告封面,第二页为报告正文,如图 3-17 所示。

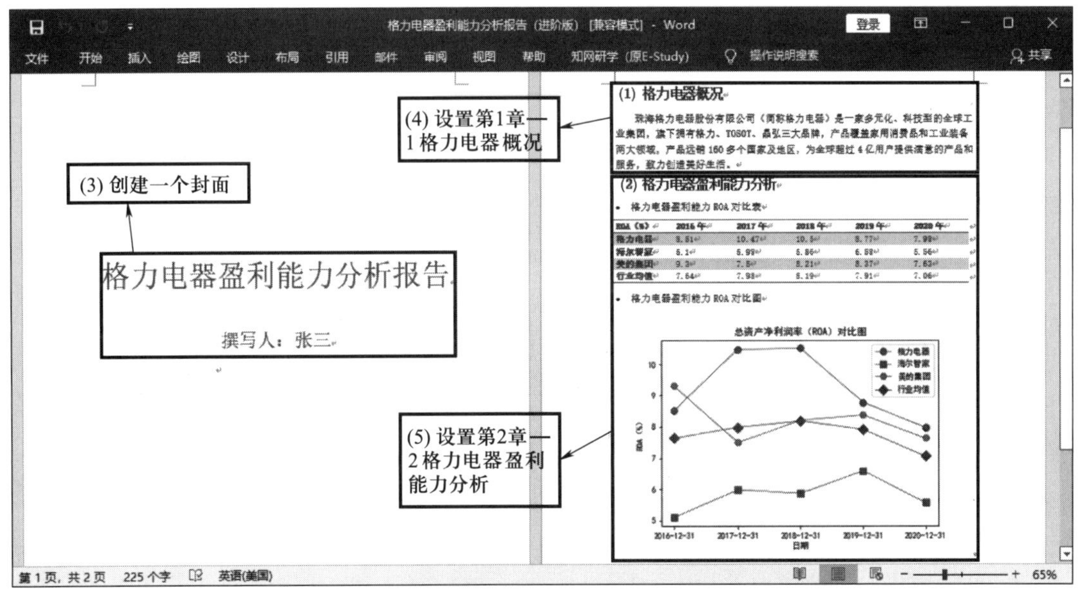

图 3-17 利用 python-docx 模块生成分析报告(进阶版)

第四节 python-pptx 模块

一、python-pptx 模块简介

用 python-pptx 模块可以自动化生成和更新 PowerPoint(.pptx)文件。下面利用前面生成的图片(plot3.1_4.png)和数据集“ratio_2.3.2.xlsx”,运用 python-pptx 模块实现 PPT 的创建和修改、大量图片和文字的写入,准确无误地插入图表等数据。

(一) 模块的安装和导入

1. 模块的安装

安装模块命令:pip install python-pptx

2. 模块的导入

导入模块命令:import pptx

(二) PPT 结构说明

1. 基本结构

(1) PPT 文件:Presentation。如图 3-18 所示,Presentation 代表整个 PPT 文件“3.4.1PPT 结构”。当通过 python-pptx 模块加载一个 PPTX 文件时,即创建一个 Presentation 对象。这个对象包含了所有幻灯片页以及相关的全局样式和设置。

(2) 幻灯片页:slide。每个 Presentation 包含多个 slide。如图 3-18 所示,这个 Presentation 对象包括 4 张 Slide。

(3) 形状:shape。形状包括含文本的形状和不含文本的形状(如表格和图片等)。如果是含文本的形状,则可以获取内部的文本框,一个文本框 text_frame 可以看作是一个小的 Word 文档,包含段落(paragraph)和文字块(run)。

(4) 段落:paragraph。当 shape 包含文本内容时,它的内部结构可能包含多个 paragraph。在 python-pptx 中,文本被组织成 TextFrame 对象,而 TextFrame 内的文本则由一系列的 paragraph 组成。每个段落可以有自己的字体样式、对齐方式、行距等属性,并且包含多个 run 对象,即文本中不同部分可能有不同的格式。

例如,将本章第三节生成的“格力电器盈利能力分析.docx ”放入 PowerPoint,得到如图 3-18 所示 Presentation——“3.4.1PPT 结构.pptx”。文件一共有 4 张 slide。

2. 母版模板和占位符

(1) 幻灯片母版:幻灯片母版定义了一组通用的设计元素、主题颜色、字体样式以及布

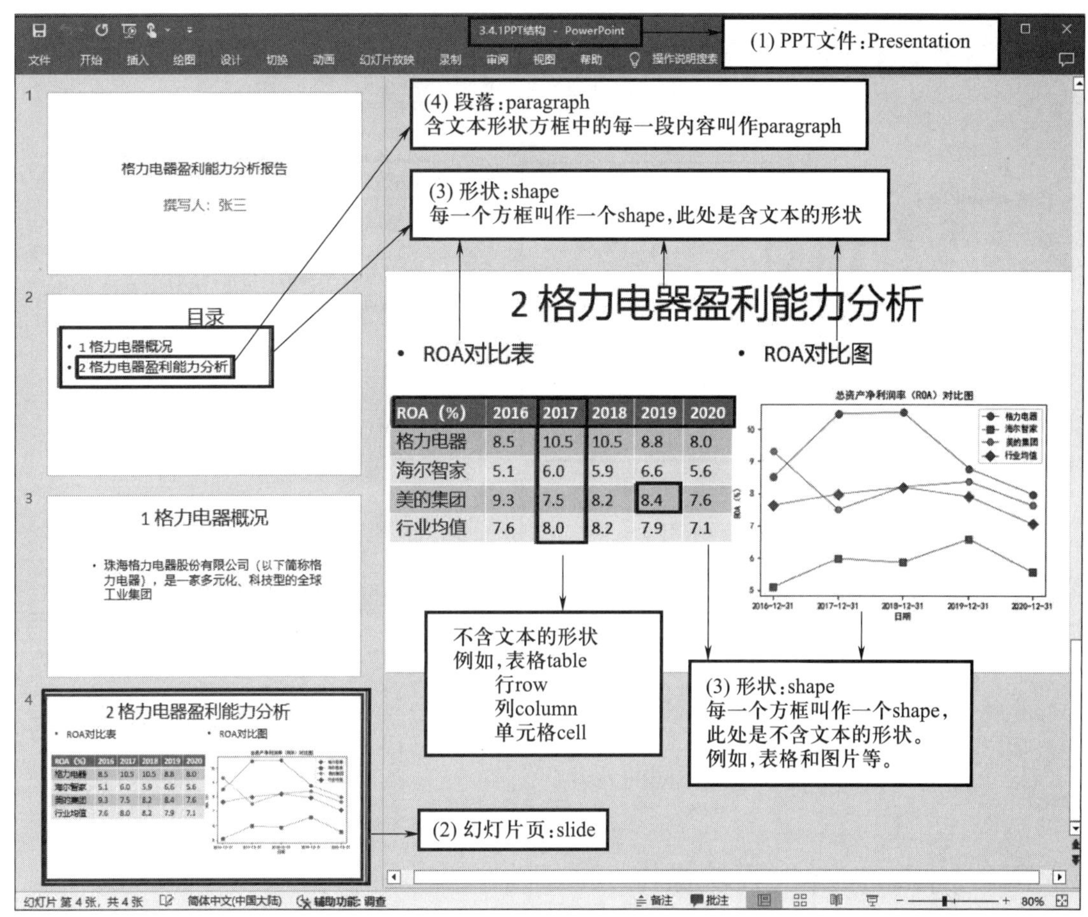

图 3-18 PPT 基本结构

局设置。PPT 内置一个 office 主题幻灯片母版,制作 PPT 时一般默认应用母版,即将母版设置应用于基于该母版的所有幻灯片。

(2) 版式:通过幻灯片母版可以预设各种各样的版式,新建幻灯片的时候,只需要点击版式就可以一键生成所需的基本格式。每打开一个 PPT,默认有 11 个自带的版式。

(3) 占位符(placeholder):在每个版式内可以设置占位符。占位符已经完成了样式设置,包括字体、字号、颜色等,在特定占位符内输入文字可直接转化为特定的样式。

在 Python 中利用 “python-pptx” 模块处理 PowerPoint 文件时,一般不直接创建或者编辑版式,而是通过在 PowerPoint 内预先调整好母版,再通过读取和修改母版及其中的占位符,间接实现基于版式创建的幻灯片内容和样式的自动化控制。

例如,PPT 文件—— “3.4.1PPT 结构.pptx”。文件的 4 张幻灯片分别来自幻灯片母版内的前三个版式(如图 3-19 所示)。

3. 创建 PPT 文件的基本思路

(1) 创建一个 PPT。

(2) 从幻灯片母版中确定一个版式。

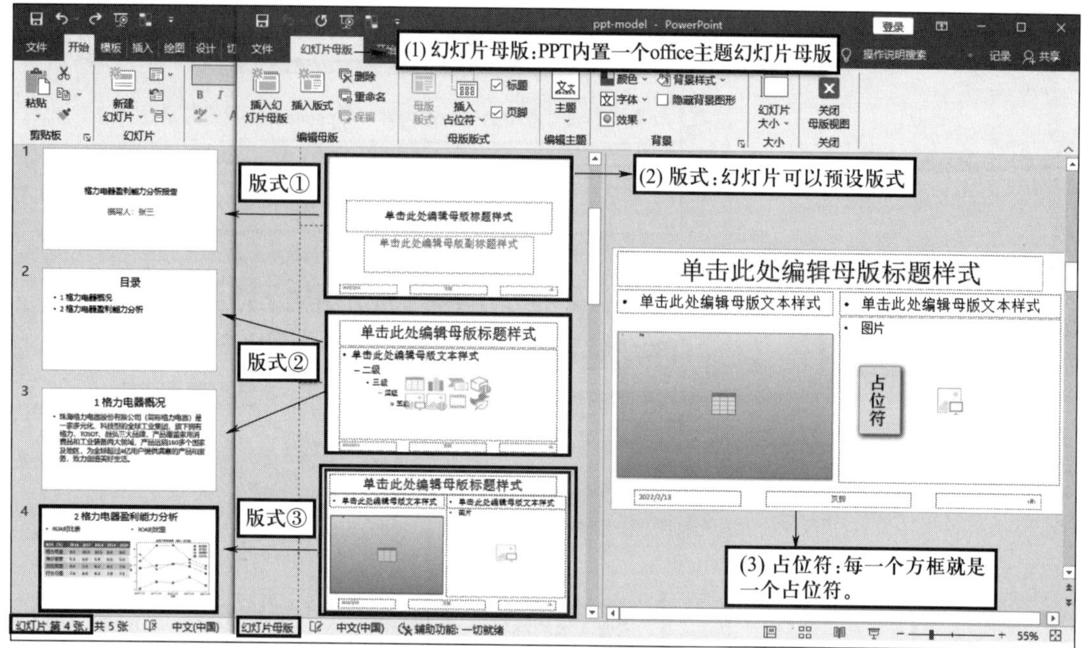

图 3-19 模板和占位符

(3)在不同的占位符中填写不同的内容。

二、python-pptx 模块操作

(一)读取 PPT 文档内容

下面以读取 PPT 文件“3.4.1PPT 结构.pptx”为例。

1. 获取幻灯片页

用 pptx.slides 可以获得一个列表,包括所有的幻灯片页。

```
# 导入模块
from pptx import Presentation
import pandas as pd
# 打开PPT文件“3.4.1PPT结构.pptx”
prs = Presentation('3.4.1PPT结构.pptx')
# 获取slide
for slide in prs.slides:
    print(slide)
```

PPT 文件共有 4 张幻灯片,因此这里有 4 个幻灯片页(见图 3-20)。

```
<pptx.slide.Slide object at 0x000002050755FB80>
<pptx.slide.Slide object at 0x0000020507B926D0>
<pptx.slide.Slide object at 0x0000020507B926A0>
<pptx.slide.Slide object at 0x0000020507B92520>
```

图 3-20 获取幻灯片页

2. 获取形状

每张幻灯片页都有一个或者多个形状(见图 3–21)。

```
for slide in prs.slides:
    for shape in slide.shapes:
        print(shape)
```

```
<pptx.shapes.placeholder.SlidePlaceholder object at 0x0000020507B922B0>
<pptx.shapes.placeholder.SlidePlaceholder object at 0x0000020507B92970>
<pptx.shapes.placeholder.SlidePlaceholder object at 0x000002050756EFD0>
<pptx.shapes.placeholder.SlidePlaceholder object at 0x0000020507AF5910>
<pptx.shapes.placeholder.SlidePlaceholder object at 0x0000020507B92790>
<pptx.shapes.placeholder.SlidePlaceholder object at 0x0000020504CDBCA0>
<pptx.shapes.placeholder.SlidePlaceholder object at 0x0000020507AF5EE0>
<pptx.shapes.placeholder.SlidePlaceholder object at 0x0000020507B92D60>
<pptx.shapes.placeholder.SlidePlaceholder object at 0x0000020507AF5EE0>
<pptx.shapes.placeholder.PlaceholderGraphicFrame object at 0x0000020507B92FD0>
<pptx.shapes.placeholder.PlaceholderPicture object at 0x000002050756EDC0>
```

图 3–21 获取形状

3. 判断每个形状中是否存在文字

一个形状有没有文字,关键就在于它有没有包含文本框 text_frame,下面是与文本框有关的操作(见图 3–22)。

(1) shape.has_text_frame:判断形状中是否有文本框。

(2) shape.text_frame:获取文字内容。

```
for slide in prs.slides:
    for shape in slide.shapes:
        if shape.has_text_frame:
            text_frame = shape.text_frame
            print(text_frame.text)
```

```
格力电器盈利能力分析报告
撰写人：张三
目录
1.格力电器概况
2.格力电器盈利能力分析
1.格力电器概况
珠海格力电器股份有限公司（以下简称格力电器），是一家多元化、科技型的全球工业集团
2.格力电器盈利能力分析
ROA对比表
ROA对比图
```

第一页幻灯片的内容

图 3–22 获取每个形状 shape 中的文字内容

4. 获取某一页幻灯片页中的内容(见图 3–23)

```
# 获取第4页幻灯片slide中的内容
print(list(enumerate(prs.slides)))
for i,slide in enumerate(prs.slides):
    if i == 3:
        for shape in slide.shapes:
            if shape.has_text_frame:
                text_frame = shape.text_frame
                print(text_frame.text)
```

```
2 格力电器盈利能力分析
ROA对比表
ROA对比图
```

图 3-23 获取某一页幻灯片页中的内容

5. 获取形状中的某个 paragraph 和 run

每一个文本框 text_frame 都可以看作一个小的 Word 文件,里面有 paragraph 和 run 两级结构。首先获取所有形状,然后再获取每个形状中的 paragraph,最后获取所有 paragraph 中的 run(见图 3-24)。此处的方法更灵活,因为可以针对 paragraph 或者 run,写一个判断条件,只获取第几个 paragraph 或者 run。上述 4 种方法是直接获取形状中的文字内容。

```
for i,slide in enumerate(prs.slides):
    if i == 3:
        for shape in slide.shapes:
            if shape.has_text_frame:
                text_frame = shape.text_frame
                for paragraph in text_frame.paragraphs:
                    for run in paragraph.runs:
                        print(run.text)
```

```
2
格力电器盈利能力分析
ROA对比表
ROA对比图
```

图 3-24 获取形状中的某个 paragraph 和 run

(二) 写入 PPT 文档内容

写入 PPT 文档内容有以下两种方法:方法一,直接写;方法二,先定义 PPT 母版,然后借助代码完成 PPT 的内容写入操作。下面介绍利用方法二生成 PPT 文件“3.4.1PPT 结构_1.pptx”的过程。

1. 利用 PPT 母版的版式①创建第 1 页幻灯片(见图 3-25)

```
# 打开PPT文件"ppt-modle.pptx",在该文件内预先设置了母版
# 获取占位符编号id
prs = Presentation("ppt-modle.pptx")
# prs.slide_layouts[]表示的是ppt中不同的版式
# 利用幻灯片母版的版式①创建第1页幻灯片
slide0 = prs.slides.add_slide(prs.slide_layouts[0])
# 获取占位符编号id
for shape in slide0.placeholders:
    phf = shape.placeholder_format
    print(f"{phf.idx}--{shape.name}--{phf.type}")
```

```
0--Title 1--CENTER_TITLE (3)
1--Subtitle 2--SUBTITLE (4)
```

图 3-25 获取 PPT 文件第 1 页占位符编号 id

```
# 往占位符填写PPT内容
slide0_title = slide0.placeholders[0]
slide0_subtitle = slide0.placeholders[1]

slide0_title.text = "格力电器盈利能力分析报告"
slide0_subtitle.text = "撰写人：张三"
```

上述代码运行后，生成 PPT 文件第 1 页幻灯片如图 3–26 所示。

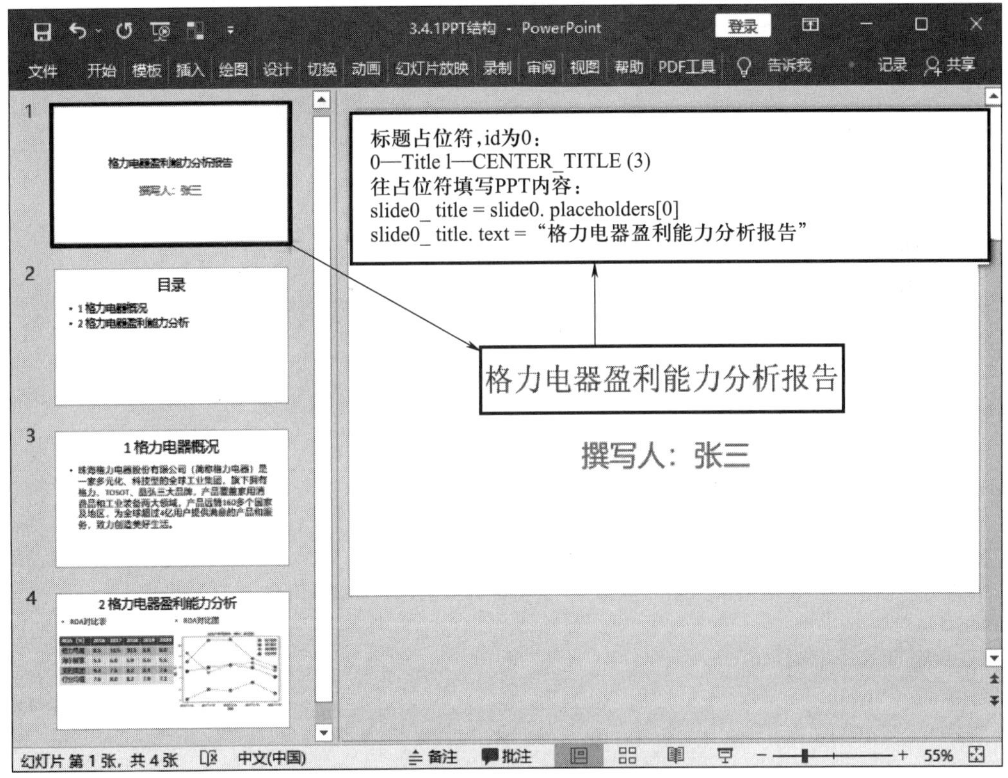

图 3–26　生成 PPT 文件第 1 页幻灯片

2. 利用 PPT 母版的版式②创建第 2 页和第 3 页幻灯片

（1）利用 PPT 母版的版式②创建第 2 页幻灯片。

```
slide1 = prs.slides.add_slide(prs.slide_layouts[1])
for shape in slide1.placeholders:
    phf = shape.placeholder_format
    print(f"{phf.idx}--{shape.name}--{phf.type}")

slide1_title = slide1.placeholders[0]
slide1_content = slide1.placeholders[1]
slide1_title.text = "目录"
tf = slide1_content.text_frame
tf.text = "1 格力电器概况"
p = tf.add_paragraph()    # 在原来的文本框内增加段落paragraph
p.text = "2 格力电器盈利能力分析"
```

（2）利用 PPT 母版的版式②创建第 3 页幻灯片。

```
slide2 = prs.slides.add_slide(prs.slide_layouts[1])
for shape in slide2.placeholders:
    phf = shape.placeholder_format
    print(f"{phf.idx}--{shape.name}--{phf.type}")

slide2_title = slide2.placeholders[0]
slide2_content = slide2.placeholders[1]
slide2_title.text = "1 格力电器概况"
tf = slide2_content.text_frame
tf.text = "珠海格力电器股份有限公司（以下简称格力电器）是一家多元化、\
科技型的全球工业集团，旗下拥有格力、TOSOT、晶弘三大品牌，\
产品覆盖家用消费品和工业装备两大领域，\
产品远销160多个国家及地区，为全球超过4亿用户提供满意的产品和服务，\
致力创造美好生活。"
```

3. 利用 PPT 母版的版式③创建第 4 页幻灯片

（1）获取占位符编号 id，如图 3-27 所示。

```
slide4 = prs.slides.add_slide(prs.slide_layouts[2])
for shape in slide4.placeholders:
    phf = shape.placeholder_format
    print(f"{phf.idx}--{shape.name}--{phf.type}")
```

```
0--Title 1--TITLE (1)
1--Content Placeholder 2--OBJECT (7)
2--Content Placeholder 3--OBJECT (7)
13--Table Placeholder 4--TABLE (12)
14--Picture Placeholder 5--PICTURE (18)
```

图 3-27 获取 PPT 文件第 4 页占位符编号 id

（2）添加文字内容。

```
slide4_title = slide4.placeholders[0]
slide4_content1 = slide4.placeholders[1]
slide4_content2 = slide4.placeholders[2]
slide4_title.text = "2 格力电器盈利能力分析"
slide4_content1.text = "ROA对比表"
slide4_content2.text = "ROA对比图"
```

（3）添加表格内容。

```
# 表格数据准备
data = pd.read_excel('ratio_2.3.2.xlsx', dtype = { 'code' : str },\
                     usecols = ['date','name','industry','ROA','ROE'])
period = ['2016-12-31','2017-12-31','2018-12-31','2019-12-31','2020-12-31']
company = ['格力电器','海尔智家','美的集团']
industry = ['家用电器']
```

```
# 导入模块，用于设置表格行高和列宽
from pptx.util import Cm
# 设置表格内容
rowNum = len(company) + 2 # 行数
colNum = len(period) + 1  # 列数
# 添加一个行数为rowNum，列数为colNum的表格
table = slide4.placeholders[13]
rows,cols = rowNum,colNum
table0 = table.insert_table(rows,cols).table
# 设置表格行高和列宽
table0.columns[0].width = Cm(3.5)
table0.columns[1].width = Cm(1.8)
table0.columns[2].width = Cm(1.8)
table0.columns[3].width = Cm(1.8)
table0.columns[4].width = Cm(1.8)
table0.columns[5].width = Cm(1.8)
table0.rows[0].hight = Cm(3)
```

```
# 添加PPT表格标题行
for j in range(colNum):
    if j == 0:
        cell = table0.cell(0,0)
        cell.text = "ROA (%) "
    else:
        cell = table0.cell(0,j)
        cell.text = period[j-1][0:4]
# 添加PPT表格内容行——公司指标
for i in range(1, rowNum-1):
    temp_company = company[i-1]
    for j in range(colNum):
        if j == 0:
            cell = table0.cell(i,j)
            cell.text = temp_company
        else:
            cell = table0.cell(i,j)
            temp = data[(data['date'] == period[j-1])\
                        & (data['name']==temp_company)][['ROA']]
            temp = temp.iloc[0,0]
            cell.text = str(round(temp,1))
```

```
# 添加PPT表格内容行——行业均值
grouped = data.groupby(['date','industry'])
appliance= grouped.get_group(('2016-12-31','家用电器'))
for i in range(rowNum-1, rowNum):
    temp_mean = '行业均值'
    for j in range(colNum):
        if j == 0:
            cell = table0.cell(i,j)
            cell.text = temp_mean
        else:
            cell = table0.cell(i,j)
            grouped = data.groupby(['date','industry'])
            # 获取行业数据
            appliance= grouped.get_group((period[j-1],industry[0]))
            temp = appliance.mean(numeric_only=True).ROA
            cell.text = str(round(temp,1))
```

（4）添加图片内容。

```
slide4_picture = slide4.placeholders[14]
fig = "plot3.1_4.png"
pic = slide4_picture.insert_picture(fig)
```

（5）保存 PPT 文件。

```
prs.save("3.4.1PPT结构_1.pptx")
```

在代码所在文件夹下面生成 PPT 文件“3.4.1PPT 结构 _1.pptx”，如图 3–28 所示。

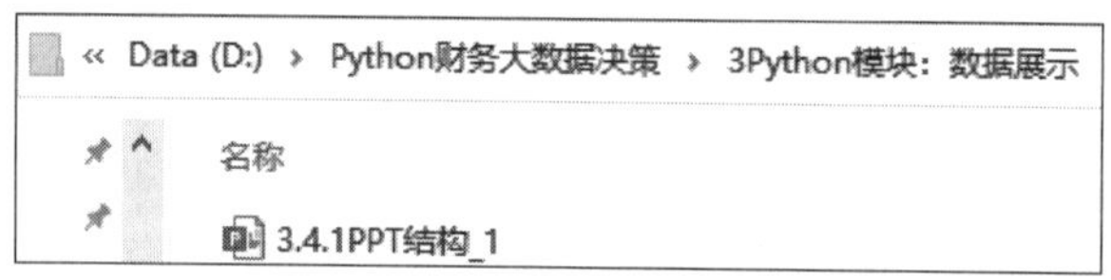

图 3–28 保存 PPT 文件

第五节 streamlit 模块

一、streamlit 模块简介

streamlit 是一个用于构建机器学习和数据科学应用的 Python 模块，与其他工具不同的是，它生成的是一个可交互的站点（Web 页面）。使用者不用懂得复杂的 HTML、CSS 等前端技术，就能利用 streamlit 模块快速做出一个炫酷的 Web 页面。

（一）模块的安装导入和启动运行 App

1. 模块的安装

安装模块命令：pip install streamlit

安装之后在命令行输入测试代码：streamlit hello。如果安装成功则可显示 URL 地址，第一是本地地址，第二是远程地址（见图 3–29）。

打开链接得到如图 3–30 所示网页，在图左侧下拉框内可以选择样例。至此，streamlit 已经成功安装。

2. 模块的导入

导入模块命令：import streamlit

3. 启动运行 App

首先将程序代码保存为“.py”格式文件，然后在命令行输入命令：streamlit run。

图 3-29 streamlit 测试

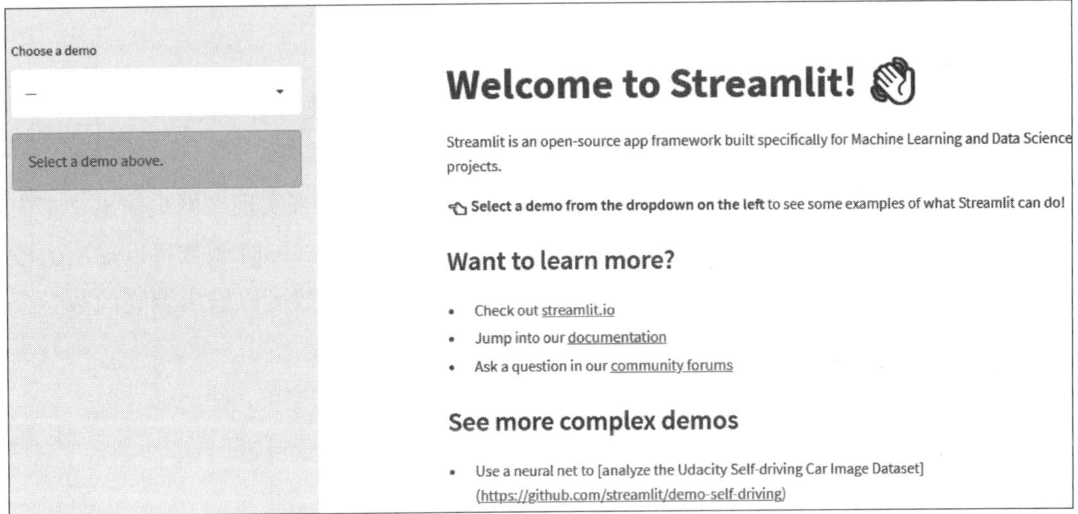

图 3-30 streamlit 官网样例

例如，需要运行文件夹“D:\Python 财务大数据决策 \3Python 模块：数据展示”下面的“.py”格式文件“3.5streamlit 模块操作.py”，在命令行输入如图 3-31 方框中所示命令，运行结果显示在 web 页面。

图 3-31 启动运行 App

任何时候都可以使用"ctrl+c"来终止 streamlit 应用的运行。

(二) 工作流程

streamlit 应用程序是自上而下运行的 Python 脚本;每次用户打开指向应用程序的浏览器页面时,都会重新执行脚本;当脚本执行时,streamlit 在浏览器中实时绘制其输出。Python 脚本使用缓存来避免重新计算,因此更新速度非常快。任何对脚本的修改都会在保存后实时反映在页面中。

二、streamlit 模块操作

(一) 常用控件

streamlit 模块通过以下四种常用控件实现网页输出内容,以及与用户交互。

1. 文本控件

Streamlit 模块提供的文本控件比较简单,具体通过相应函数来实现在网页输出文本内容。例如,st.header( ) 函数和 st.subheader( ) 函数可以输出标题、st.text( ) 函数可以输出大段的内容、st.markdown( ) 函数可以输出复杂格式内容、st.latex( ) 函数可以输出漂亮的数学公式、st.write( ) 函数支持各种类型的数据输出。具体可参见图 3-32。

```
# 导入模块
import streamlit as st
# 文本控件
st.title("title: 格力电器盈利能力分析")
st.header("header: 1 财务指标分析")
st.subheader("subheader: 1.1 ROA对比表")
st.subheader("subheader: 1.2 ROA对比图")
st.text("text: 格力电器是一家多元化、科技型的全球工业集团。")
st.write("write: 格力电器是一家多元化、科技型的全球工业集团。")
st.markdown('markdown: 总资产报酬率ROA计算公式')
st.latex('latex: 总资产净利润率ROA=净利润\div资产总计')
```

title：格力电器盈利能力分析

header：1 财务指标分析

subheader：1.1 ROA对比表

subheader：1.2 ROA对比图

text：格力电器是一家多元化、科技型的全球工业集团。

write：格力电器是一家多元化、科技型的全球工业集团。

markdown：总资产报酬率ROA计算公式

$$latex\text{：总资产净利润率}ROA=\text{净利润}\div\text{资产总计}$$

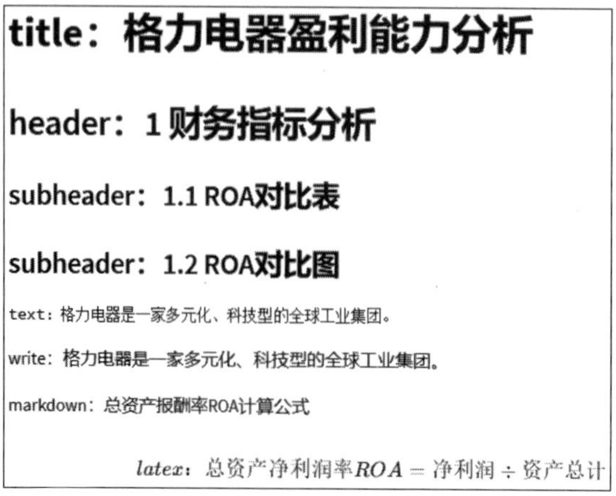

图 3-32 文本控件

st.write() 函数具体可以支持以下类型的数据输出：

- st.write(string)：显示字符串或 Markdown 字符串，同时支持 LaTeX、emoji shortcodes
- st.write(data_frame)：显示 DataFrame 表格
- st.write(error)：显示错误信息
- st.write(func)：显示 function 信息
- st.write(module)：显示 module 信息
- st.write(dict)：Displays dict in an interactive widget.
- st.write(obj)：打印字符串对象
- st.write(mpl_fig)：显示 Matplotlib 图片
- st.write(altair)：显示 Altair 图表
- st.write(keras)：显示 Keras 模型
- st.write(graphviz)：显示 Graphviz 图片
- st.write(plotly_fig)：显示 Plotly 图片
- st.write(bokeh_fig)：显示 Bokeh 图片
- st.write(sympy_expr)：使用 LaTeX 显示 SymPy 语法

2. 数据控件

Streamlit 支持两种数据控件表格形式：可重新排序的动态样式表格，以及静态的纯 HTML 表格。它们分别可以用 dataframe() 函数和 table() 函数创建。它们的数据源通常是 Pandas DataFrame，也可以是 Python 或者 Numpy 多维数组。具体参见图 3-33。

```
# 数据控件
import pandas as pd
import matplotlib.pyplot as plt

data = pd.read_excel('ratio_2.3.2.xlsx', dtype = { 'code' : str },\
                     index_col = 'date',\
                     usecols = ['date','name','industry','ROA','ROE'])

option_coms = ['格力电器']
df = data[data.name == option_coms[0]]

st.dataframe(df)
st.table(df)
```

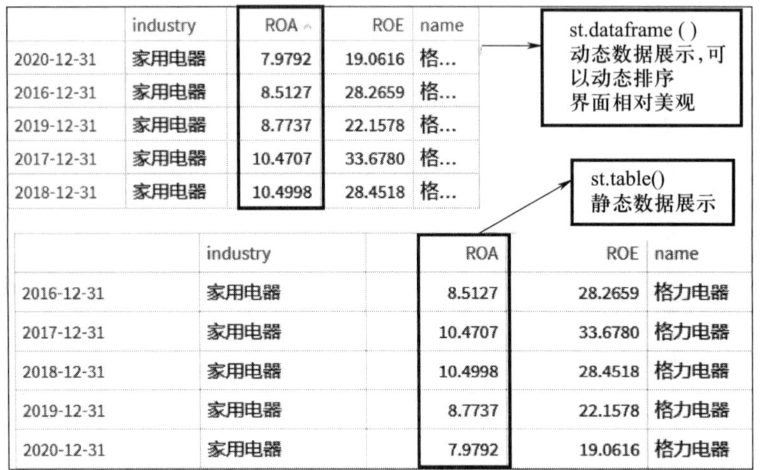

	industry	ROA	ROE	name
2020-12-31	家用电器	7.9792	19.0616	格...
2016-12-31	家用电器	8.5127	28.2659	格...
2019-12-31	家用电器	8.7737	22.1578	格...
2017-12-31	家用电器	10.4707	33.6780	格...
2018-12-31	家用电器	10.4998	28.4518	格...

	industry	ROA	ROE	name
2016-12-31	家用电器	8.5127	28.2659	格力电器
2017-12-31	家用电器	10.4707	33.6780	格力电器
2018-12-31	家用电器	10.4998	28.4518	格力电器
2019-12-31	家用电器	8.7737	22.1578	格力电器
2020-12-31	家用电器	7.9792	19.0616	格力电器

图 3-33　数据控件

3. 图表控件

Streamlit 图表控件非常丰富,它可以支持生成各种图表的 Python 函数,例如:st.line_chart()、st.area_chart( )、st.bar_chart( )、st.map( )、st.altair_chart( )、st.vega_lite_chart( )、st.plotly_chart( )、st.bokeh_chart( )、st.pydeck_chart( )、st.deck_gl_chart( )、st.graphviz_chart( ) 等。参见图 3-34。

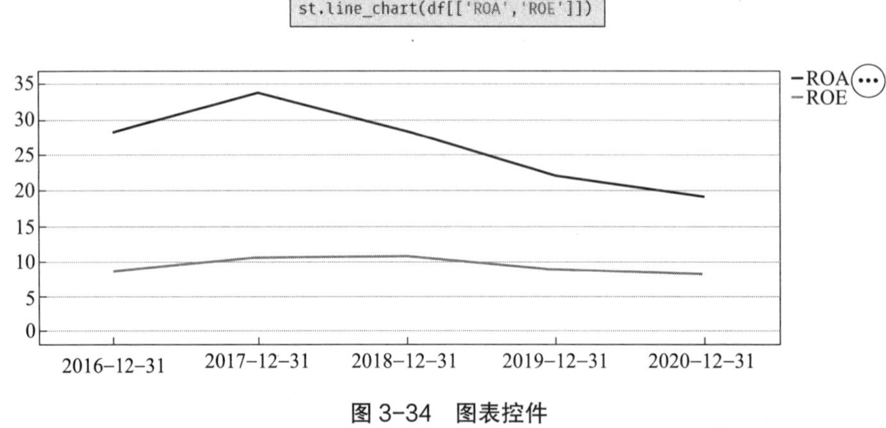

```
# 图表控件
st.line_chart(df[['ROA','ROE']])
```


图 3-34　图表控件

4. 交互控件

最后我们来看看能够与用户交互的控件,也是 streamlit 体系中比较有趣和复杂的部分。交互控件是通过函数来实现与用户交互的,例如:st.selectbox() 函数可以通过将可选内容放置在下拉框内,由用户自由选择,根据选择内容不同,进行后续操作。参见图 3-35。

```
# 交互控件
# siderbar侧边栏
option_ind = st.sidebar.selectbox(
    '请选择行业',
    list(data.industry.unique())
    )
```

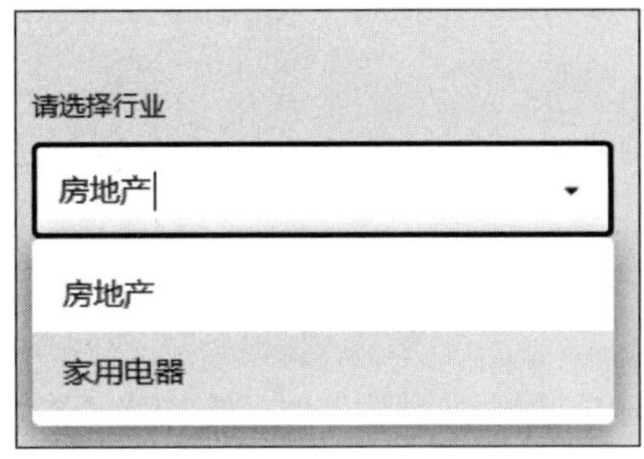

图 3-35 交互控件

Streamlit 体系内用于实现与用户交互的函数主要包括：

- st.button( )：按钮
- st.checkbox( )：勾选项
- st.radio( )：单选项
- st.selectbox( )：下拉框
- st.multiselect( )：多选框
- st.slider( )：滑块
- st.text_input( )：输入框
- st.number_input( )：数字选择项
- st.text_area( )：多行输入框
- st.file_uploader( )：上传文件
- st.beta_color_picker( )：颜色选择

（二）streamlit 实例：盈利能力分析

利用数据集“ratio_2.3.2.xlsx”，运用 streamlit 模块构建一个数据可视化的 web app。此处利用 matplotlib 模块显示图形。

```
# 导入模块
import streamlit as st
import pandas as pd
import matplotlib.pyplot as plt
# 配置页面设置，“wide”是指使用整个屏幕放置页面内容，“expanded”是指页面最初显示侧边栏
st.set_page_config(
    layout="wide",
    initial_sidebar_state="expanded")
# 读取数据
data = pd.read_excel('ratio_2.3.2.xlsx', dtype = { 'code' : str },\
                     index_col = 'date',\
                     usecols = ['date','name','industry','ROA','ROE'])
```

```
# 设置网页标题
st.title('盈利能力分析')
# 设置网页单选下拉框—请选择行业
option_ind = st.sidebar.selectbox(
    '请选择行业',
    list(data.industry.unique())
    )
st.write('行业: ', option_ind)
# 设置网页单选下拉框—请选择公司
ind_com = data[data['industry'] == option_ind].name.unique()
option_com = st.sidebar.selectbox(
    '请选择公司',
    list(ind_com)
    )
st.write('公司: ', option_com)
# 设置网页单选下拉框—请选择财务指标
option_ratio = st.sidebar.selectbox(
    '请选择财务指标',
    list(data.columns)[1:3]
    )
st.write('财务指标: ', option_ratio)
```

```
# 设置网页多选下拉框—请选择所属行业对比公司
option_coms = st.sidebar.multiselect(
    '请选择所属行业对比公司',
    list(ind_com)+['行业均值'],
    [option_com]
    )
```

```
# 绘制行业图形
plt.rcParams['font.sans-serif'] = ['SimHei']    # 用来正常显示中文标签
plt.rcParams['axes.unicode_minus'] = False      # 用来解决符号显示为方块的问题
colors = ['#e41a1c','#377eb8','#4daf4a','#984ea3','#984ea3']
markers = ['o','s','H','D']
fig = plt.figure()
for i in range(0,len(option_coms)):
    if option_coms[i]  == '行业均值':
        y1 = data[data['industry'] == \
        option_ind].groupby(['date']).mean(numeric_only=True)[[option_ratio]]# 计算均值
        plt.plot(y1,color='blue',marker=markers[i],markerfacecolor=colors[i],\
        markersize=8,markeredgewidth=0.5,linewidth=0.5,\
        linestyle='-',label='行业均值')
    else:
        temp_df = data[data.name == option_coms[i]]
        plt.plot(temp_df.index, temp_df[[option_ratio]],marker=markers[i],\
        markerfacecolor=colors[i],markersize=8,\
        markeredgewidth=0.5,color="k",\
        linewidth=0.5,linestyle="-",label=option_coms[i])
plt.title(option_ratio + '对比图')  # 添加图表标题
plt.xlabel('日期')                  # 添加X轴名
plt.ylabel(option_ratio + '(%)')   # 添加Y轴名
plt.legend(loc='upper right')       # 添加图例
```

```
# 表格数据准备
temp = data[data.name == option_coms[0]]
df = temp[[option_ratio]].T
df = df.rename(index={option_ratio:option_coms[0]})      # 重新命名index
for i in range(1,len(option_coms)):
    if option_coms[i]  == '行业均值':
        a = data[data['industry'] == \
        option_ind].groupby(['date']).mean(numeric_only=True)[[option_ratio]].T# 计算均值
        a = a.rename(index={option_ratio:'行业均值'})
        df = df.append(a)
    else:
        temp = data[data.name == option_coms[i]]
        R = temp[[option_ratio]].T
        R = R.rename(index={option_ratio:option_coms[i]}) # 重新命名index
        df = df.append(R)

# 显示数据
st.dataframe(df)
# 显示图表
st.pyplot(fig)
```

输出结果见图 3-36。

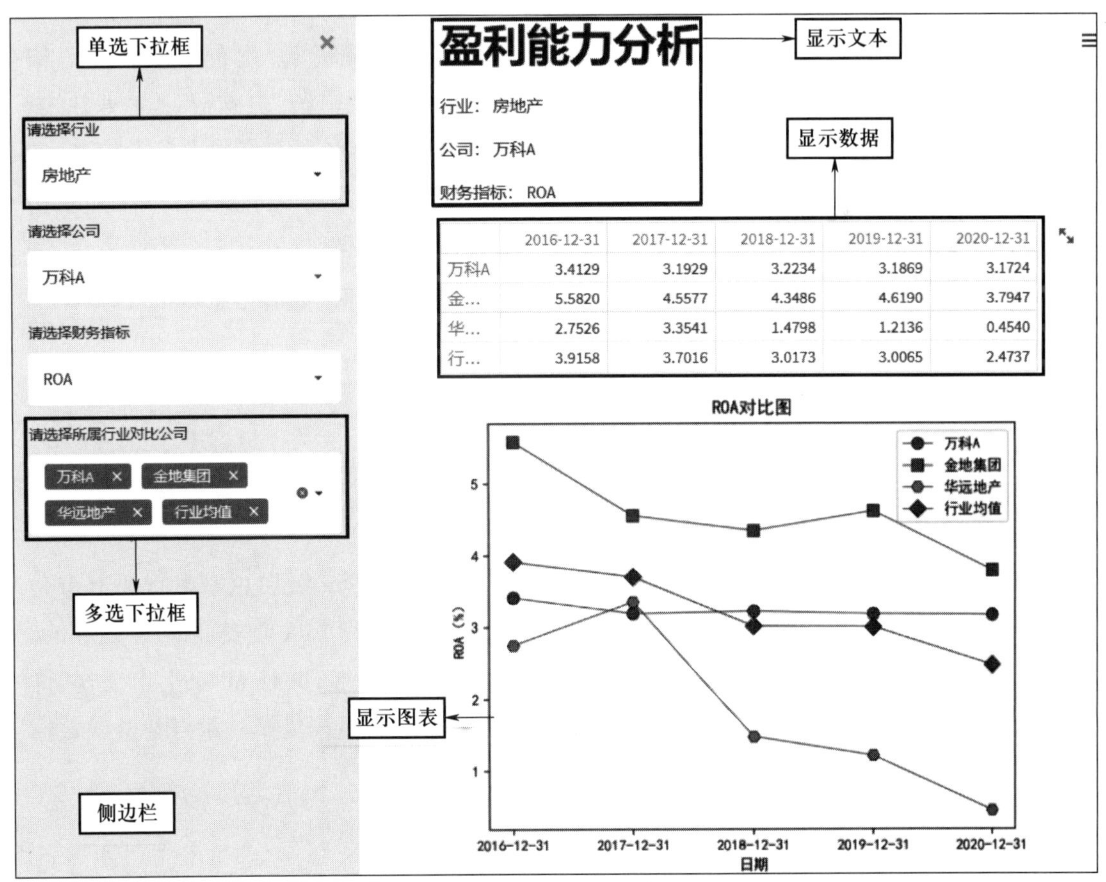

图 3-36 streamlit 实例:盈利能力分析

第六节 案例：格力电器盈利能力分析

一、案例背景

珠海格力电器股份有限公司（以下简称格力电器）是一家多元化、科技型的全球工业集团，旗下拥有格力、TOSOT、晶弘三大品牌，产品覆盖家用消费品和工业装备两大领域，包括家用空调、暖通空调、冰箱、洗衣机、热水器、厨房电器、环境电器、通信产品、智能楼宇、智能家居在内的消费领域；包括高端装备、精密模具、冷冻冷藏设备、电机、压缩机、电容、半导体器件、精密铸造、基础材料、工业储能、再生资源在内的工业领域，产品远销 160 多个国家及地区，为全球超过 4 亿用户提供满意的产品和服务，致力创造美好生活。2020 年，格力电器凭借突出的综合实力再次上榜《财富》世界 500 强，位列榜单第 436 位；上榜福布斯“全球企业 2000 强”第 246 位，排名较 2019 年上升 14 位。《暖通空调资讯》发布的数据显示，格力中央空调以 13.9% 的市场占有率稳居行业第一，实现中央空调市场“九连冠”；《产业在线》公开的 2020 年度空调品牌内销销量数据显示，格力空调以 36.9% 的份额排名行业第一，实现 26 年领跑。格力电器以“缔造世界一流企业，成就格力百年品牌”为企业愿景，以“弘扬工业精神，掌握核心科技，追求完美质量，提供一流服务，让世界爱上中国造”为使命，恪守“创新永无止境”的管理理念，专注于自主创新、自主发展，紧握时代脉搏，塑造世界品牌，创造具有中国特色的中国制造企业发展模式①。

根据申万行业分类，格力电器属于申万一级家用电器、申万二级白色家电。

二、数据来源

本案例利用 CSMAR 数据库，下载 2016~2020 年所有申万二级白色家电行业上市公司的资产负债表和利润表。结果见文件：FS_Combas.xlsx（资产负债表）和 FS_Comins.xlsx（利润表）。截至 2021 年 8 月 15 日，申万二级白色家电行业，共计 60 家上市公司，详见“家用电器白色家电行业代码对照表.xlsx”。详细数据下载过程见第一章财务金融数据的获取。

---

① 《格力电器 2020 年年度报告》。

三、数据准备

(一) 读取"FS_Combas"资产负债表数据,放入数据框 bas(见图 3-37)

```
# 导入模块
import pandas as pd
# 设置如果行数超过4，则使用截断浏览模式，中间的部分样本用省略号略过
pd.set_option('display.max_rows', 4)
# 设置如果列数超过4，则使用截断浏览模式，中间的部分样本用省略号略过
pd.set_option('display.max_columns', 4)
# 读取数据'FS_Combas.xlsx'，并设第2行为表头，删除第1行
bas = pd.read_excel('FS_Combas.xlsx', header = 1)
bas.drop(index = [0], inplace = True)
print(bas)
```

```
        证券代码        会计期间   ...   其他非流动金融资产         合同负债
1      000333  2016-12-31  ...          NaN       NaN
2      000333  2017-01-01  ...          NaN       NaN
...       ...         ...  ...          ...       ...
1027   688169  2020-09-30  ...   18000000.0  144760819
1028   688169  2020-12-31  ...  331040087.0   43288580

[1028 rows x 136 columns]
```

图 3-37 读取"FS_Combas"资产负债表数据,并放入数据框 bas[①]

(二) 读取"FS_Comins"利润表数据,放入数据框 ins(见图 3-38)

```
# 读取数据'FS_Comins.xlsx'，并设第2行为表头，删除第1行
ins = pd.read_excel('FS_Comins.xlsx', header = 1)
ins.drop(index = [0], inplace = True)
print(ins)
```

	证券代码	会计期间	报表类型	...	信用减值损失	资产处置收益	归属于母公司其他权益工具持有者的净利润
1	000333	2016-12-31	A	...	NaN	NaN	NaN
2	000333	2017-01-01	A	...	NaN	-111874000	NaN
...	...	...	...	...	...	...	...
1027	688169	2020-09-30	A	...	1009368	NaN	NaN
1028	688169	2020-12-31	A	...	533820	NaN	NaN

1028 rows × 72 columns

图 3-38 读取"FS_Comins"利润表数据,并放入数据框 ins

(三) 读取"家用电器白色家电行业代码对照表"数据,放入数据框 stock_name (见图 3-39)

```
# 读取数据
stock_name = pd.read_excel('家用电器白色家电行业代码对照表.xlsx',\
                           dtype = { '股票代码' : str })
print(stock_name)
```

① 在 Jupyter Notebook 中运用 print( ) 函数直接输出 Data Frame 时,由于中英文混合的关系会导致列没有对齐。

```
     股票代码   股票简称
0    688169    石头科技
1    000333    美的集团
..      ...      ...
58   002011    盾安环境
59   002473    *ST圣莱

[60 rows x 2 columns]
```

图 3-39 读取"家用电器白色家电行业代码对照表"数据,并放入数据框 stock_name

(四)将数据框 bas、ins、stock_name 融合并选取所需数据生成数据框 df

1. 将数据框 bas、ins、stock_name 融合,并生成 df(见图 3-40)

```
# 将数据框bas、ins、stock_name融合
df = pd.merge(ins, bas, how = 'left', on = ['证券代码', '会计期间'])
df = pd.merge(df, stock_name, how = 'left',\
              left_on = '证券代码', right_on = '股票代码')
print(df)
```

```
       证券代码        会计期间  ...    股票代码  股票简称
0      000333  2016-12-31  ...  000333  美的集团
1      000333  2017-01-01  ...  000333  美的集团
...       ...         ...  ...     ...   ...
1026   688169  2020-09-30  ...  688169  石头科技
1027   688169  2020-12-31  ...  688169  石头科技

[1028 rows x 208 columns]
```

图 3-40 将数据框 bas、ins、stock_name 融合,并生成 df

2. 选取给定会计期间(period)和给定列名(column_name)的数据,并生成 df(见图 3-41)

```
period = ['2016-12-31','2017-12-31','2018-12-31','2019-12-31','2020-12-31']
column_name = ['证券代码','会计期间','股票简称','流动资产合计',\
               '非流动资产合计','资产总计','流动负债合计',\
               '非流动负债合计','所有者权益合计','负债与所有者权益总计',\
               '营业总收入','营业收入','营业总成本',\
               '营业成本','营业税金及附加','销售费用',\
               '管理费用','财务费用','资产减值损失',\
               '公允价值变动收益','投资收益','营业利润',\
               '利润总额','所得税费用','净利润']
# 通过布尔索引获取多行/列
# 获取"会计期间"在变量period内、列名在column_name内的所有数据
df = df.loc[df['会计期间'].isin(period)][column_name]
print(df)
```

```
       证券代码        会计期间  ...       所得税费用          净利润
0      000333  2016-12-31  ...  3052691000  15861912000
5      000333  2017-12-31  ...  3243584000  18611190000
...       ...         ...  ...         ...          ...
1022   688169  2019-12-31  ...   142274364    782858733
1027   688169  2020-12-31  ...   186987636   1369414866

[246 rows x 25 columns]
```

图 3-41 选取给定会计期间和给定列名的数据,并生成 df

3. 设置相关列数据类型为 float,设置列"会计期间"为行索引(见图 3-42)

```
# 设置相关列数据类型为float
df[column_name[3:]] = df[column_name[3:]].apply(pd.to_numeric)
# 设置列"会计期间"为行索引
df = df.set_index('会计期间')
print(df)
```

```
              证券代码  股票简称  ...        所得税费用          净利润
会计期间                          ...
2016-12-31  000333   美的集团  ...  3.052691e+09  1.586191e+10
2017-12-31  000333   美的集团  ...  3.243584e+09  1.861119e+10
...            ...    ...  ...           ...           ...
2019-12-31  688169   石头科技  ...  1.422744e+08  7.828587e+08
2020-12-31  688169   石头科技  ...  1.869876e+08  1.369415e+09

[246 rows x 24 columns]
```

图 3-42 设置相关列数据类型为 float,设置列"会计期间"为行索引

四、指标计算

(一) 计算利润表分析指标 df_sta

1. 请输入股票简称并用空格隔开,第一个输入的股票简称为主分析公司,其他为对比分析公司(见图 3-43)

```
# 将输入的3家上市公司名称赋值给列表"company",比如:"格力电器","海尔智家","美的集团"
company = input('请输入3家上市公司股票简称,用空格隔开。\
第一个输入的股票简称为主分析公司,其他为对比分析公司:').split()
print(company)
```

```
请输入3家上市公司股票简称,用空格隔开。第一个输入的股票简称为主分析公司,其他为对比分析公司:格力电器 海尔智家 美的集团
['格力电器', '海尔智家', '美的集团']
```

```
# 读取"格力电器"数据
df_sta = df[df['股票简称']==company[0]]
print(df_sta)
```

```
              证券代码  股票简称  ...        所得税费用          净利润
会计期间                          ...
2016-12-31  000651   格力电器  ...  3.006555e+09  1.552463e+10
2017-12-31  000651   格力电器  ...  4.108586e+09  2.250860e+10
...            ...    ...  ...           ...           ...
2019-12-31  000651   格力电器  ...  4.525464e+09  2.482724e+10
2020-12-31  000651   格力电器  ...  4.029695e+09  2.227924e+10

[5 rows x 24 columns]
```

图 3-43 获取股票简称为"格力电器"的所有数据

2. 利润表分析——同比增长率指标

利润表是反映企业盈利能力的一张非常重要的财务报表,通过计算同比增长率指标,可以看到年度利润表各个项目相较于上一年的增长速度(见图 3-44)。

```
df_sta = df_sta.copy()
# 营业总收入同比增长率=(第t年营业总收入-第t-1年营业总收入)/第t-1年营业总收入
indicator_sta = ['营业总收入','营业收入','营业总成本',\
                 '营业成本','营业税金及附加','销售费用',\
                 '管理费用','财务费用','资产减值损失',\
                 '公允价值变动收益','投资收益','营业利润',\
                 '利润总额','所得税费用','净利润']
for i in indicator_sta:
    df_sta[i+'增长率'] = (df_sta[i]-df_sta[i].shift(1))\
    /df_sta[i].shift(1) * 100
print(df_sta)
```

```
              证券代码  股票简称  ...   所得税费用增长率      净利润增长率
会计期间                          ...
2016-12-31  000651  格力电器  ...        NaN        NaN
2017-12-31  000651  格力电器  ...  36.654266  44.986334
...            ...   ...  ...        ...        ...
2019-12-31  000651  格力电器  ...  -7.539400  -5.882651
2020-12-31  000651  格力电器  ... -10.955085 -10.262925

[5 rows x 39 columns]
```

图 3-44 利润表分析:同比增长率指标

3. 利润表分析——结构百分比指标

通过计算利润表结构百分比指标,可以看到利润表各个项目在本年营业总收入中的占比(见图 3-45)。

```
for i in indicator_sta:
    df_sta[i+'结构百分比'] = df_sta[i]\
    /df_sta['营业总收入'] * 100
print(df_sta)
```

```
              证券代码  股票简称  ...  所得税费用结构百分比  净利润结构百分比
会计期间                          ...
2016-12-31  000651  格力电器  ...    2.732749  14.110809
2017-12-31  000651  格力电器  ...    2.742281  15.023394
...            ...   ...  ...        ...        ...
2019-12-31  000651  格力电器  ...    2.256995  12.382150
2020-12-31  000651  格力电器  ...    2.363493  13.067202

[5 rows x 54 columns]
```

图 3-45 利润表分析:结构百分比指标

(二) 计算财务比率指标 df

本案例选取 4 种反映盈利能力的财务比率指标。根据财务分析理论,从财务报表获取相应数据计算财务比率指标,单位为百分比(见图 3-46)。

```
# 销售毛利率GPM (%) = (营业总收入-营业总成本)/营业总收入
# 销售净利率NPM (%) = 净利润/营业总收入
# 净资产收益率ROE (%) = 净利润/所有者权益合计
# 总资产净利润率ROA (%) = 净利润/资产总计
indicator_ratio = ['销售毛利率GPM(%)','销售净利率NPM(%)',\
                   '净资产收益率ROE(%)','总资产净利润率ROA(%)']
df['销售毛利率GPM(%)'] = (df['营业总收入']-df['营业总成本']) / df['营业总收入'] * 100
df['销售净利率NPM(%)'] = df['净利润'] / df['营业总收入'] * 100
df['净资产收益率ROE(%)'] = df['净利润'] / df['所有者权益合计'] * 100
df['总资产净利润率ROA(%)'] = df['净利润'] / df['资产总计'] * 100
print(df)
# 将财务比率指标计算结果保存到"df.xlsx"文件内
df.to_excel('df.xlsx')
```

```
            证券代码  股票简称  ...  净资产收益率ROE(%)  总资产净利润率ROA(%)
会计期间                         ...
2016-12-31  000333   美的集团   ...     22.996045         9.297682
2017-12-31  000333   美的集团   ...     22.443354         7.501280
...            ...      ...   ...         ...              ...
2019-12-31  688169   石头科技   ...     52.730365        39.872297
2020-12-31  688169   石头科技   ...     19.249328        17.449367

[246 rows x 28 columns]
```

图 3-46 计算财务比率指标,并放入 df

五、利用 matplotlib 模块制作财务比率指标对比图

利用 matplotlib 模块绘制所选 4 种反映盈利能力的财务比率指标折线图。每张折线图包括格力电器和同行业对比公司财务比率指标折线以及行业均值线和行业中位数线。

```
# 导入模块
import matplotlib.pyplot as plt
# 用来正常显示中文标签
plt.rcParams['font.sans-serif'] = ['SimHei']
# 用来解决符号显示为方块的问题
plt.rcParams['axes.unicode_minus'] = False
colors = ['#e41a1c','#377eb8','#4daf4a','blue','yellow']
markers = ['o','s','H','D','+']
```

```
for j in range(0,4):
    figure = plt.figure()
    for i in range(0,3):
        temp = df.loc[df['股票简称']==company[i]]
        plt.plot(temp[indicator_ratio[j]],\
                 marker=markers[i],markerfacecolor=colors[i],\
                 markersize=8,markeredgewidth=0.5,\
             color="k",linewidth=0.5,linestyle="-",\
                 label=company[i])
    plt.plot(df.groupby('会计期间').mean(numeric_only=True)[indicator_ratio[j]],\
             marker=markers[3],markerfacecolor=colors[3],\
             markersize=8,markeredgewidth=0.5,\
            color="k",linewidth=0.5,linestyle="-",\
            label='行业均值')
    plt.plot(df.groupby('会计期间').median(numeric_only=True)[indicator_ratio[j]],\
             marker=markers[4],markerfacecolor=colors[4],\
             markersize=8,markeredgewidth=0.5,\
            color="k",linewidth=0.5,linestyle="-",\
            label='行业中位数')
    plt.legend(loc='lower left')       # 添加图例
    plt.xlabel('时间')                  # 添加X轴名
    plt.ylabel(indicator_ratio[j])     # 添加Y轴名
    plt.savefig(indicator_ratio[j])    # 保存图片
```

在程序所在文件夹下生成四张图片(见图 3-47):

净资产收益率ROE(%)	PNG 文件
销售净利率NPM(%)	PNG 文件
销售毛利率GPM(%)	PNG 文件
总资产净利润率ROA(%)	PNG 文件

图 3-47 利用 matplotlib 模块制作财务比率指标对比图,并保存图片

六、利用python-docx模块制作格力电器盈利能力分析Word报告

根据所给模板(Word_Modle.docx)内设置的格式,自动生成格力电器盈利能力分析Word报告。

(一)自定义函数

```
# 导入模块
import os
from docx import Document
from docx.enum.text import WD_PARAGRAPH_ALIGNMENT
from docx.shared import Inches
# 自定义函数,获取预先设置好格式的word模板
def Get_Word_Document(AutoD_Word_Modle):
    if (os.path.isfile(AutoD_Word_Modle)):
        return(Document(AutoD_Word_Modle))
    else:
        return(Document())
# 自定义函数,在word内插入图片
def Print_Picture(document, picture_fname):
    paragraph = document.add_paragraph()
    paragraph.alignment = WD_PARAGRAPH_ALIGNMENT.CENTER
    run = paragraph.add_run("")
    run.add_picture(picture_fname, height=Inches(4))
# 自定义函数,在word内输入指定风格的标题
def Print_Heading(document, contents, Idx, My_Heading_Style):
    document.add_paragraph(contents, style = My_Heading_Style[Idx-1])
# 自定义函数,在word内输入指定风格的正文
def Print_Paragraph(document, contents):
    document.add_paragraph(contents, style = u'Python正文')
```

```
# 设定所用到的标题风格
My_Heading_Style = [u'Python标题1', u'雅黑标题2',u'雅黑标题3',u'雅黑标题4']
# 利用自定义函数读取预先设置好风格的word模板文件"Word_Modle.docx"
Word_Modle='Word_Modle.docx'
file = Get_Word_Document(Word_Modle)
```

(二)第1章格力电器概况

格力电器是一家多元化、科技型的全球工业集团。根据格力电器2020年年度财务报告,选取部分内容作为格力电器概况介绍。

```
# 利用自定义函数,在word内输入指定风格的标题
Print_Heading(file, '格力电器概况',1,My_Heading_Style)
# 利用自定义函数,在word内输入指定风格的正文
geli_introduction = '珠海格力电器股份有限公司(以下简称格力电器)\
是一家多元化、科技型的全球工业集团,旗下拥有格力、TOSOT、晶弘三大\
品牌,产品覆盖家用消费品和工业装备两大领域,产品远销160多个国家及\
地区,为全球超过4亿用户提供满意的产品和服务,致力创造美好生活。'
Print_Paragraph(file, geli_introduction)
```

（三）第 2 章格力电器盈利能力分析——利润表分析

1. 利润表同比增长率

将格力电器利润表同比增长率指标添加到 Word 文件表格内。

```
# 利用自定义函数，在word内输入指定风格的标题
Print_Heading(file, '格力电器盈利能力分析——利润表分析',1,My_Heading_Style)
Print_Heading(file, '利润表同比增长率',2,My_Heading_Style)
# 在word内插入表格
table = file.add_table(16, 6, style ='Table Grid')
# 添加word表格标题行
for j in range(6):
    cell = table.cell(0,j)
    if j == 0:
        cell.text = '利润表同比增长率(%)'
    else:
        cell.text = period[j-1]
# 添加word表格内容行——公司数据
for i in range(1,16):
    for j in range(6):
        cell = table.cell(i,j)
        if j == 0:
            cell.text = str(indicator_sta[i-1])
        else:
            cell.text = str(round(df_sta[indicator_sta[i-1] + '增长率']\
                                  [j-1],2))
```

2. 利润表结构百分比

将格力电器利润表结构百分比指标添加到 Word 文件表格内。

```
# 利用自定义函数，在word内输入指定风格的标题
Print_Heading(file, '利润表结构百分比',2,My_Heading_Style)
# 在word内插入表格
table = file.add_table(16, 6, style ='Table Grid')
# 添加word表格标题行
for j in range(6):
    cell = table.cell(0,j)
    if j == 0:
        cell.text = '利润表结构百分比(%)'
    else:
        cell.text = period[j-1]
# 添加word表格内容行——公司数据
for i in range(1,16):
    for j in range(6):
        cell = table.cell(i,j)
        if j == 0:
            cell.text = str(indicator_sta[i-1])
        else:
            cell.text = str(round(df_sta[indicator_sta[i-1]+'结构百分比']\
                                  [j-1],2))
```

（四）第 3 章格力电器盈利能力分析——财务比率分析

将所选 4 种反映盈利能力的财务比率指标，分别添加到 Word 文件表格内，每张表格包括格力电器和同行业对比公司数据以及行业均值和行业中位数。

```
# 利用自定义函数，在word内输入指定风格的标题
Print_Heading(file, '格力电器盈利能力分析——财务比率分析',1,My_Heading_Style)
```

```
for c in range(4):
    # 利用自定义函数，在word内输入指定风格的标题
    Print_Heading(file, indicator_ratio[c]+'指标分析',2,My_Heading_Style)
    Print_Heading(file, indicator_ratio[c]+'对比表',3,My_Heading_Style)
    # 在word内插入表格
    table = file.add_table(6, 6, style = "Table Grid")
    # 添加word表格标题行
    for j in range(6):
        cell = table.cell(0,j)
        if j == 0:
            cell.text = indicator_ratio[c]
        else:
            cell.text = period[j-1]
    # 添加word表格内容行——公司数据
    for i in range(1, 4):
        for j in range(6):
            cell = table.cell(i,j)
            if j == 0:
                cell.text = str(company[i-1])
            else:
                cell.text = str(round(df.loc[df['股票简称']==company[i-1]]\
                                      [indicator_ratio[c]][j-1],2))
    # 添加word表格内容行——行业数据均值
    for j in range(6):
        cell = table.cell(4,j)
        if j == 0:
            cell.text = '行业均值'
        else:
            cell.text = str(round(df.groupby('会计期间').mean(numeric_only=True)\
                                  [indicator_ratio[c]][j-1],2))
    # 添加word表格内容行——行业数据中位数
    for j in range(6):
        cell = table.cell(5,j)
        if j == 0:
            cell.text = '行业中位数'
        else:
            cell.text = str(round(df.groupby('会计期间').median(numeric_only=True)\
                                  [indicator_ratio[c]][j-1],2))
    # 利用自定义函数，在word内输入指定风格的标题
    Print_Heading(file, indicator_ratio[c]+'对比图',3,My_Heading_Style)
    # 利用自定义函数，在word内添加图片
    Print_Picture(file, indicator_ratio[c] + '.png')
```

（五）保存 Word 文件

利用 file.save() 函数保存 Word 文件到代码所在文件夹内。

```
# 保存Word文档
file.save('格力电器盈利能力分析报告（模板版）.docx')
```

在代码所在文件夹生成 Word 文件如图 3-48 所示。

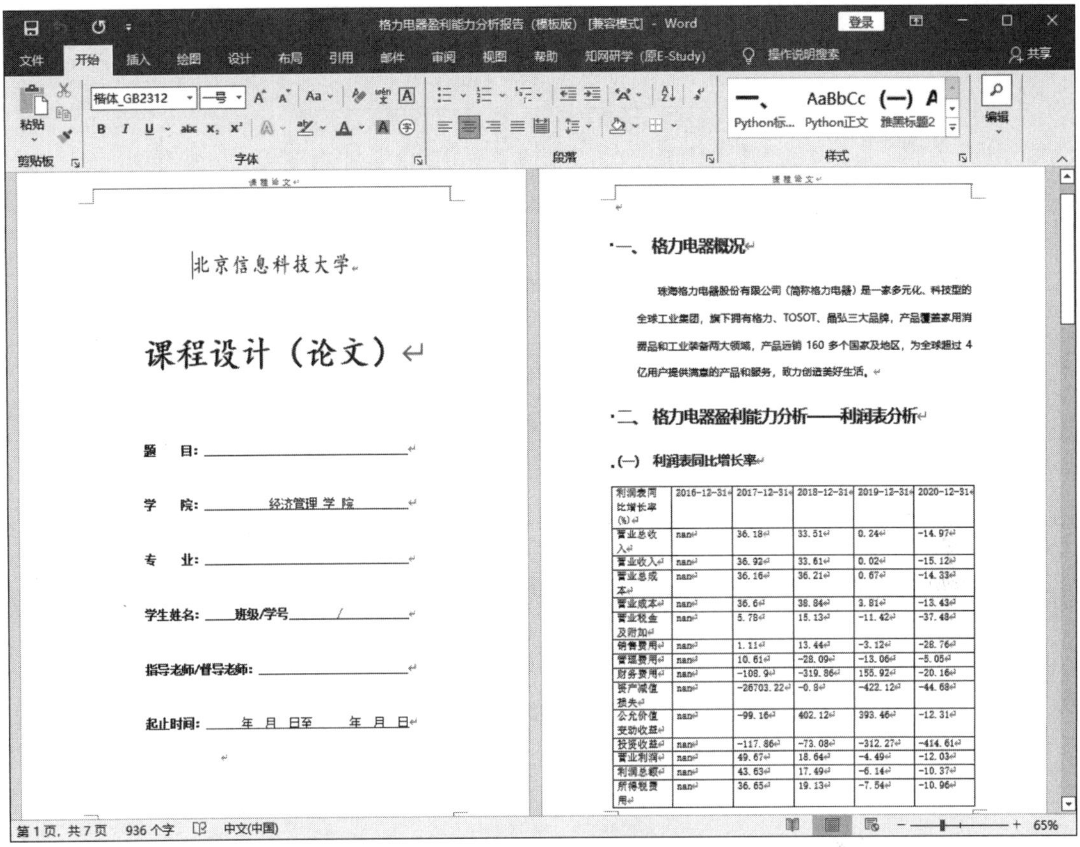

课程论文

北京信息科技大学

课程设计（论文）

题　　目：

学　　院：经济管理学院

专　　业：

学生姓名：　班级/学号　/

指导老师/督导老师：

起止时间：　年　月　日至　年　月　日

课程论文

一、格力电器概况

珠海格力电器股份有限公司（简称格力电器）是一家多元化、科技型的全球工业集团，旗下拥有格力、TOSOT、晶弘三大品牌，产品覆盖家用消费品和工业装备两大领域，产品远销 160 多个国家及地区，为全球超过 4 亿用户提供满意的产品和服务，致力创造美好生活。

二、格力电器盈利能力分析——利润表分析

（一）利润表同比增长率

利润表同比增长率(%)	2016-12-31	2017-12-31	2018-12-31	2019-12-31	2020-12-31
营业总收入	nan	36.18	33.51	0.24	-14.97
营业收入	nan	36.92	33.61	0.02	-15.12
营业总成本	nan	36.16	36.21	0.67	-14.33
营业成本	nan	36.6	38.84	3.81	-13.43
营业税金及附加	nan	5.78	15.13	-11.42	-37.48
销售费用	nan	1.11	13.44	-3.12	-28.76
管理费用	nan	10.61	-28.09	-13.06	-5.05
财务费用	nan	-108.9	-319.86	155.92	-20.16
资产减值损失	nan	-26703.22	-0.8	-422.12	-44.68
公允价值变动收益	nan	-99.16	402.12	393.46	-12.31
投资收益	nan	-117.86	-73.08	-312.27	-414.61
营业利润	nan	49.67	18.64	-4.49	-12.03
利润总额	nan	43.63	17.49	-6.14	-10.37
所得税费用	nan	36.65	19.13	-7.54	-10.96

图 3-48　利用 python-docx 模块制作格力电器盈利能力分析 Word 报告

七、利用 python-pptx 模块制作格力电器盈利能力分析 PPT 报告

利用生成的“df.xlsx”数据集和图片，以及运用 python-pptx 模块制作 PPT 分析报告。

（一）模块的导入

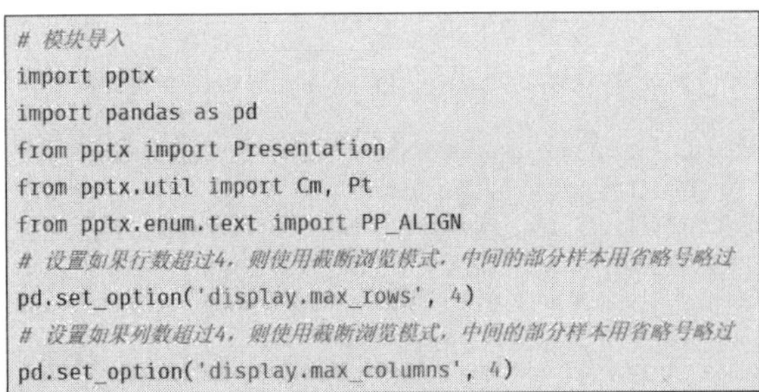

```
# 模块导入
import pptx
import pandas as pd
from pptx import Presentation
from pptx.util import Cm, Pt
from pptx.enum.text import PP_ALIGN
# 设置如果行数超过4，则使用截断浏览模式，中间的部分样本用省略号略过
pd.set_option('display.max_rows', 4)
# 设置如果列数超过4，则使用截断浏览模式，中间的部分样本用省略号略过
pd.set_option('display.max_columns', 4)
```

教学视频：利用 python-pptx 模块制作格力电器盈利能力分析 PPT 报告

(二) 利用幻灯片母版的版式①创建第 1 页幻灯片

```
# 打开PPT文件"ppt-modle.pptx",在该文件内预先设置了母版
prs = Presentation("ppt-modle.pptx")
# 利用幻灯片母版的版式①创建第1页幻灯片
# "prs.slide_layouts[]"表示的是ppt中不同的版式
slide0 = prs.slides.add_slide(prs.slide_layouts[0])
# 获取占位符编号id
for shape in slide0.placeholders:
    phf = shape.placeholder_format
    print(f"{phf.idx}--{shape.name}--{phf.type}")
# 往占位符填写PPT内容
slide0_title = slide0.placeholders[0]
slide0_subtitle = slide0.placeholders[1]

slide0_title.text = "格力电器盈利能力分析报告"
slide0_subtitle.text = "撰写人:张三"
```

(三) 利用幻灯片母版的版式②创建第 2 页和第 3 页幻灯片

1. 利用幻灯片母版的版式②创建第 2 页幻灯片

```
# 利用幻灯片母版的版式②创建第2页幻灯片
slide1 = prs.slides.add_slide(prs.slide_layouts[1])
# 获取占位符编号id
for shape in slide1.placeholders:
    phf = shape.placeholder_format
    print(f"{phf.idx}--{shape.name}--{phf.type}")
# 往占位符填写PPT内容
slide1_title = slide1.placeholders[0]
slide1_content = slide1.placeholders[1]
slide1_title.text = "目录"
tf = slide1_content.text_frame
tf.text = "1 格力电器概况"
# 在原来的文本框内增加段落paragraph
p = tf.add_paragraph()
p.text = "2 格力电器盈利能力分析"
```

2. 利用幻灯片母版的版式②创建第 3 页幻灯片

```
# 利用幻灯片母版的版式②创建第3页幻灯片
slide2 = prs.slides.add_slide(prs.slide_layouts[1])
# 获取占位符编号id
for shape in slide2.placeholders:
    phf = shape.placeholder_format
    print(f"{phf.idx}--{shape.name}--{phf.type}")
# 往占位符填写PPT内容
slide2_title = slide2.placeholders[0]
slide2_content = slide2.placeholders[1]
slide2_title.text = "1 格力电器概况"
tf = slide2_content.text_frame
tf.text = "珠海格力电器股份有限公司(以下简称格力电器)是一家多元化、\
科技型的全球工业集团,旗下拥有格力、TOSOT、晶弘三大品牌,\
产品覆盖家用消费品和工业装备两大领域,\
产品远销160多个国家及地区,为全球超过4亿用户提供满意的产品和服务,\
致力创造美好生活。"
```

(四) 利用幻灯片母版的版式③创建多张幻灯片

1. 读取“df.xlsx”数据,放入数据框 data

```
# 表格数据准备
data = pd.read_excel('df.xlsx',dtype = { '证券代码' : str })
period = ['2016-12-31','2017-12-31','2018-12-31','2019-12-31','2020-12-31']
company = ['格力电器','海尔智家','美的集团']
ratio = list(data.columns)[-4:]
```

2. 写入 PPT 图表数据

利用获取的占位符编号,将所选 4 种财务比率指标的对比表和对比图写入相应占位符内。

```
# 写入PPT图表数据
for c in range(len(ratio)):
    # 利用幻灯片母版的版式③创建多张幻灯片
    slide4 = prs.slides.add_slide(prs.slide_layouts[2])
    # 获取占位符编号id
    for shape in slide4.placeholders:
        phf = shape.placeholder_format
    slide4_title = slide4.placeholders[0]
    slide4_content1 = slide4.placeholders[1]
    slide4_content2 = slide4.placeholders[2]
    slide4_title.text = "2 格力电器盈利能力分析"
    slide4_content1.text = ratio[c] + "对比表"
    slide4_content2.text = ratio[c] + "对比图"

    rowNum = len(company) + 3
    colNum = len(period) + 1
```

```
    table = slide4.placeholders[13]
    rows,cols = rowNum,colNum
    table0 = table.insert_table(rows,cols).table
    table0.columns[0].width = Cm(3.6)
    table0.columns[1].width = Cm(1.7)
    table0.columns[2].width = Cm(1.7)
    table0.columns[3].width = Cm(1.7)
    table0.columns[4].width = Cm(1.7)
    table0.columns[5].width = Cm(1.9)
    table0.rows[0].hight = Cm(3)
    # 添加PPT表格标题行
    for j in range(colNum):
        if j == 0:
            cell = table0.cell(0,0)
            cell.text = '%'
            # 居中对齐
            cell.text_frame.paragraphs[0].alignment = PP_ALIGN.CENTER
        else:
            cell = table0.cell(0,j)
            cell.text = period[j-1][0:4]
            cell.text_frame.paragraphs[0].font.size=Pt(16)  # 字体大小
```

```
# 添加PPT表格内容行——公司指标
for i in range(1, rowNum-2):
    temp_company = company[i-1]
    for j in range(colNum):
        if j == 0:
            cell = table0.cell(i,j)
            cell.text = temp_company
            cell.text_frame.paragraphs[0].font.size=Pt(16)
        else:
            cell = table0.cell(i,j)
            temp = data[(data['会计期间'] == period[j-1])\
                        & (data['股票简称']==temp_company)][[ratio[c]]]
            temp = temp.iloc[0,0]
            cell.text = str(round(temp,1))
            cell.text_frame.paragraphs[0].font.size=Pt(15)
```

```
# 添加PPT表格内容行——行业均值
for i in range(rowNum-2, rowNum-1):
    temp_mean = '行业均值'
    for j in range(colNum):
        if j == 0:
            cell = table0.cell(i,j)
            cell.text = temp_mean
            cell.text_frame.paragraphs[0].font.size=Pt(16)
        else:
            cell = table0.cell(i,j)
            grouped = data.groupby('会计期间')
            appliance= grouped.get_group(period[j-1])
            temp = appliance.mean(numeric_only=True)[ratio[c]]
            cell.text = str(round(temp,1))
            cell.text_frame.paragraphs[0].font.size=Pt(15)
```

```
# 添加PPT表格内容行——行业中位数
for i in range(rowNum-1, rowNum):
    temp_mean = '行业中位数'
    for j in range(colNum):
        if j == 0:
            cell = table0.cell(i,j)
            cell.text = temp_mean
            cell.text_frame.paragraphs[0].font.size=Pt(16)
        else:
            cell = table0.cell(i,j)
            grouped = data.groupby('会计期间')
            appliance= grouped.get_group(period[j-1])
            temp = appliance.median(numeric_only=True)[ratio[c]]
            cell.text = str(round(temp,1))
            cell.text_frame.paragraphs[0].font.size=Pt(15)
slide4_picture = slide4.placeholders[14]   #添加图片
fig = ratio[c] + ".png"
pic = slide4_picture.insert_picture(fig)
```

（五）保存 PPT 文件

利用 prs.save( ) 函数保存 PPT 文件到代码所在文件夹内。

```
prs.save("3.6格力电器盈利能力分析报告PPT（模板版）.pptx")
```

在代码所在文件夹生成 PPT 文件如图 3–49 所示。

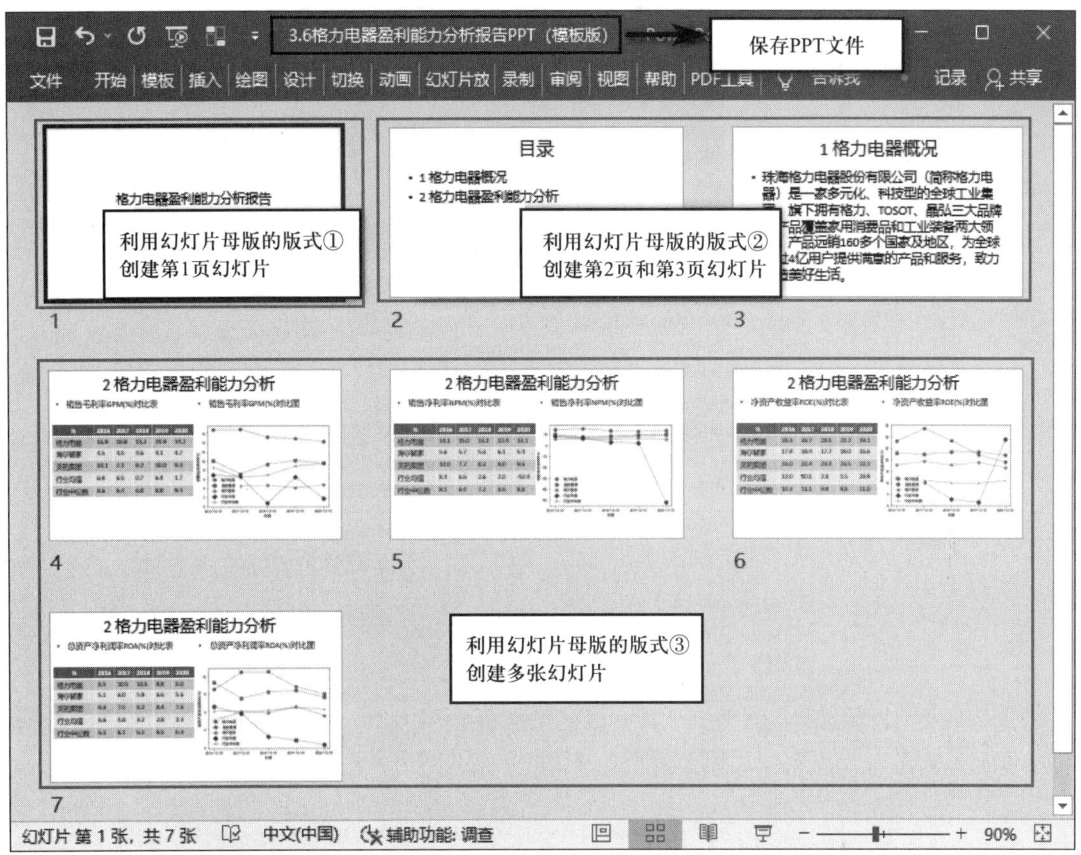

图 3-49　利用 python-pptx 模块制作格力电器盈利能力分析 PPT 报告

八、利用 streamlit 模块制作格力电器盈利能力分析可视化面板

利用生成的“df.xlsx”数据集，运用 streamlit 模块制作可视化面板（见图 3-50 和图 3-51）。

```
# 导入模块
import streamlit as st
import pandas as pd
import numpy as np
import matplotlib.pyplot as plt
# 配置页面设置。“wide”是指使用整个屏幕放置页面内容，“expanded”是指页面最初显示侧边栏
st.set_page_config(
     layout="wide",
     initial_sidebar_state="expanded")
# 读取数据集
data = pd.read_excel('df.xlsx',dtype = { '证券代码' : str },\
                     index_col = '会计期间')
```

```
# 设置网页标题
st.title('盈利能力分析')
# 设置网页单选下拉框—请选择公司
ind_com = data.股票简称.unique()
option_com = st.sidebar.selectbox(
    '请选择公司',
    list(ind_com))
st.write('公司：', option_com)
# 设置网页单选下拉框—请选择财务指标
option_ratio = st.sidebar.selectbox(
    '请选择财务指标',
    list(data.columns)[-4:])
st.write('财务指标：', option_ratio)
# 设置网页多选下拉框—请选择所属行业对比公司
option_coms = st.sidebar.multiselect(
    '请选择所属行业对比公司',
    ['行业均值']+['行业中位数']+list(ind_com),
    [option_com])
```

```
# 绘制行业图形—折线图
# 用来正常显示中文标签
plt.rcParams['font.sans-serif'] = ['SimHei']
# 用来解决符号显示为方块的问题
plt.rcParams['axes.unicode_minus'] = False
colors = ['#e41a1c','#377eb8','#4daf4a','blue','yellow']
markers = ['o','s','H','D','*']
```

```
fig = plt.figure()
for i in range(0,len(option_coms)):
    if option_coms[i]  == '行业均值':
        # 计算行业均值
        y1 = data.groupby(['会计期间']).mean(numeric_only=True)[[option_ratio]]
        plt.plot(y1,color='blue',marker=markers[i],markerfacecolor=colors[i],\
        markersize=8,markeredgewidth=0.5,linewidth=0.5,\
        linestyle='-',label='行业均值')
    elif option_coms[i]  == '行业中位数':
        # 计算行业中位数
        y2 = data.groupby(['会计期间']).median(numeric_only=True)[[option_ratio]]
        plt.plot(y2,color='blue',marker=markers[i],markerfacecolor=colors[i],\
        markersize=8,markeredgewidth=0.5,linewidth=0.5,\
        linestyle='-',label='行业中位数')
    else:
        temp_df = data[data.股票简称 == option_coms[i]]
        plt.plot(temp_df.index, temp_df[[option_ratio]],marker=markers[i],\
        markerfacecolor=colors[i],markersize=8,\
        markeredgewidth=0.5,color="k",\
        linewidth=0.5,linestyle="-",label=option_coms[i])
plt.title(option_ratio + '对比图')   # 添加图表标题
plt.xlabel('日期')                   # 添加X轴名
plt.ylabel(option_ratio + '（%）')   # 添加Y轴名
plt.legend(loc='lower left')         # 添加图例
```

```
# 绘制行业图形—箱线图
fig2 = plt.figure()
data_boxplot = data[data.index=='2020-12-31'][['销售毛利率GPM(%)', \
                            '销售净利率NPM(%)', \
                            '净资产收益率ROE(%)',\
                            '总资产净利润率ROA(%)']]
plt.boxplot(x=data_boxplot.values,labels=data_boxplot.columns)
plt.title('2020年行业财务指标箱线图')
```

```
# 表格数据准备
temp = data[data.股票简称 == option_coms[0]]
df = temp[[option_ratio]].T
df = df.rename(index={option_ratio:option_coms[0]})    # 重新命名index
for i in range(1,len(option_coms)):
    if option_coms[i]  == '行业均值':
        # 计算行业均值
        a = data.groupby(['会计期间']).mean(numeric_only=True)[[option_ratio]].T
        a = a.rename(index={option_ratio:'行业均值'})
        df = df.append(a)
    elif option_coms[i]  == '行业中位数':
        # 计算行业中位数
        a = data.groupby(['会计期间']).median(numeric_only=True)[[option_ratio]].T
        a = a.rename(index={option_ratio:'行业中位数'})
        df = df.append(a)
    else:
        temp = data[data.股票简称 == option_coms[i]]
        R = temp[[option_ratio]].T
        R = R.rename(index={option_ratio:option_coms[i]})    # 重新命名index
        df = df.append(R)
```

```
# 设置网页显示两栏
col1, col2 = st.columns(2)
with col1:
    st.dataframe(df.style.highlight_max(axis=0))
with col2:
    st.pyplot(fig)
# 显示数据
data_st = data[data.index=='2020-12-31'][['股票简称','销售毛利率GPM(%)', \
                                          '销售净利率NPM(%)', \
                                          '净资产收益率ROE(%)',\
                                          '总资产净利润率ROA(%)']]
st.write('2020年行业财务指标对比表')
st.dataframe(data_st,height=146)
# 显示图表
st.pyplot(fig2)
```

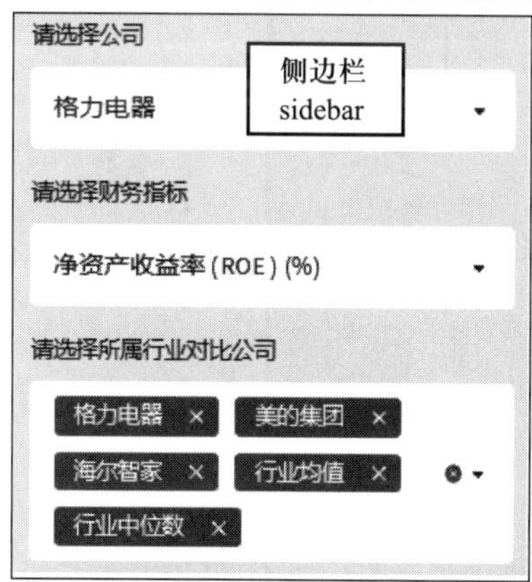

图 3-50　利用 streamlit 模块制作格力电器盈利能力分析可视化面板:侧边栏

盈利能力分析

公司：格力电器

财务指标：净资产收益率(ROE)(%)

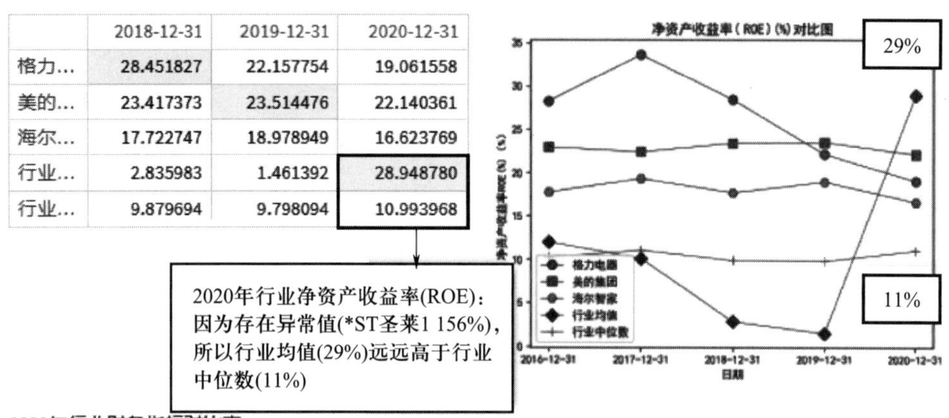

	2018-12-31	2019-12-31	2020-12-31
格力…	28.451827	22.157754	19.061558
美的…	23.417373	23.514476	22.140361
海尔…	17.722747	18.978949	16.623769
行业…	2.835983	1.461392	28.948780
行业…	9.879694	9.798094	10.993968

2020年行业财务指标对比表

	股票简称	销售毛利率GP…	销售净利率NP…	净资产收益率…	总资产净利润率R…
2020-12-31	*ST圣莱	-435.0809	-3,461.7461	1,156.3026	-192.4459
2020-12-31	浙江美大	35.2327	30.6956	31.9046	24.9508
2020-12-31	苏泊尔	10.4111	9.9082	25.4621	14.9901
2020-12-31	飞科电器	22.8225	17.8514	22.4825	16.3764

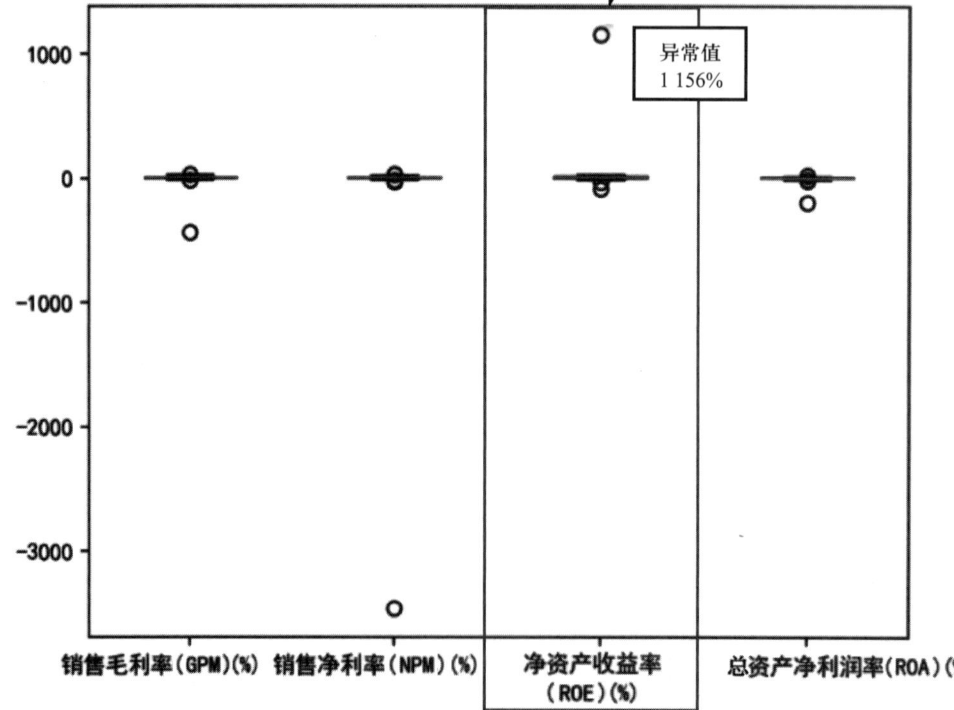

图 3-51 利用 streamlit 模块制作格力电器盈利能力分析可视化面板：主栏

思考与练习

使用本章第一节同样的步骤绘制家用电器行业内 3 家公司 2016~2020 年“净资产收益率(ROE)对比图”,并保存图片“plot3.1_5.png”。

模仿本章第六节案例分析,完成格力电器偿债能力分析,制作 Word 分析报告、PPT 展示文档、偿债能力分析看板。

即测即评

请扫描右侧二维码,进行随堂测试。

第四章

企业盈利能力的杜邦分析可视化案例

学习目标

通过本章学习，应能够：理解企业盈利能力的杜邦分析意义，掌握杜邦分析基本层次；熟练利用财经数据库下载或调取财务数据；熟练使用 Python 对财务数据进行预处理，并计算涉及杜邦分析的几个财务指标；理解杜邦分析可视化流程；熟练运用 Pyecharts 进行杜邦分析可视化的树图操作。

第一节 案例背景与可视化设计

一、案例背景

盈利能力是企业获取利润的能力，又称资本增值能力，通常表现为一定时期内企业收益数额的多少及其水平的高低。企业盈利能力关系到企业的管理战略与生存发展；它是企业营销能力、获取现金能力、降低成本能力以及规避风险能力等的综合体现，也是企业各环节经营结果的具体表现。通过对企业盈利能力的可视化，可以让枯燥的财务报表变得更直观、更易于理解、更快速地传递盈利关键信息。

二、研究设计

（一）样本获取

依据证监会行业分类，本案例选取我国电气机械及器材制造业的格力电器（000651.sz）作为研究对象。从希施玛（CSMAR）财经系列研究数据库下载该公司2010年第一季度至2020年第三季度资产负债表、利润表和现金流量表，并形成“格力电器财务报表.xls”数据文件。

（二）研究方法

衡量一家企业盈利能力的财务表现有很多指标，每种指标都有优势和劣势。杜邦分析法是以净资产收益率为核心，通过财务指标的内在联系，系统、综合地分析企业的盈利水平，具有鲜明的层次结构，是典型的利用财务指标之间的关系对企业财务进行综合分析的方法。

杜邦分析法最早由美国杜邦公司使用，故名为杜邦分析法，其基本思想是将企业净资产收益率逐级分解为多项财务比率的乘积，这样有助于深入分析比较不同企业同一时点、同一企业不同时点的经营业绩。

在杜邦分析法中，净资产收益率是综合性最强的财务指标，也是杜邦分析法的起点。净资产收益率是净利润与平均股东权益的百分比，该指标反映了企业所有者对投入资金的获利能力。而净资产收益率又受三个因素影响：销售净利率、总资产周转率和权益乘数。

销售净利率是净利润占销售收入的百分比。该指标反映每一元销售收入中的净利润是多少，表示销售收入的收益水平。

总资产周转率是本期销售收入净额与本期资产总额平均余额的比值。该指标体现企业经营期间全部资产从投入到产出的周转速度，反映企业全部资产的管理质量和利用效率。

权益乘数即资产总额是股东权益总额的多少倍，反映了企业财务杠杆的大小。权益乘数越大，说明股东投入资本在资产中所占的比重越小，财务杠杆越大。

杜邦分析法中几种主要的财务指标层次关系，如图4-1所示：

教学视频：Pyecharts 可视化库与树图介绍

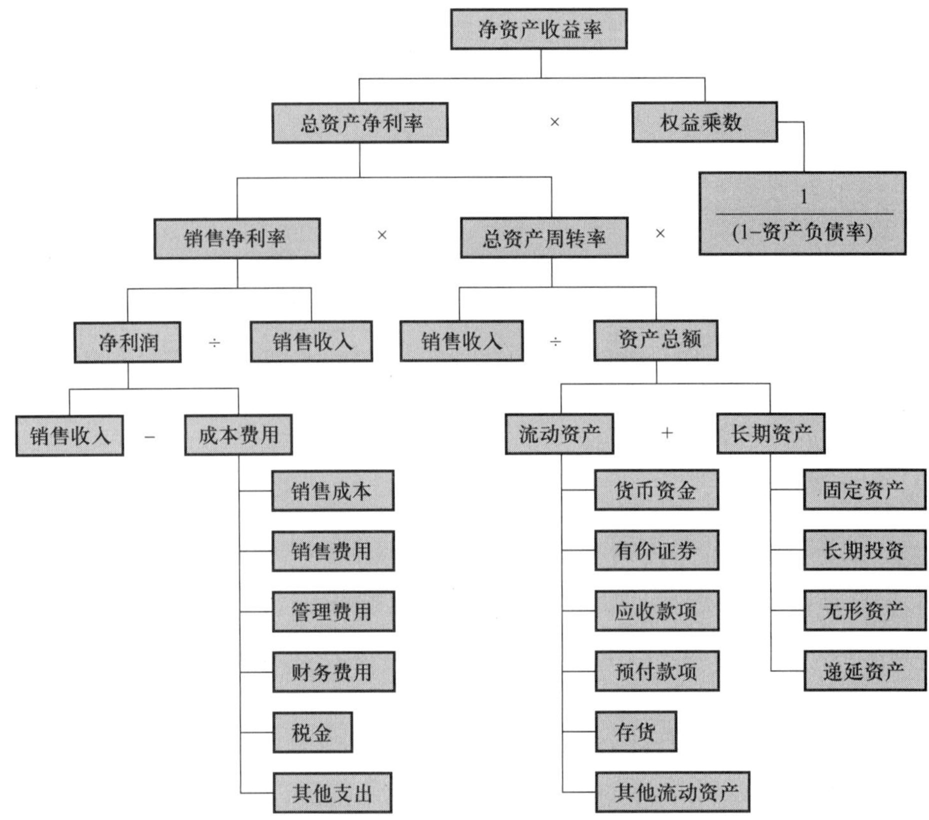

图 4-1 杜邦分析财务指标层次示意图

三、可视化工具 Pyecharts 介绍

Pyecharts 是一个用于生成 Echarts 图表（Echarts 是基于 Javascript 的开源可视化图表库）的 Python 第三方库。Pyecharts 功能强大，可轻松制作精美的图表，具有 API 设计简洁、图表类型多、配置项高度灵活、支持 Jupyter Notebook 环境等特性，同时，该库也具有丰富的地图文件及原生的百度地图，可为地理数据可视化提供强有力的支持。

Pyecharts 的安装。在 Anaconda Prompt 中键入如下命令：

pip install pyecharts

安装完毕，再使用如下命令查看是否安装成功：

pip show pyecharts

如果安装界面出现 Pyecharts 的版本号及基本信息，则说明安装成功。随后在 Jupyter Notebook 中使用如下命令：

from pyecharts.charts import Tree

即从 Pyecharts 库中的 charts 子库调取 Tree，从而绘制杜邦分析树图。

四、杜邦分析可视化程序设计流程

杜邦分析可视化的 Python 实现流程包括三个环节，分别是数据获取、指标计算以及赋值绘图，如图 4–2 所示。在数据获取环节，首先需要确定原始数据，然后根据可视化的报表日期需求从相关的原始数据中提取相应会计科目数据。在指标计算环节，根据财务比率计算公式，利用上述提取到的数据计算相关财务比率。最后是赋值绘图环节，该环节是杜邦分析可视化过程的关键。首先，将相关的财务比率数据按照树图的层次排列方式进行赋值，然后再利用 Pyecharts 进行绘图，最后输出杜邦分析树图的 html 文件，也可根据需要转换成 pdf、png 等格式文件。

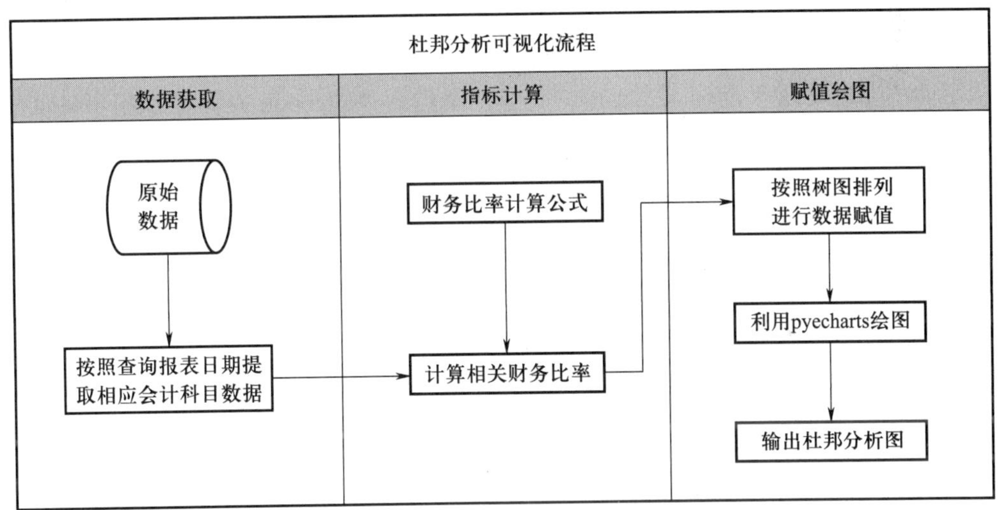

图 4–2　杜邦分析可视化程序设计流程示意图

第二节　杜邦分析的 Python 实现

一、导入第三方库

Xlrd 库是 Python 语言中读取 Excel 的扩展工具，可以实现指定表单、指定单元格的读取。其安装命令是：pip install xlrd。本案例中，导入 xlrd 库的主要作用是读取“格力电器财务报表.xls”数据文件。然后，从 Pyecharts 导入 Tree、options、globals 等子库，并进行绘图参数设置，服务于杜邦分析树图的绘制。

```
#导入第三方库
import xlrd
from pyecharts.charts import Tree
from pyecharts import options as opts
from pyecharts.globals import ThemeType
from pyecharts import globals
import matplotlib.pylab as plt
```

二、输入需要杜邦分析可视化的报表日期

对企业财务报表使用者而言，要了解公司的综合盈利能力，需要查看给定报表日期的杜邦分析树图。程序代码及输出如图 4-3 所示。其中，sheets() [0].row_values(1) 表示提取源数据文件的资产负债表（默认工作表索引号为 0）第 2 行（默认行索引号为 1）"报表日期"行数据。timeList.index(time) 表示确定查询报表日期的索引位置，便于读取相关会计科目数据。在图 4-3 的"请输入要查询的报表日期（例如 2020Q1 表示 2020 年第一季度）:"下面的单元格中手动输入"2020Q1"，打回车键后，Notebook 界面显示用户确认的报表日期。

```
# 选择文件路径
file_path = r'格力电器财务报表.xls'
data = xlrd.open_workbook(file_path)
data.sheet_names() #查看工作簿中所有sheet
```

```
['资产负债表', '现金流量表', '利润表', 'Sheet1']
```

```
time = str(input('请输入要查询的报表日期(例如2020Q1表示2020年第一季度): \n'))
timeList = data.sheets()[0].row_values(1)   # 获取资产负债表的第2行, 即报表日期内容
a = timeList.index(time) #设置索引
```

```
请输入要查询的报表日期(例如2020Q1表示2020年第一季度):
```

```
请输入要查询的报表日期(例如2020Q1表示2020年第一季度):
2020Q1
```

图 4-3 输入要查询的报表日期示意图

三、从三大财务报表中抽取与杜邦分析相关的会计科目

杜邦分析法使用的财务报表原始会计科目，一般由以下指标组成：净利润、销售收入、销售成本、毛利、营业利润、销售费用、管理费用、财务费用、税前利润、营业外收入、营业外成本、所得税费用。上述这些指标需要从三大财务报表中抽取。

以净利润为例，文件"格力电器财务报表.xls"工作簿中有三个工作表，其中利润表默认索引号为 index=2。sheets() [2].row_values(23) [*a*] 表示提取利润表第 24 行（默认索引号为 23）第 *a*+1 列（默认索引号为 *a*）的按照特定日期确定的"净利润"数据。

```
#从利润表中抽取杜邦分析相关指标
净利润 = data.sheets()[2].row_values(23)[a]
销售收入 = data.sheets()[2].row_values(4)[a]
销售成本 = data.sheets()[2].row_values(6)[a]
毛利 = data.sheets()[2].row_values(4)[a] - data.sheets()[2].row_values(6)[a]
营业利润 = data.sheets()[2].row_values(17)[a]
销售管理费用 = data.sheets()[2].row_values(8)[a] + data.sheets()[2].row_values(9)[a]
财务费用 = data.sheets()[2].row_values(10)[a]
税前利润 = data.sheets()[2].row_values(21)[a]
营业外收入 = data.sheets()[2].row_values(18)[a]
营业外成本 = data.sheets()[2].row_values(19)[a]
所得税费用 = data.sheets()[2].row_values(22)[a]
print('净利润：',净利润,
      '\n销售收入：',销售收入,
      '\n销售成本：',销售成本,
      '\n毛利：',毛利,
      '\n营业利润：',营业利润,
      '\n销售管理费用：',销售管理费用,
      '\n财务费用：',财务费用,
      '\n税前利润：',税前利润,
      '\n营业外收入：',营业外收入,
      '\n营业外成本：',营业外成本,
      '\n所得税费用：',所得税费用)
```

```
净利润： 1577853525.89
销售收入： 20395535183.42
销售成本： 16828523357.07
毛利： 3567011826.3499985
营业利润： 1825935290.33
销售管理费用： 1550174968.6100001
财务费用： -497507618.93
税前利润： 1896173035.37
营业外收入： 75240808.35
营业外成本： 5003063.31
所得税费用： 318319509.48
```

教学视频：杜邦分析的 python 实现

四、计算杜邦分析所需会计科目的平均值

杜邦分析法中使用的几个会计科目平均值，一般由以下指标组成：平均总资产、平均权益资本、平均流动资产、平均存货、平均应收账款、平均非流动资产、平均固定资产，其计算公式如表 4–1 所示。

以平均总资产为例，(data.sheets( )［0］.row_values(48)［*a*］+data.sheets( )［0］.row_values(48)［*a*+1］)/2 表示提取资产负债表(默认索引号为 0)第 49 行(默认索引号为 48)的第 *a*+1 列(默认索引号为 *a*)和第 *a*+2 列(默认索引号为 *a*+1)两列，然后求和取平均。其余计算平均值指标的代码类似。

表 4-1 涉及会计科目平均值计算的指标一览表

平均值指标	计算公式
平均总资产	(期初总资产 + 期末总资产)/2
平均权益资本	(期初权益资本 + 期末权益资本)/2
平均流动资产	(期初流动资产 + 期末流动资产)/2
平均存货	(期初存货 + 期末存货)/2
平均应收账款	(期初应收账款 + 期末应收账款)/2
平均非流动资产	(期初非流动资产 + 期末非流动资产)/2
平均固定资产	(期初固定资产 + 期末固定资产)/2

```
#抽取资产负债表部分指标，计算杜邦分析所需相关指标
平均总资产 = (data.sheets()[0].row_values(48)[a] + data.sheets()[0].row_values(48)[a+1])/2
平均权益资本 = (data.sheets()[0].row_values(94)[a] + data.sheets()[0].row_values(94)[a+1])/2
平均流动资产 = (data.sheets()[0].row_values(23)[a] + data.sheets()[0].row_values(23)[a+1])/2
平均存货 = (data.sheets()[0].row_values(17)[a] + data.sheets()[0].row_values(17)[a+1])/2
平均应收账款 = (data.sheets()[0].row_values(9)[a] + data.sheets()[0].row_values(9)[a+1])/2
平均非流动资产 = (data.sheets()[0].row_values(47)[a] + data.sheets()[0].row_values(47)[a+1])/2
平均固定资产 = (data.sheets()[0].row_values(35)[a] + data.sheets()[0].row_values(35)[a+1])/2
print('平均总资产：',平均总资产,
      '\n平均权益资本：',平均权益资本,
      '\n平均流动资产：',平均流动资产,
      '\n平均存货：',平均存货,
      '\n平均应收账款：',平均应收账款,
      '\n平均非流动资产：',平均非流动资产,
      '\n平均固定资产：',平均固定资产
     )
```

```
平均总资产： 279082472379.655
平均权益资本： 113452972283.725
平均流动资产： 207811593688.66998
平均存货： 25369569285.5
平均应收账款： 9040038021.5
平均非流动资产： 71270878691.0
平均固定资产： 9555512396.5
```

五、计算杜邦分析所需的财务比率

杜邦分析法中所使用的财务比率，一般由以下指标组成：权益净利率、资产净利率、销售净利率、毛利率、营业利润率、期间费用率、财务费用率、税前利润率、营业外收支率、所得税与收入比、总资产周转率、流动资产周转率、存货周转率、应收账款周转率、非流动资产周转率、固定资产周转率、权益乘数，其计算公式如表 4-2 所示。

以权益净利率为例，"'{:.2f}%' .format((净利润/平均权益资本)×100)" 表示先生成一个 "'{}%'" 的字符串，然后再利用 format() 函数计算出(净利润/平均权益资本)×100 的值嵌套至槽 {} 中进行格式化处理。其中，槽 {} 中的 ":.2f" 表示将数据转换成保留小数点后两位的浮点数类型。

表 4-2　杜邦分析涉及会计科目平均值计算的财务比率指标一览表

财务比率	计算公式
权益净利率	(净利润 / 平均权益资本) × 100%
资产净利率	(净利润 / 平均总资产) × 100%
销售净利率	(净利润 / 销售收入) × 100%
毛利率	(毛利 / 销售收入) × 100%
营业利润率	(营业利润 / 销售收入) × 100%
期间费用率	(销售管理费用 / 销售收入) × 100%
财务费用率	(财务费用 / 销售收入) × 100%
税前利润率	(税前利润 / 销售收入) × 100%
营业外收支率	(营业外收入 – 营业外成本) / 销售收入) × 100%
所得税与收入比	(所得税费用 / 销售收入) × 100%
总资产周转率	销售收入 / 平均总资产
流动资产周转率	销售收入 / 平均流动资产
存货周转率	销售收入 / 平均存货
应收账款周转率	销售收入 / 平均应收账款
非流动资产周转率	销售收入 / 平均非流动资产
固定资产周转率	销售收入 / 平均固定资产
权益乘数	平均总资产 / 平均权益资本

以总资产周转率为例，round(销售收入/平均总资产,4) 表示先计算出"销售收入/平均总资产"的值，然后利用 round() 函数将该值设置为保留小数点后四位的浮点数类型。

```
#计算杜邦分析树图有关的财务比率
权益净利率 = '{:.2f}%'.format((净利润/平均权益资本)*100)
资产净利率 = '{:.2f}%'.format((净利润/平均总资产)*100)
销售净利率 = '{:.2f}%'.format((净利润/销售收入)*100)
毛利率 = '{:.2f}%'.format((毛利/销售收入)*100)
营业收入 = round(销售收入/1e6,2)
营业成本 = round(销售成本/1e6,2)
营业利润率 = '{:.2f}%'.format((营业利润/销售收入)*100)
期间费用率 = '{:.2f}%'.format((销售管理费用/销售收入)*100)
财务费用率 = '{:.2f}%'.format((财务费用/销售收入)*100)
税前利润率 = '{:.2f}%'.format((税前利润/销售收入)*100)
营业外收支率 = '{:.2f}%'.format(((营业外收入-营业外成本)/销售收入)*100)
所得税与收入比 = '{:.2f}%'.format((所得税费用/销售收入)*100)
总资产周转率 = round(销售收入/平均总资产,4)
流动资产周转率 = round(销售收入/平均流动资产,4)
存货周转率 = round(销售收入/平均存货,4)
应收账款周转率 = round(销售收入/平均应收账款,4)
非流动资产周转率 = round(销售收入/平均非流动资产,4)
固定资产周转率 = round(销售收入/平均固定资产,4)
权益乘数 = round(平均总资产/平均权益资本,4)
```

```
print('权益净利率:',权益净利率,
      '\n资产净利率:',资产净利率,
      '\n销售净利率:',销售净利率,
      '\n毛利率: ',毛利率,
      '\n营业收入:',营业收入,
      '\n营业成本:',营业成本,
      '\n营业利润率:',营业利润率,
      '\n期间费用率;',期间费用率,
      '\n财务费用率:',财务费用率,
      '\n税前利润率:',税前利润率,
      '\n营业外收支率: ',营业外收支率,
      '\n营业外收支率:',营业外收支率,
      '\n所得税与收入比:',所得税与收入比,
      '\n总资产周转率:',总资产周转率,
      '\n流动资产周转率:',流动资产周转率,
      '\n存货周转率: ',存货周转率,
      '\n应收账款周转率: ',应收账款周转率,
      '\n非流动资产周转率: ',非流动资产周转率,
      '\n固定资产周转率: ',固定资产周转率,
      '\n权益乘数: ',权益乘数)
```

```
权益净利率: 1.39%
资产净利率: 0.57%
销售净利率: 7.74%
毛利率:  17.49%
营业收入: 20395.54
营业成本: 16828.52
营业利润率: 8.95%
期间费用率; 7.60%
财务费用率: -2.44%
税前利润率: 9.30%
营业外收支率:  0.34%
营业外收支率: 0.34%
所得税与收入比: 1.56%
总资产周转率: 0.0731
流动资产周转率: 0.0981
存货周转率:  0.8039
应收账款周转率:  2.2561
非流动资产周转率:  0.2862
固定资产周转率:  2.1344
权益乘数:  2.4599
```

六、杜邦分析树图赋值

完成相关财务比率的计算后,需要将数据按照树图的展现形式进行定义赋值。

比如,对于图 4–4 所展示出的三级树图框架,该树图共有三层,第一层是起始点,也称为根节点;第二层有两个节点,且从该层每个节点分别发出两个节点;第三层,共有 4 个节点。a,b,c,d,e,f,g 分别是对应节点的值。

假设分别存在对应图 4–4 中 a 到 g 的七个数据 a=1,b=2,c=3,d=4,e=5,f=6,g=7,需要按照此树图的框架输出树图,那么相关数据定义赋值的 Python 代码可以写成:

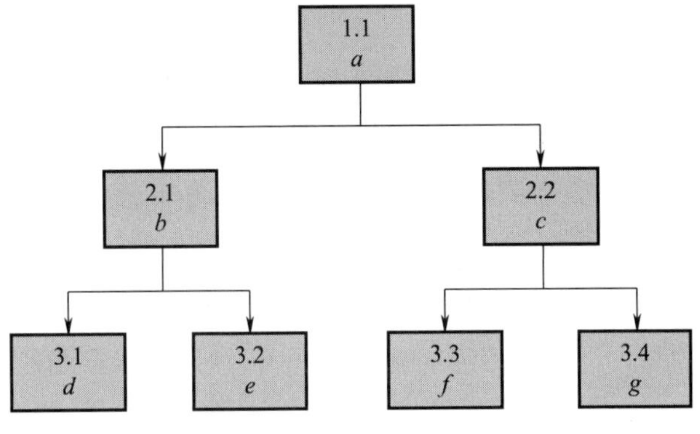

图 4-4 三级树图示意图

```
#树图赋值
data =[
    { 'name':'1.1\n%s'%1,
      'children':[
          { 'name':'2.1\n%s'%2,
              'children':[{'name':'3.1\n%s'%4},
                          {'name':'3.2\n%s'%5}
                          ]},
          { 'name':'2.2\n%s'%3,
              'children':[{'name':'3.3\n%s'%6},
                           {'name':'3.4\n%s'%7}
                          ] }
              ]
    }
]
```

接下来利用 Pyecharts 进行绘图，输出图 4-5 所示的三级树图。在这个简易树图中，存在一个主干以及多个分支，从上面的代码中可以看到构建的“data=［{}］”中主干为“'name':'1.1\n%s'%a”，跟随着的是两个分支“'name':'2.1\n%s'%b”和“'name':'2.2\n%s'%c”，需要注意的是主干与分支之间需要用“'children':［{}］”相连，即是子数据的含义。

然后，可以看到 2.1 后跟随着两个分支，同上，两个分支分别为“'name':'3.1\n%s'%d”和“'name':'3.2\n%s'%e”。同理，2.2 的相关代码也是如此。最后综合起来，经过树图赋值后，三

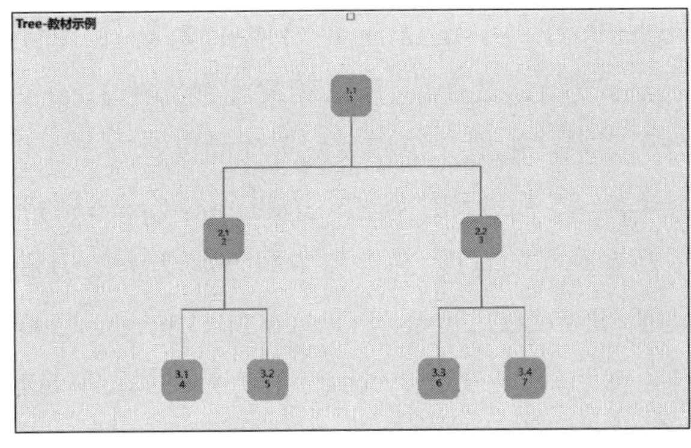

图 4-5 三级树图

级树图输出结果如图 4-5 所示。

本案例中,杜邦分析树图的数据定义赋值如图 4-6 程序代码所示。这是一个复杂的五级树图,第一层是权益净利率,第二层是资产净利率和权益乘数,第三层从资产净利率发出两个分支:销售净利率和总资产周转率,而权益乘数不再有分支。第四层、第五层,以此类推,直到叶节点为止。不难观察到,无论多复杂的树图都可以拆解成数个简单的二级树图,所以我们只需要按照二级树图定义赋值的标准来一步一步地进行定义赋值即可。

这里,需要注意的是[ ]与 {} 写法的规范。同时,注意每层树图的赋值需要层层缩进。

```
data1 = [
    {   "name": "权益净利率\n%s"%权益净利率,
        "children": [{"name": "资产净利率\n%s"%资产净利率,
                      "children":[{"name": "销售净利率\n%s"%销售净利率,
                                   "children": [{"name":"毛利率\n%s"%毛利率,
                                                 "children": [{'name':'营业收入\n%s'%营业收入},{'name':'营业成本\n%s'%营业成本}]
                                                 },
                                                {"name":"营业利润率\n%s"%营业利润率,
                                                 "children": [{'name':'期间费用率\n%s'%期间费用率},{'name':'财务费用率\n%s'%财务费用率}]
                                                 },
                                                {"name":"税前利润率\n%s"%税前利润率,
                                                 "children": [{'name':'营业外收支\n率%s'%营业外收支率}]
                                                 },
                                                {"name":"净利润率\n%s"%净利润率,
                                                 "children": [{'name':'所得税与收\n入比%s'%所得税与收入比}]}]
                                   },
                                  {"name": "总资产周转\n率%s"%总资产周转率,
                                   "children": [{"name":"流动资产周\n转率%s"%流动资产周转率,
                                                 "children": [{'name':'存货周转率\n%s'%存货周转率},{'name':'应收账款周\n转率%s'%应收账款周转率}]
                                                 },
                                                 {'name':'非流动资产\n周转率%s'%非流动资产周转率,
                                                 "children": [{'name':'固定资产周\n转率%s'%固定资产周转率}]}]
                                    }],
                      },
                      {"name": "权益乘数\n%s"%权益乘数}
                      ]
    }
]
```

图 4-6 杜邦分析树图赋值程序代码

七、绘制并输出杜邦分析树图

绘图是杜邦分析可视化的核心部分。Python 中数据可视化的工具有很多,比如 Matplotlib、Seaborn、Pyecharts 等。本案例需要绘制的是树图,使用的是 Pyecharts 中的 Tree( ) 函数,由于 Pyecharts 支持链式调用,所以相关配置都在 Tree( ) 函数内设置,下面将通过绘制案例中的杜邦分析图来详细地介绍相关配置项的设置。

首先,需要设置画布的宽度、高度和主题,Tree(init_opts=opts.InitOpts( ))就是设置这些初始配置项的函数。假设需要将画布的宽度、高度和主题分别设置成 500px、500px 和 VINTAGE,相关代码就可以写成 init_opts=opts.InitOpts(width="500px",height="500px",theme=ThemeType.VINTAGE),其中对于画布主题,可以进入 Pyecharts 官方网站浏览并选择合适的主题。

其次,需要绘图并且设置图形的相关参数,Pyecharts 采用 Tree( ).add( ) 函数进行系列配置项的设置,下面是该函数部分参数的含义。

series_name 指系列名称,用于 tooltip 的显示、legend 的图例筛选。

pos_top 指图形上端距离画布顶部边缘的距离，为了可视化结果美观，一般设置成 15%~25%。

symbol 指树图展现的标记，Pyecharts 提供了许多标记选择，例如 'emptyCircle' 'circle' 'rect' 等。

symbol_size 设置标记的大小。

orient 指树图的正交布局方向，对应有水平方向的从左到右，从右到左；以及垂直方向的从上到下，从下到上。取值分别为 '*LR*' '*RL*' '*TB*' '*BT*'。

initial_tree_depth 指树图初始展开的层级，根节点是第 0 层，然后是第 1 层、第 2 层……，直到叶节点，如果设置为-1、null 或者默认，所有节点都将展开。

leaves_label_opts=opts.LabelOpts( ) 是设置叶节点标签配置项的函数，可以调整叶节点标签的位置和大小，如果要将标签放置在标记内，应当使 position= 'inside'。

label_opts=opts.LabelOpts( ) 是设置标签配置项的函数，用于调整标签的位置和大小。

最后，我们需要设置全局配置项，Pyecharts 采用 Tree( ).set_global_opts( ) 函数进行设置，在这个函数里可以使用内置函数 title_opts=opts.TitleOpts( ) 进行标题的相关参数设置，例如设置标题的名称与位置等。同时，还可以使用 toolbox_opts=opts.ToolboxOpts( ) 选择是否需要工具箱。工具箱有许多便捷的功能，例如查看数据视图、下载图片等。

Pyecharts 绘制树图相对复杂，如果想了解更多的内容，可以前往其官方网站查看。本案例中绘制杜邦分析图的详细参数设置代码如图 4-7 所示。

```
tree = (Tree(init_opts=opts.InitOpts(width="1800px",height="700px",theme=ThemeType.VINTAGE))
        .add("", data1,symbol_size=90,pos_top='20%',
             symbol='roundRect',
             orient='TB',
             initial_tree_depth=-1,
             edge_shape= "polyline",
             leaves_label_opts=opts.LabelOpts(position='inside'),
             label_opts=opts.LabelOpts(position='inside',font_size=15))
         .set_global_opts(title_opts=opts.TitleOpts(title="杜邦分析图",pos_right='34.5%'),
                          toolbox_opts=opts.ToolboxOpts(is_show=True))
        )
```

图 4-7 绘制杜邦分析树图程序代码

绘图参数设置完成后，需要输出杜邦分析图。如果需要把杜邦分析图展示到 Jupyter Notebook 上，可以使用函数 render_notebook( ) 直接进行展示输出。如果需要将杜邦分析图保存成相关文件，可以使用函数 render( ) 进行输出。需要注意的是一些 render( ) 函数内部参数的设置，例如文件路径、名称等，详见图 4-8 程序代码及输出结果。

```
tree.render_notebook()
```

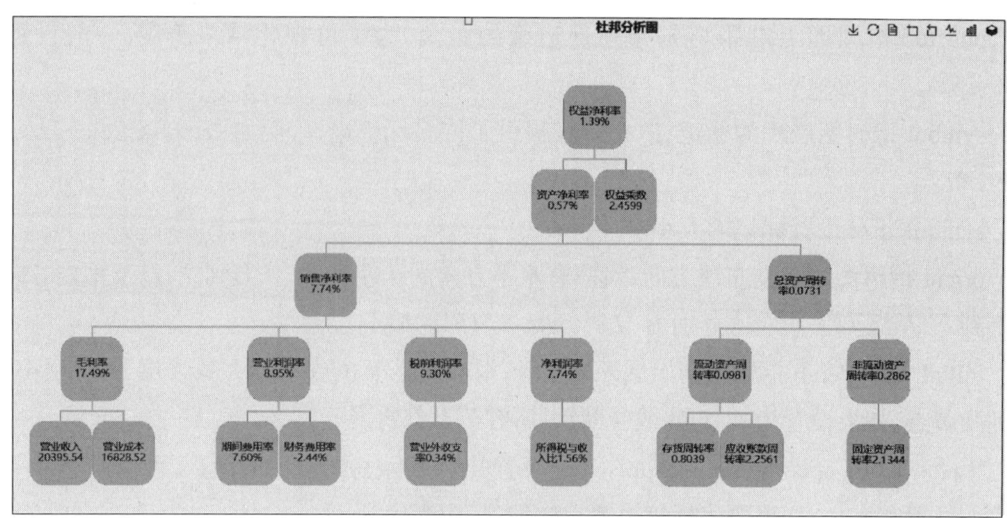

图 4-8 2020Q1 季度格力电器杜邦分析图

```
#将杜邦分析图以html文件形式输出
tree.render('Q1_2020Dupont.html')
```

八、自定义杜邦函数,实现任意季度的杜邦分析树图智能输出

前面是给定报表日期杜邦分析的可视化逐步实现过程,进一步地,我们可以构造一个函数 Dupont( ) 来实现任意季度的杜邦分析树图的智能输出。除去可视化的部分,构造函数的关键在于参数设定。通过观察可以发现,整个可视化过程中存在的可变参数只有文件路径和查询的报表日期,因而,我们就需要把这两个变量设置为参数。程序代码及输出结果如图 4–9 所示,定义函数时将 time 与 file_path 设置成参数,利用已知的两个参数提取所需数据,紧接着进行杜邦分析树图赋值,设置树图参数,然后返回杜邦分析图,也就是输出杜邦分析图,这里可以按照需求选择杜邦分析图的输出方式,案例中直接将杜邦分析图输出到 Jupyter notebook 上,方便观察。当然也可以把杜邦分析可视化图输出为网页格式。

接着,我们对定义的函数进行测试,将报表日期选定为 2020 年第三季度,即 time= ‘2020Q3’,详见程序代码及图 4–9 的输出结果。

```
#导入第三方库
import xlrd
from pyecharts.charts import Bar,Line,Pie,Tree,Tab
from pyecharts import options as opts
from pyecharts.globals import ThemeType
from pyecharts import globals
import pandas as pd

# 选择文件路径
file_path = '格力电器财务报表.xls' # 文件本地地址

def Dupont():

    #输入需要杜邦分析的年份和季度
    data = xlrd.open_workbook(file_path)
    time = str(input('请输入要查询的年份：')) + 'Q' + str(input('请输入要查询的季度(阿拉伯数字)：'))
    timeList = data.sheets()[0].row_values(1)
    a = timeList.index(time)
```

```
#从三大财务报表中抽取杜邦分析相关指标
净利润 = data.sheets()[2].row_values(23)[a]
销售收入 = data.sheets()[2].row_values(4)[a]
销售成本 = data.sheets()[2].row_values(6)[a]
毛利 = data.sheets()[2].row_values(4)[a] - data.sheets()[2].row_values(6)[a]
营业利润 = data.sheets()[2].row_values(17)[a]
销售管理费用 = data.sheets()[2].row_values(8)[a] + data.sheets()[2].row_values(9)[a]
财务费用 = data.sheets()[2].row_values(10)[a]
税前利润 = data.sheets()[2].row_values(21)[a]
营业外收入 = data.sheets()[2].row_values(18)[a]
营业外成本 = data.sheets()[2].row_values(19)[a]
所得税费用 = data.sheets()[2].row_values(22)[a]

 #计算杜邦分析中所需会计科目的平均值
平均流动资产 = (data.sheets()[0].row_values(23)[a] + data.sheets()[0].row_values(23)[a+1])/2
平均存货 = (data.sheets()[0].row_values(17)[a] + data.sheets()[0].row_values(17)[a+1])/2
平均应收账款 = (data.sheets()[0].row_values(9)[a] + data.sheets()[0].row_values(9)[a+1])/2
平均非流动资产 = (data.sheets()[0].row_values(47)[a] + data.sheets()[0].row_values(47)[a+1])/2
平均固定资产 = (data.sheets()[0].row_values(35)[a] + data.sheets()[0].row_values(35)[a+1])/2
平均权益资本 = (data.sheets()[0].row_values(94)[a] + data.sheets()[0].row_values(94)[a+1])/2
平均总资产 = (data.sheets()[0].row_values(48)[a] + data.sheets()[0].row_values(48)[a+1])/2
```

```
#计算杜邦分析所需的相关财务比率
权益净利率 = '%.2f%%'%((净利润/平均权益资本)*100)
资产净利率 = '%.2f%%'%((净利润/平均总资产)*100)
销售净利率 = '%.2f%%'%((净利润/销售收入)*100)
毛利率 = '%.2f%%'%((毛利/销售收入)*100)
营业收入 = round(销售收入/1e6,2)  #以百万元显示
营业成本 = round(销售成本/1e6,2)
营业利润率 = '%.2f%%'%((营业利润/销售收入)*100)
期间费用率 = '%.2f%%'%((销售管理费用/销售收入)*100)
财务费用率 = '%.2f%%'%((财务费用/销售收入)*100)
税前利润率 = '%.2f%%'%((税前利润/销售收入)*100)
营业外收支率 = '%.2f%%'%(((营业外收入-营业外成本)/销售收入)*100)
净利润率 = '%.2f%%'%((净利润/销售收入)*100)
所得税与收入比 = '%.2f%%'%((所得税费用/销售收入)*100)
总资产周转率 = round(销售收入/平均总资产,4)
流动资产周转率 = round(销售收入/平均流动资产,4)
存货周转率 = round(销售收入/平均存货,4)
应收账款周转率 = round(销售收入/平均应收账款,4)
非流动资产周转率 = round(销售收入/平均非流动资产,4)
固定资产周转率 = round(销售收入/平均固定资产,4)
权益乘数 = round(平均总资产/平均权益资本,4)
```

```
#杜邦分析树图赋值
data1 = [
    {   "name": "权益净利率\n%s"%权益净利率,
        "children": [{"name": "资产净利率\n%s"%资产净利率,
                      "children":[{"name": "销售净利率\n%s"%销售净利率,
                                   "children": [{"name":"毛利率\n%s"%毛利率,
                                                 "children": [{'name':'营业收入\n%s'%营业收入},{'name':'营业成本\n%s'%营业成本}]
                                                },
                                                {"name":"营业利润率\n%s"%营业利润率,
                                                 "children": [{'name':'期间费用率\n%s'%期间费用率},{'name':'财务费用率\n%s'%财务费用率}]
                                                },
                                                {"name":"税前利润率\n%s"%税前利润率,
                                                 "children": [{'name':'营业外收支\n率%s'%营业外收支率}]
                                                },
                                                {"name":"净利润率\n%s"%净利润率,
                                                 "children": [{'name':'所得税与收\n入比%s'%所得税与收入比}]}]
                                   },
                                   {"name": "总资产周转\n率%s"%总资产周转率,
                                    "children": [{"name":"流动资产周\n转率%s"%流动资产周转率,
                                                  "children": [{'name':'存货周转率\n%s'%存货周转率},{'name':'应收账款周\n转率%s'%应收账款周转率}]
                                                 },
                                                 {'name':'非流动资产\n周转率%s'%非流动资产周转率,
                                                  "children": [{'name':'固定资产周\n转率%s'%固定资产周转率}]}]
                                   }],
                      },
                      {"name": "权益乘数\n%s"%权益乘数}
                      ]
    }
]
```

```
    #绘制杜邦分析树图
    tree = (
       Tree(init_opts=opts.InitOpts(width="1800px",height="700px",theme=ThemeType.VINTAGE))
        .add("", data1,symbol_size=90,pos_top='20%',
              symbol='roundRect',
              orient='TB', edge_shape= "polyline",
              initial_tree_depth=-1,
              leaves_label_opts=opts.LabelOpts(position='inside'),
              label_opts=opts.LabelOpts(position='inside',font_size=15))
        .set_global_opts(title_opts=opts.TitleOpts(title="杜邦分析智能输出",pos_right='34.5%'),
                      toolbox_opts=opts.ToolboxOpts(is_show=True))
    )
    return tree.render_notebook()

Dupont()
```

```
请输入要查询的年份：2020
请输入要查询的季度(阿拉伯数字)：3
```

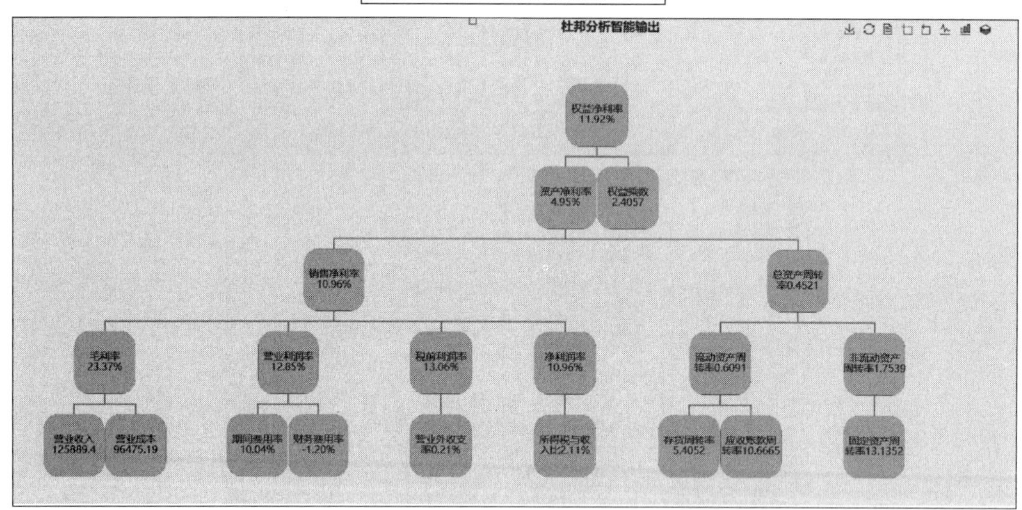

图 4-9 2020Q3 季度格力电器杜邦分析智能输出结果

思考与练习

利用 CSMAR 数据库或者其他第三方财经平台，从以下表格中任选一家上市公司，获取近 5 年的资产负债表、利润表和现金流量表，计算与杜邦分析相关的财务指标，并完成杜邦分析可视化的 Python 实现过程。

code	name	industry
000002	万科 A	房地产
600383	金地集团	房地产
600743	华远地产	房地产
000333	美的集团	家用电器
600690	海尔智家	家用电器

即测即评

请扫描右侧二维码，进行随堂测试。

第五章

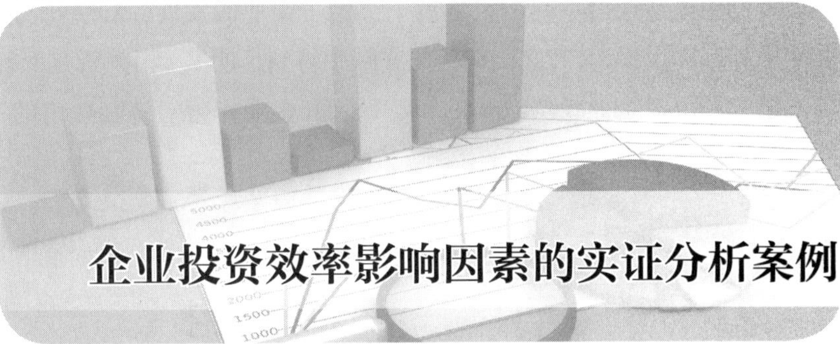

企业投资效率影响因素的实证分析案例

学习目标

随着经济迅速发展，企业的投资环境越来越复杂。投资作为企业生存和发展的基本前提，投资效率自然成为考察企业能力的一个必选项。在完美的市场中，企业的投资效率应该完全取决于该企业的投资机会。但现实情况是，完美市场并不存在，企业的投资效率受企业内外部环境的影响，使其偏离了企业投资的最佳水平。通过本章的学习，了解企业投资效率的影响因素，并实证分析当前热度较高的营商环境与企业投资效率的实证关系。

第一节 背景介绍

企业的发展状况关乎国家未来的经济发展。投资是企业财务决策的主要活动之一，投资效率是企业经营管理的重要考核指标。在新发展理念下，企业投资效率不仅关系到企业未来发展过程中的价值创造能力及成长态势，还关系到国家整体经济的发展水平。在完美市场中，企业的投资效率应该完全取决于该企业的投资水平。但现实情况是，完美市场并不存在，企业的投资效率受企业内外部环境的影响，使其偏离了企业投资的最佳水平。因此，研究企业的投资效率应综合考虑企业的内外部环境。已有大量文献研究表明：基于信息不对称理论和代理成本理论，企业内部环境因素会影响企业投资效率，但对于企业外部环境因素影响企业投资效率的研究还较为缺乏。

营商环境是企业在生存期内所面临的外部环境的一个综合系统。营商环境作为企业在进入、生产经营和退出等过程中遵循法规所需时间和成本条件的总和，对企业的成长起着深远影响。良好的营商环境是高效率、低成本且公平正义的营商环境。一家企业的经营投资活动离不开其所处的营商环境，企业的发展也受到营商环境的影响，而投资行为作为企业财务决策的主要活动之一在一定程度上决定了企业的发展，因此研究营商环境对企业投资的影响是具有实际意义的，这也在相关文献中得到证明[①]。相关研究都针对性地分析了营商环境的某一部分对企业投资效率的影响，然而，企业作为经济金融中的一大主体，其投资效率同时受到营商环境中各因素的影响。

第二节 数据介绍

一、数据来源

本案例数据分为企业特征数据和地区市场环境数据。其中地区市场环境数据中的GDP数据来自国家统计局，各类营商环境指数来自王小鲁等编制的《中国分省企业经营环境指数2020年报告》，其他企业财务数据来自希施玛CSMAR经济金融研究数据库。

二、数据情况介绍

（一）企业特征数据

企业特征数据综合了企业基本信息、资产负债表、现金流量表、年个股回报率和利润表，并从中选取公司营业收入、资产总计、负债总计、行业、成长率、上市年份等变量便于进一步地建模分析。数据年份跨度为2000~2020年，其中2007~2015年的数据情况较好，数据缺失少。

（二）营商环境指数数据

《中国分省企业经营环境指数2020年报告》中包含2006年、2008年、2010年、2012年、2016年和2019年的指数，指数包括政策公开公平公正、行政干预和政府廉洁效率、企业经营的法治环境、企业的税费负担、金融服务和融资成本、人力资源供应、基础设施条件、市场环境和中介服务。其中青海地区没有2010年、2012年指数，西藏地区没有2006~2012年指数。

---

① 邵传林、祁璐璐（2020）研究了政务营商环境对民营企业投资效率的影响，并理论分析了政府干预及政府廉洁对企业的影响。付明琴（2019）研究得出政策公开公正公平、减少不必要的行政干预以及政府廉洁有利于提高企业的投资效率。文雯（2019）研究得出交通基础设施建设显著提高了沿线城市企业的投资效率。万良勇（2013）实证研究得出法治环境越好的地区，其企业投资效率越高。李焰（2011）研究表明，在不同产权制度下，管理者背景特征对企业投资效率的影响不同。

三、数据处理

考虑数据的完整性，我们综合以上两个数据集选取了 2008~2014 年的数据进行分析，并且在国家统计局中收集了这 5 年间的地区 GDP 数据作为宏观经济变量。由于金融行业的特殊性，本案例删去了属于金融行业的企业。鉴于西藏地区指数缺失情况严重，亦删去西藏地区的公司。除此以外，删去了 26 个表现明显异常的数据点。综上可得，最终用于建模的数据为 10 400 条。

第三节　模型建立

一、企业投资效率模型

（一）模型设定

为了获取衡量企业投资效率的指标，本案例采用当前大部分研究使用的对企业投资效率的衡量方法，即基于理查德森（Richardson，2006）的研究以模型残差作为企业投资效率的衡量并将其作为因变量，认为残差的绝对值越小，企业的投资效率越高。

理查德森提供了企业层面自由现金流的过度投资的证据，其在实证研究中基于会计学框架衡量了自由现金流和过度投资的结构。在理查德森的模型中，其以公司的当期投资为因变量，以公司滞后期的成长机会、负债率、现金流、上市年龄、公司规模、股票收益率、投资支出、行业和年份为自变量。其研究发现成长机会、负债率、上市年龄对公司当期投资有负向影响，现金流、公司规模、股票收益率和前期投资支出则对当期投资有正向影响。其中，该文章中的成长机会定义为公司价值与股票市场价值之比。

本案例借鉴理查德森等的研究，以公司当期投资支出为因变量，以公司滞后期的规模、负债率等为自变量，估计出正常投资水平，并用残差项对企业投资效率进行衡量。残差为正，表示投资过度；残差为负，则代表投资不足。残差的绝对值越大，表示公司的投资效率越低；反之投资效率越高。模型（1）形式如公式 5-1 所示，公式中的变量说明见表 5-1。

$$
\begin{aligned}
Invest_{i,t} = {} & \gamma_0 + \gamma_1 Growth_{i,t-1} + \gamma_2 Size_{i,t-1} + \gamma_3 Lev_{i,t-1} + \gamma_4 Cash_{i,t-1} + \\
& \gamma_5 Age_{i,t-1} + \gamma_6 R_{i,t-1} + \gamma_7 Invest_{i,t-1} + \sum year + \sum industry + \varepsilon_{i,t}
\end{aligned} \tag{5-1}
$$

（二）变量说明及描述

表 5-1 列示了企业投资效率模型各变量的详细情况：

表 5-1 变量说明表

变量类型	变量名	详细说明
因变量	$Invest_t$	公司 t 期的投资支出
自变量	$Growth_{t-1}$	公司 $t-1$ 期的成长性水平
	$Size_{t-1}$	公司 $t-1$ 期的规模
	Lev_{t-1}	公司 $t-1$ 期的负债率
	$Cash_{t-1}$	公司 $t-1$ 期的现金比
	Age_{t-1}	公司 $t-1$ 期的上市年龄
	R_{t-1}	公司 $t-1$ 期的股票收益率
	$Invest_{t-1}$	公司 $t-1$ 期的投资支出
	行业	定性变量（A、B、C 等）
	年份	定性变量（2009~2014 年）

1. 公司当期投资支出

Invest 的具体定义为现金流量表中的构建固定资产、无形资产和其他长期资产所支付的现金，加上购买子公司及其他营业单位所支付的现金，减去处置子公司及其他营业单位所收到的现净值之和除以总资产平均值。

（1）读入需要的模块。

```
import warnings
warnings.filterwarnings("ignore")
import pandas as pd
import numpy as np
import matplotlib.pyplot as plt
import statsmodels.api as sm
import seaborn as sns
from pylab import mpl
import matplotlib as mpl
```

（2）读入数据并进行数据清洗。

```
#读入数据
data = pd.read_csv("data1.csv", encoding='gbk').iloc[:, 1:]

#去掉金融公司
data = data.loc[data['IndustryCode'] != 'J', :]

#西藏地区指数缺失严重，不用其建模
data = data.loc[data['Province'] != "西藏自治区", :]

#去掉异常点
#去掉成长性水平高于100的数据
data = data.loc[data['Growth'] < 100, :]
#去掉公司规模高于1000的数据
data = data.loc[data['Size'] < 1000, :]
#去掉负债率高于10的数据
data = data.loc[data['Lev'] < 10, :]

data_copy = data.iloc[:, :]
```

（3）绘制直方图。

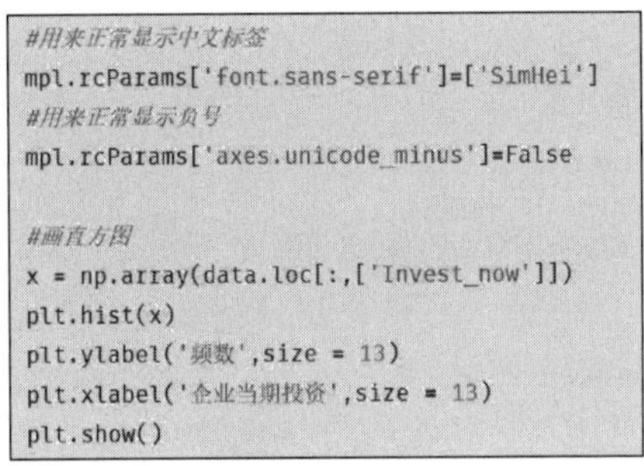

```
#用来正常显示中文标签
mpl.rcParams['font.sans-serif']=['SimHei']
#用来正常显示负号
mpl.rcParams['axes.unicode_minus']=False

#画直方图
x = np.array(data.loc[:,['Invest_now']])
plt.hist(x)
plt.ylabel('频数',size = 13)
plt.xlabel('企业当期投资',size = 13)
plt.show()
```

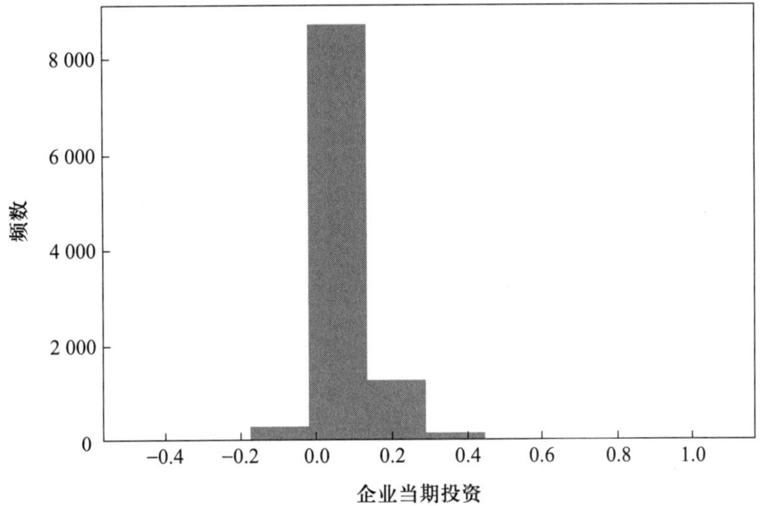

图 5-1 企业投资效率模型因变量直方图

从图 5-1 可以看出：因变量 *Invest* 基本为对称分布，超过 99% 的投资支出都在 −0.2~0.5。其均值为 0.069，中位数为 0.049。

2. 自变量

自变量 $Growth_{t-1}$ 代表主营业务收入增长率；$Size_{t-1}$ 是公司总资产平均值的自然对数；Lev_{t-1} 定义为公司总负债与总资产之比；$Cash_{t-1}$ 是上期的现金流量表中的现金及其等价物的余额除以总资产平均值；Age_{t-1} 定义为当前年度减去公司的上市年度加上 1 的自然对数；R_{t-1} 为公司的股票收益率。

```
import scipy.stats as stats
fig = plt.figure(figsize=(15,10))

#成长性水平直方图
ax = fig.add_subplot(2, 3, 1)#2x3图形阵
x = np.array(data.loc[:,['Growth']])
plt.hist(x)
plt.ylabel('频数',size = 13)
plt.xlabel('成长性水平',size = 13)
```

```
#规模直方图
ax = fig.add_subplot(2, 3, 2)#2x3图形阵
x = np.array(data.loc[:,['Size']])
plt.hist(x)
plt.ylabel('频数',size = 13)
plt.xlabel('规模',size = 13)

#负债率直方图
ax = fig.add_subplot(2, 3, 3)#2x3图形阵
x = np.array(data.loc[:,['Lev']])
plt.hist(x)
plt.ylabel('频数',size = 13)
plt.xlabel('负债率',size = 13)

#现金比直方图
ax = fig.add_subplot(2, 3, 4)#2x3图形阵
x = np.array(data.loc[:,['Cash']])
plt.hist(x)
plt.ylabel('频数',size = 13)
plt.xlabel('现金比',size = 13)
```

```
#上市年龄直方图
ax = fig.add_subplot(2, 3, 5)#2x3图形阵
x = np.array(data.loc[:,['Age']])
plt.hist(x)
plt.ylabel('频数',size = 13)
plt.xlabel('上市年龄',size = 13)

#股票收益率直方图
ax = fig.add_subplot(2, 3, 6)#2x3图形阵
x = np.array(data.loc[:,['Return']])
plt.hist(x)
plt.ylabel('频数',size = 13)
plt.xlabel('股票收益率',size = 13)

plt.show()
```

从图 5–2 可以看出，变量 $Growth_{t-1}$、Lev_{t-1}、$Cash_{t-1}$、R_{t-1} 均呈现明显的右偏分布；Age_{t-1} 呈现略微的左偏分布；$Size_{t-1}$、$Invest_{t-1}$ 基本为对称分布。鉴于 $Invest_{t-1}$ 与 $Invest_t$ 直方图相似，故省去对 $Invest_{t-1}$ 直方图的显示。

（三）回归结果解读

模型的拟合优度[①] R^2 为 0.3，拟合程度尚可接受。方差膨胀因子 VIF 检验均小于 2，无多重共线性问题。除了 $Growth_{t-1}$ 和 $Size_{t-1}$ 外的变量都在统计上显著，如图 5–3 所示。

由输出结果回归系数符号可知，公司上市年龄和负债率对企业当期投资有负向影响，其余变量均对当期投资有正向影响。通常上市时间较长的公司投资策略较为保守，负债率较高的公司无盈余资金进行投资，故倾向于缩减投资规模。主营业务收入增长率较高、现

① 拟合优度 R^2，表示的是因变量的总离差平方和中能由模型解释的比例，反映了模型对因变量的解释能力。R^2 的计算公式为 $R^2=\dfrac{SSR}{SST}$，其中 SST 指的是总离差平方和，SSR 指的是回归平方和。由于 $SSR<SST$，故有 $0\leqslant R^2\leqslant 1$。$R^2$ 越接近 1，则模型的解释能力越好，否则越差。例如，本案例中，R^2=0.3 表示因变量企业当期投资中 30% 的变异可以由该模型解释。

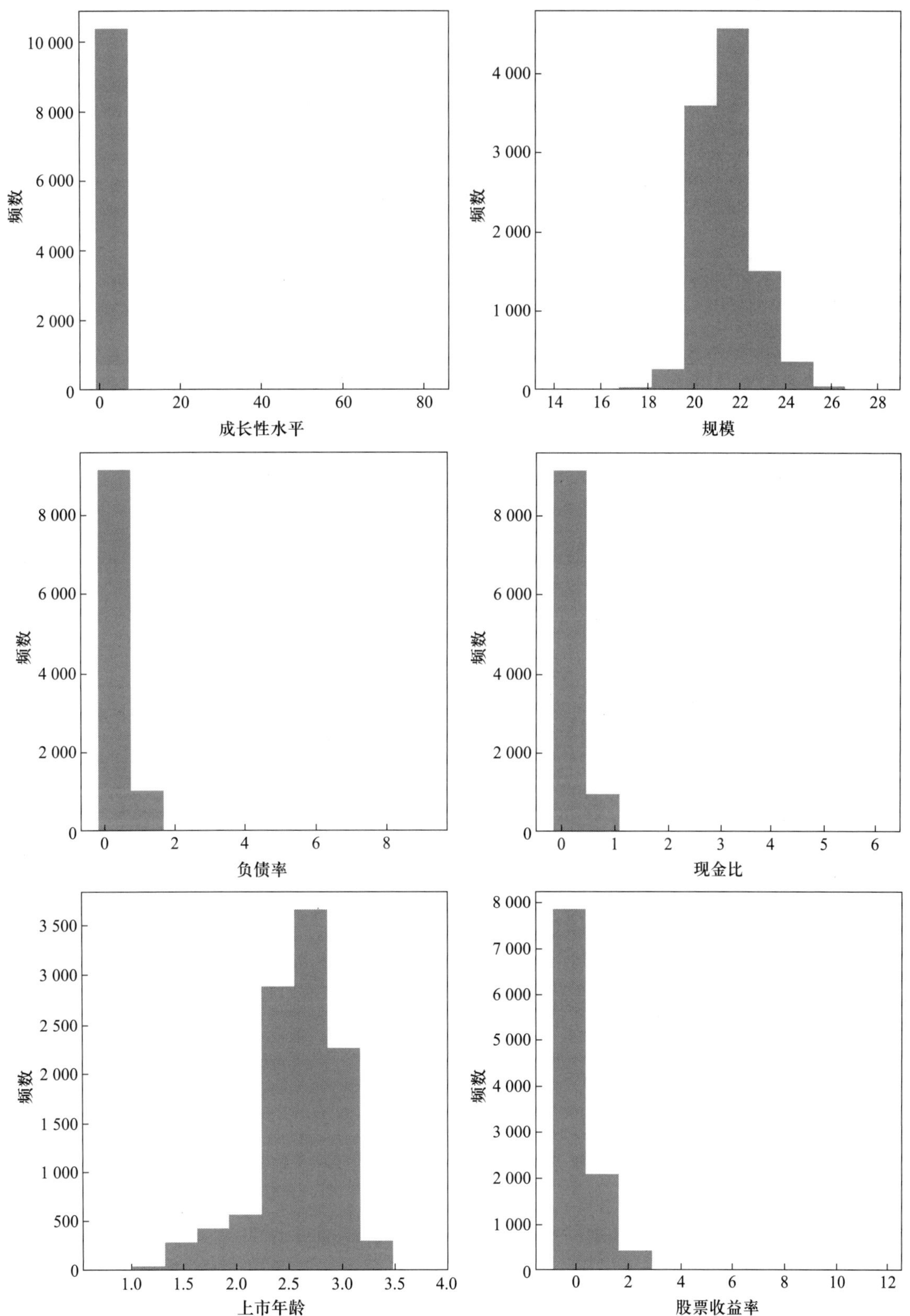

图 5-2　企业投资效率模型自变量直方图

变量	回归系数	标准误	p值	vif值
$Growth_{t-1}$	0.0004	0.000	0.280	1.022
$Size_{t-1}$	0.0007	0.001	0.243	1.052
Lev_{t-1}	-0.0107	0.002	<0.001	1.103
$Cash_{t-1}$	0.0158	0.004	<0.001	1.114
Age_{t-1}	-0.0083	0.002	<0.001	1.075
R_{t-1}	0.0089	0.001	<0.001	1.014
$Invest_{t-1}$	0.4623	0.008	<0.001	1.048
R-squared	0.300	Adj. R-squared	0.298	

注：该模型还控制了行业和年份变量。

图 5-3 回归结果汇总

金流较充足、股票收益高、规模较大和先前就投资规模较大的公司更有可能扩大投资规模。*Growth* 为主营业务增长率，主营业务增长率越高的企业通常更有发展前景，因此更有可能扩大投资规模。该模型中除了成长性水平 *Growth* 外的自变量符号均与理查德森模型一致外，还证实了本案例中该模型的正确性。而成长性水平的符号不同可能是因为本例包含的自变量 *Growth* 为主营业务增长率，而原模型中包含的成长机会 *V/P* 为公司价值与股票市场价值之比，二者衡量企业的方向不同。主营业务增长率越高的企业通常更有发展前景，因此更有可能扩大投资规模。而 *V/P* 越高的企业，股票市场中公司的价值越被低估，可能致使企业资产缩水，缩减投资规模（见图 5-4 和图 5-5）。

```
#建立回归模型，利用formula输出含截距项的结果，C()表示变量需进行哑变量处理
model = sm.formula.ols('Invest_now~ Growth+Size+Lev+Cash+Age+Return+\
Invest_before+C(Year)+C(IndustryCode)', data=data).fit()

print(model.summary())
```

```
                            OLS Regression Results
==============================================================================
Dep. Variable:             Invest_now   R-squared:                       0.300
Model:                            OLS   Adj. R-squared:                  0.298
Method:                 Least Squares   F-statistic:                     152.9
Date:                Wed, 02 Mar 2022   Prob (F-statistic):               0.00
Time:                        14:18:31   Log-Likelihood:                 13174.
No. Observations:               10400   AIC:                        -2.629e+04
Df Residuals:                   10370   BIC:                        -2.607e+04
Df Model:                          29
Covariance Type:            nonrobust
==============================================================================
                          coef    std err          t      P>|t|      [0.025      0.975]
------------------------------------------------------------------------------
Intercept               0.0467      0.014      3.238      0.001       0.018       0.075
C(Year)[T.2010]        -0.0061      0.004     -1.558      0.119      -0.014       0.002
C(Year)[T.2011]         0.0083      0.003      2.873      0.004       0.003       0.014
C(Year)[T.2012]         0.0016      0.003      0.631      0.528      -0.003       0.007
C(Year)[T.2013]        -0.0054      0.003     -2.071      0.038      -0.011      -0.000
C(Year)[T.2014]        -0.0064      0.003     -2.304      0.021      -0.012      -0.001
C(IndustryCode)[T.B]    0.0141      0.007      2.135      0.033       0.001       0.027
C(IndustryCode)[T.C]   -0.0023      0.005     -0.474      0.636      -0.012       0.007
C(IndustryCode)[T.D]    0.0186      0.006      3.100      0.002       0.007       0.030
C(IndustryCode)[T.E]   -0.0116      0.007     -1.783      0.075      -0.024       0.001
C(IndustryCode)[T.F]   -0.0091      0.006     -1.628      0.104      -0.020       0.002
C(IndustryCode)[T.G]    0.0126      0.006      2.076      0.038       0.001       0.024
C(IndustryCode)[T.H]    0.0004      0.011      0.039      0.969      -0.020       0.021
C(IndustryCode)[T.I]   -0.0109      0.006     -1.855      0.064      -0.022       0.001
C(IndustryCode)[T.K]   -0.0273      0.006     -4.846      0.000      -0.038      -0.016
```

```
C(IndustryCode)[T.L]      0.0050      0.008      0.627      0.530     -0.011      0.021
C(IndustryCode)[T.M]      0.0013      0.012      0.105      0.916     -0.022      0.025
C(IndustryCode)[T.N]     -0.0007      0.009     -0.074      0.941     -0.019      0.017
C(IndustryCode)[T.O]     -0.0007      0.015     -0.051      0.959     -0.029      0.028
C(IndustryCode)[T.P]     -0.0128      0.049     -0.263      0.792     -0.108      0.082
C(IndustryCode)[T.Q]      0.0107      0.020      0.527      0.598     -0.029      0.051
C(IndustryCode)[T.R]     -0.0039      0.009     -0.408      0.683     -0.022      0.015
C(IndustryCode)[T.S]     -0.0154      0.007     -2.341      0.019     -0.028     -0.003
Growth                    0.0004      0.000      1.081      0.280     -0.000      0.001
Size                      0.0007      0.001      1.167      0.243     -0.000      0.002
Lev                      -0.0107      0.002     -5.123      0.000     -0.015     -0.007
Cash                      0.0158      0.004      4.073      0.000      0.008      0.023
Age                      -0.0083      0.002     -4.319      0.000     -0.012     -0.005
Return                    0.0089      0.001      6.419      0.000      0.006      0.012
Invest_before             0.4623      0.008     56.104      0.000      0.446      0.478
==============================================================================
Omnibus:                     7357.943   Durbin-Watson:                   2.023
Prob(Omnibus):                  0.000   Jarque-Bera (JB):           373360.450
Skew:                           2.834   Prob(JB):                         0.00
Kurtosis:                      31.800   Cond. No.                     1.58e+03
==============================================================================

Notes:
[1] Standard Errors assume that the covariance matrix of the errors is correctly specified.
[2] The condition number is large, 1.58e+03. This might indicate that there are
strong multicollinearity or other numerical problems.
```

图 5-4 建立回归模型,利用 formula 输出含截距项的结果

```python
from statsmodels.stats.outliers_influence import variance_inflation_factor

variable = ['Growth', 'Size', 'Lev', 'Cash', 'Age', 'Return',\
            'Invest_before']

ck = data.loc[:,['Growth', 'Size', 'Lev', 'Cash', 'Age', 'Return',\
                 'Invest_before']]

#一定要记得加一列1，不然Python计算出来的不对
ck[8] = 1

a = pd.DataFrame(index=variable,columns = ['VIF值'])
for i in range(7):
    new_var = variable[i]
    a.loc[new_var, 'VIF值'] = round(float(variance_inflation_factor(ck.values,i)),3)
a
```

	VIF值
Growth	1.022
Size	1.052
Lev	1.103
Cash	1.114
Age	1.075
Return	1.014
Invest_before	1.048

图 5-5 计算 VIF 值

VIF 是方差膨胀因子的缩写,是用以检验模型的自变量是否存在多重共线性的重要指标。多重共线性是指自变量之间存在很强的线性关系。方差膨胀因子若是超过 5,自变量

之间很可能存在多重共线性，需要进行剔除变量等操作。

变量 X_j 的方差膨胀因子的定义为 $\mathrm{VIF}_j=\frac{1}{1-R_j^2}$，其中 R_j^2 为以 X_j 为因变量，其他变量为自变量的回归模型的拟合优度。重要变量的符号见图 5-6。

```
vars = ['Growth', 'Size', 'Lev', 'Cash', 'Age', 'Return', 'Invest_before']
dt = pd.DataFrame(vars,columns=['变量'])
dt['正负']=''
for i in vars:
    if model.params[i] >0:
        dt.loc[dt['变量']==i,'正负'] = '+'
    if model.params[i] < 0:
        dt.loc[dt['变量'] == i, '正负'] = '-'
    if model.params[i] == 0:
        dt.loc[dt['变量'] == i, '正负'] = '0'
dt
```

	变量	正负
0	Growth	+
1	Size	+
2	Lev	-
3	Cash	+
4	Age	-
5	Return	+
6	Invest_before	+

图 5-6 重要变量的符号

二、营商环境对企业投资效率影响程度分析

（一）模型设定

为了研究营商环境对投资效率的影响，本案例将建立投资效率关于营商环境指数、GDP、年份等变量的回归模型，用定量化的方法刻画营商环境对投资效率的影响作用的大小。具体模型（2）如公式 5-2 所示，公式中的变量说明见表 5-2。

$$INV\_eff_{i,t}=\alpha_0+\alpha_1X_{i,t}+\alpha_2Control_{i,t}+\varepsilon_{i,t} \tag{5-2}$$

模型（2）中因变量为企业投资效率，即为模型（1）残差的绝对值。X_{i,t} 代表各地区、各年份的营商环境指数，包括政策公开公平公正、行政干预和政府廉洁效率、企业经营的法治环境、企业的税费负担、金融服务和融资成本、人力资源供应、基础设施条件、市场环境和中介服务。鉴于《中国分省企业经营环境指数 2020 年报告》中缺乏部分年份的指数，因此在 2008 年、2009 年使用 2008 年的指数，在 2010 年、2011 年使用 2010 年的指数，在 2012 年、2013 年和 2014 年使用 2012 年的指数。且青海地区使用的指数全为 2008 年的指数，企业税费负担指数全为 2012 年的指数。Control_{i,t} 包括企业规模、企业负债率、行业、年份、各省各年份 GDP。

(二) 变量说明及描述

表 5-2 列示了模型(2)中各变量的详细情况。

表 5-2 模型(2)变量说明

变量类型	变量名	详细说明
因变量	$INV\_eff_{i,t}$	企业投资效率
自变量 $X_{i,t}$	政策公开公平公正	1~5 分 评分越高 环境越好
	行政干预和政府廉洁效率	
	企业经营的法治环境	
	金融服务和融资成本	
	人力资源供应	
	基础设施条件	
	市场环境和中介服务	
控制变量 $Control_{i,t}$	$Size_t$	公司 t 期的规模
	Lev_t	公司 t 期的负债率
	行业	定性变量(*A*、*B*、*C* 等)
	年份	定性变量(2009~2014 年)
	GDP	单位:亿元

以残差绝对值判断投资效率。

```
#从副本导入数据
data = data_copy.iloc[:, :]

#并入上一次回归的残差
data2 = pd.concat([data, np.abs(model.resid)], axis=1)

#重命名为residual
data2.columns.values[-1] = 'residual'

 #含有顿号的中文不能作为列名写进公式，重命名
data2.columns.values[11] = '政策公开公平公正'
```

1. 因变量:企业投资效率

```
#用来正常显示中文标签
mpl.rcParams['font.sans-serif']=['SimHei']
#用来正常显示负号
mpl.rcParams['axes.unicode_minus']=False

x = np.array(data2.loc[:,['residual']])
plt.hist(x)
plt.ylabel('频数',size = 13)
plt.xlabel('企业投资效率',size = 13)
plt.show()
```

由图 5-7 可知,因变量投资效率呈现明显的右偏分布,98% 的投资效率都在 0.2 以下,可见大部分企业的投资效率较高。其均值为 0.042 2,中位数为 0.028。

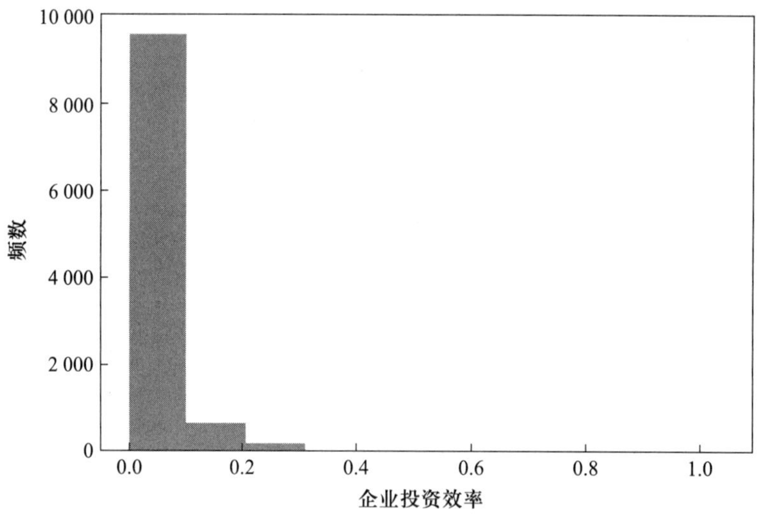

图 5-7 营商环境对企业投资效率影响程度模型因变量直方图

2. 自变量

鉴于已在模型(1)中对 $Size_t$ 和 Lev_t 进行描述统计,下面仅对营商环境指数和 GDP 进行描述统计。

```
#用来正常显示中文标签
mpl.rcParams['font.sans-serif']=['SimHei']
#用来正常显示负号
mpl.rcParams['axes.unicode_minus']=False

x = np.array(data2.loc[:,['GDP']])
plt.hist(x)
plt.ylabel('频数',size = 13)
plt.xlabel('GDP',size = 13)
plt.show()
```

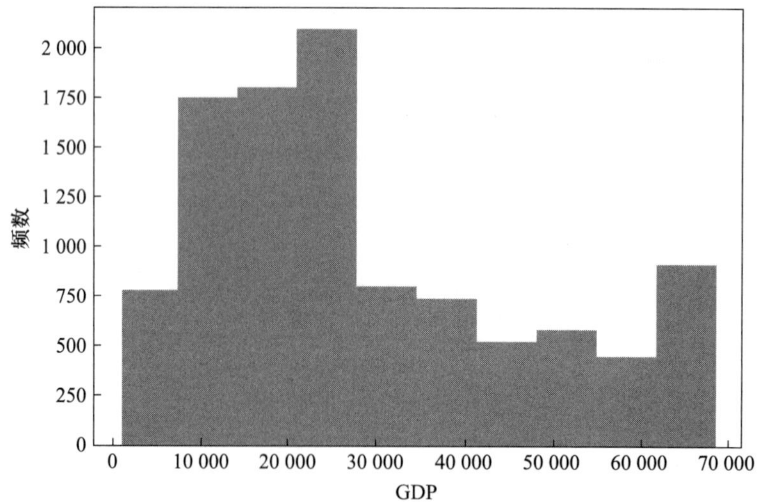

图 5-8 营商环境对企业投资效率影响程度模型自变量直方图

如图 5-8 所示，GDP 基本呈现均匀分布。其中 GDP 最高的是 2014 年的广东，GDP 为 68 173 亿元。GDP 最低的是 2009 年的青海，仅为 939.7 亿元。

```
# 用来正常显示中文标签
plt.rcParams['font.sans-serif'] = ['SimHei']
# 用来正常显示负号
plt.rcParams['axes.unicode_minus'] = False

df = data2.loc[:,['政策公开公平公正', '行政干预和政府廉洁效率', \
                  '企业经营的法治环境','企业的税费负担', '金融服务和融资成本',\
                  '人力资源供应', '基础设施条件','市场环境和中介服务']]

#求相关系数矩阵
a=df.corr()

plt.subplots(figsize=(9, 9))
sns.heatmap(a, annot=True, vmax=1, square=True, cmap="Blues")
plt.tick_params(labelsize=13)
plt.show()
```

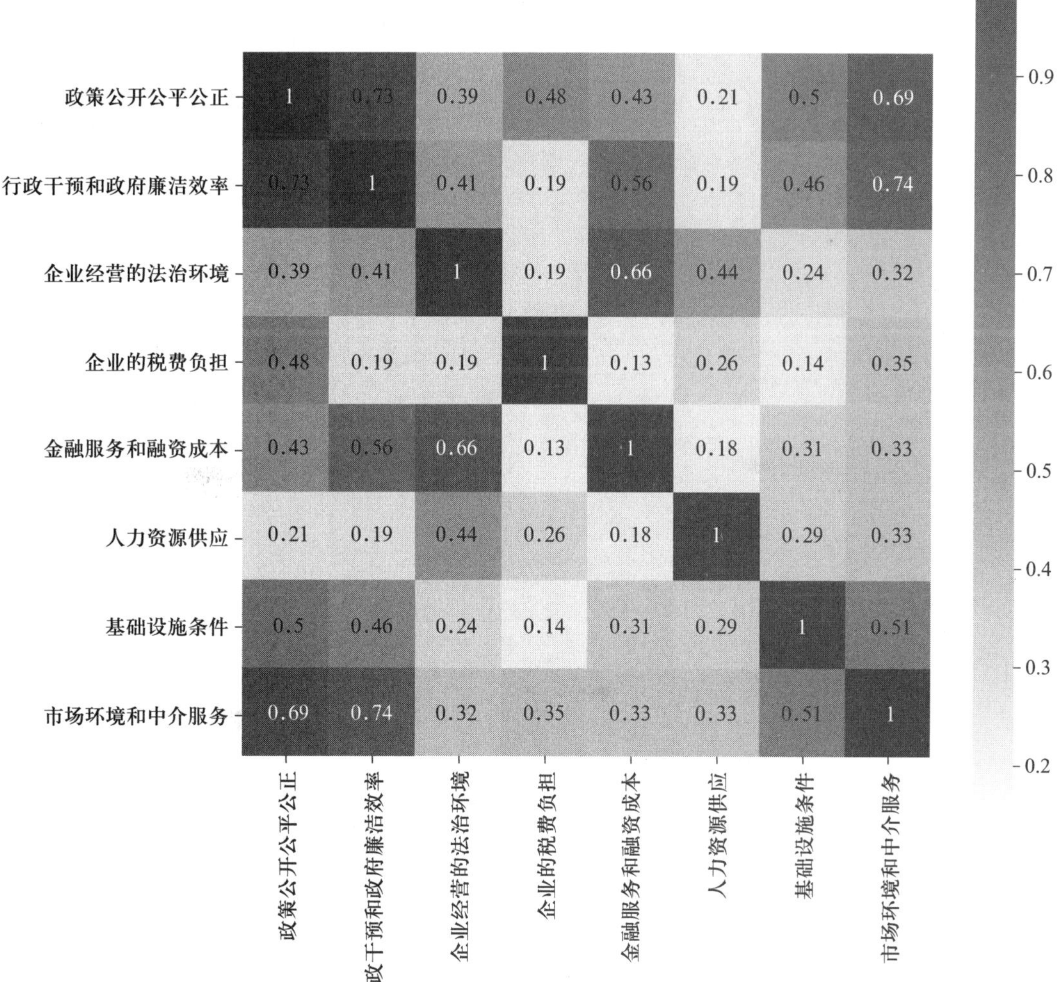

图 5-9　八个营商环境指数的相关系数图

如图 5-9 所示，八个营商环境指数之间均为正相关关系且相关度较高。其中市场环境和中介服务与行政干预和政府廉洁效率的皮尔逊相关系数最高，高达 0.737；其次是行政干预和政府廉洁效率与政策公平公正公开的相关系数，为 0.725。除了这三个指数相关度较高外，企业经营的法治环境与金融服务和融资成本的相关系数也高达 0.661。故将指数全部放入模型可能会出现多重共线性问题（关于多重共线性请查看知识补充部分）。

```
import scipy.stats as stats
fig = plt.figure(figsize=(20,10))

ax = fig.add_subplot(2, 4, 1)#2x4图形阵
x = np.array(data2.loc[:,['政策公开公平公正']])
plt.hist(x)
plt.ylabel('频数',size = 13)
plt.xlabel('政策公开公平公正',size = 13)

ax = fig.add_subplot(2, 4, 2)#2x4图形阵
x = np.array(data2.loc[:,['行政干预和政府廉洁效率']])
plt.hist(x)
plt.ylabel('频数',size = 13)
plt.xlabel('行政干预和政府廉洁效率',size = 13)

ax = fig.add_subplot(2, 4, 3)#2x4图形阵
x = np.array(data2.loc[:,['企业经营的法治环境']])
plt.hist(x)
plt.ylabel('频数',size = 13)
plt.xlabel('企业经营的法治环境',size = 13)
```

```
ax = fig.add_subplot(2, 4, 4)#2x4图形阵
x = np.array(data2.loc[:,['企业的税费负担']])
plt.hist(x)
plt.ylabel('频数',size = 13)
plt.xlabel('企业的税费负担',size = 13)

ax = fig.add_subplot(2, 4, 5)#2x4图形阵
x = np.array(data2.loc[:,['金融服务和融资成本']])
plt.hist(x)
plt.ylabel('频数',size = 13)
plt.xlabel('金融服务和融资成本',size = 13)

ax = fig.add_subplot(2, 4, 6)#2x4图形阵
x = np.array(data2.loc[:,['人力资源供应']])
plt.hist(x)
plt.ylabel('频数',size = 13)
plt.xlabel('人力资源供应',size = 13)
```

```
ax = fig.add_subplot(2, 4, 7)#2x4图形阵
x = np.array(data2.loc[:,['基础设施条件']])
plt.hist(x)
plt.ylabel('频数',size = 13)
plt.xlabel('基础设施条件',size = 13)

ax = fig.add_subplot(2, 4, 8)#2x4图形阵
x = np.array(data2.loc[:,['市场环境和中介服务']])
plt.hist(x)
plt.ylabel('频数',size = 13)
plt.xlabel('市场环境和中介服务',size = 13)

plt.show()
```

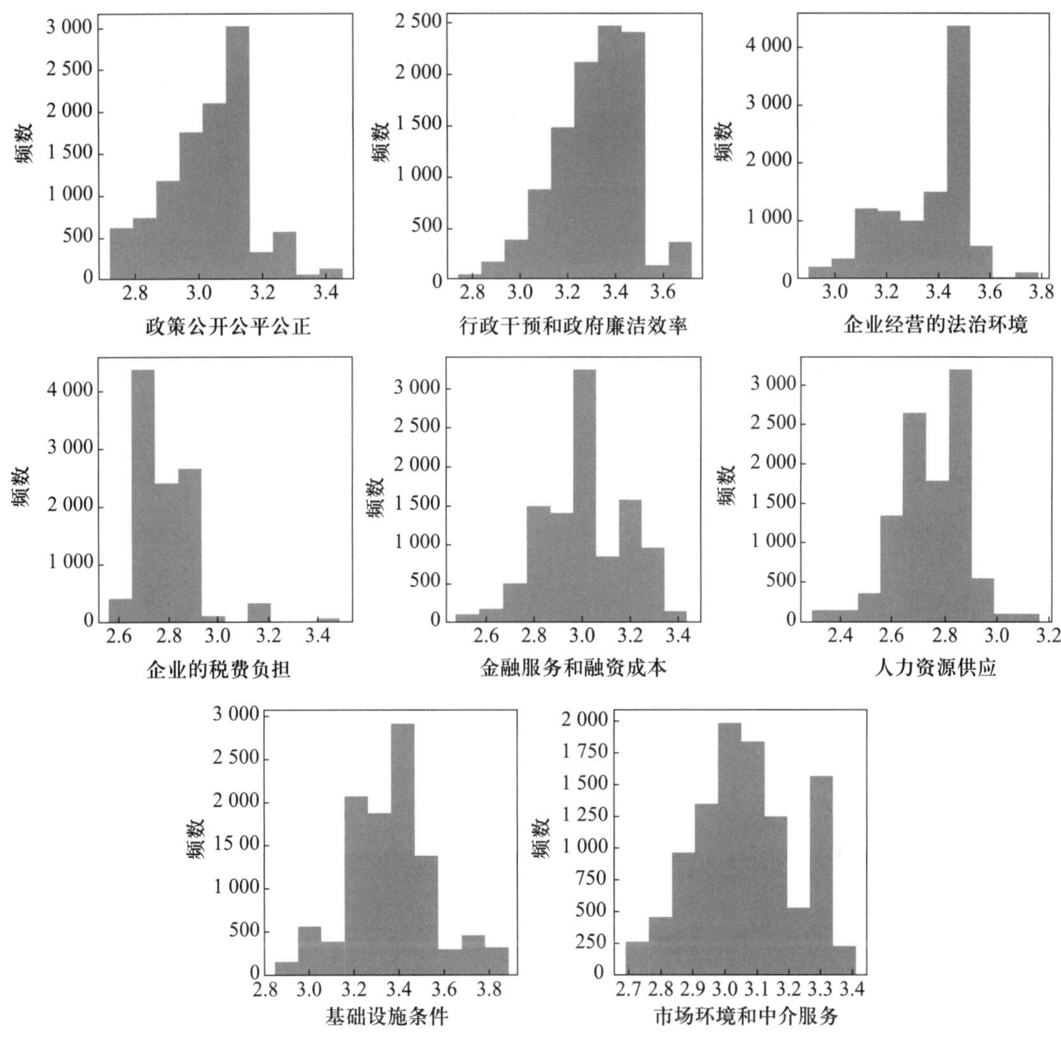

图 5-10　八个营商环境指数的直方图

营商环境指数直方图如图 5-10 所示，可以看到大部分指数均在 2.5 以上，且基本呈对称分布。只有企业的税费负担指数略微呈右偏分布，这是因为企业税费负担指数全为 2012 年的指数，数据量较少。

（三）回归结果解读

鉴于各营商环境指数之间关联程度较高，为了防止多重共线性问题，更客观地衡量营商环境对投资效率的影响，本案例为每个营商环境指数各建立一个模型，回归结果如图 5-11 所示。

```
# 所有模型都放的变量
shared_vars = ["Size" ,"Lev"  ,"Year" , "IndustryCode","GDP"]
addded_vars = ['政策公开公平公正', '行政干预和政府廉洁效率', \
               '企业经营的法治环境','企业的税费负担', '金融服务和融资成本',\
               '人力资源供应', '基础设施条件','市场环境和中介服务']
#设置数据集
data2 = data2.loc[:,["Size","Lev","Year", "IndustryCode","GDP",\
```

```
                    '政策公开公平公正', '行政干预和政府廉洁效率',\
                    '企业经营的法治环境','企业的税费负担', '金融服务和融资成本',\
                    '人力资源供应', '基础设施条件','市场环境和中介服务','residual']]
#定义一个记录指标值的模板
a = pd.DataFrame(index=addded_vars,columns = ['系数','模型R方','P值'])
for i in range(8):
    new_var = addded_vars[i]
    formula = 'residual~Size+Lev+C(Year)+C(IndustryCode)+GDP'+'+'+new_var
    lm = sm.formula.ols(formula, data=data2).fit()
    a.loc[new_var,'系数'] = round(lm.params[new_var],3)
    a.loc[new_var, '模型R方'] = round(lm.rsquared,3)
    a.loc[new_var, 'P值'] = round(lm.pvalues[new_var],3)
```

```
#标记出来p<0.1的
a['flag']=""
for i in addded_vars:
    if a.loc[i,'P值']<0.1:
        a.loc[i,'flag']="*"

b  = a
for i in addded_vars:
    if a.loc[i,'P值']==0:
        b.loc[i,'P值'] = "<0.001"
b
```

	系数	模型R方	P值	flag
政策公开公平公正	-0.01	0.028	0.013	*
行政干预和政府廉洁效率	-0.01	0.029	0.006	*
企业经营的法治环境	-0.01	0.028	0.076	*
企业的税费负担	-0.013	0.029	0.006	*
金融服务和融资成本	-0.003	0.028	0.349	
人力资源供应	-0.015	0.029	<0.001	*
基础设施条件	-0.008	0.028	0.012	*
市场环境和中介服务	-0.005	0.028	0.206	

图 5-11 八个营商环境指数的回归结果

在前文中我们提出模型(1)残差为正表现为企业投资过度,残差为负表现为投资不足,并认为企业投资效率低下既表现为投资过度,也表现为投资不足,即在残差接近 0 的情况下认为企业投资效率高。从图 5-11 中系数输出结果可以看到,在八种营商环境指数中,除金融服务和融资成本、市场环境和中介服务外,回归系数均表现为负值且在统计上显著(显著性水平为 0.1)。这说明各个方面的营商环境与投资效率之间有很强的因果关系,并且随着营商环境改善,投资效率也会显著提高,这与常识相符。

对各个因素具体分析,可以发现人力资源供应与企业的税费负担是对地区投资效率影响最大的两个因素,这表明人力资源短缺与沉重的税费负担会严重降低该地区的投资效率。人力资源短缺的地区往往面临着劳动力不足与人才稀少的双重压力,经济难以有效运转,导致企业投资不足问题严重。而税费负担严重的地区对企业干预程度较高扶持力度较小,企业投资成本过高,抑制了企业的投资热情,同时也导致外地企业不愿意在该地区开设分公司,市场竞争机制的作用不能得到良好的发挥,使该地区形成了投资效率低下的状况。

政策公平公正公开、行政干预和政府廉洁效率以及企业经营的法治环境这三个变量同样表现出对地区企业投资效率很强的相关性,这三个变量根本上都源于地区政府的运转效率。一个公正廉洁有效执法的地方政府在很大程度上保障了企业的利益,让企业能够进行良性竞争,避免投资不足的问题,同时也让企业能够保持理性,聚焦长远的利益,从而避免过度投资,进而实现该地区的高效投资。

金融服务和融资成本、基础设施条件以及市场环境和中介服务这三个方面主要刻画了该地区金融市场的运转情况。这说明金融与中介服务良好、融资成本低、基础设施良好都将有利于提升企业投资效率,同时从经济学意义上看,这三个因素相较于前五个因素(人力资源供应、企业的税费负担、政府运转情况)的系数绝对值较小,意味着金融市场的运转情况较前者对投资效率的影响小。

综上,营商环境的改善将显著提升地区企业的投资效率,避免过度投资或投资不足的情况。其中人力资源与企业税费负担是在几类营商环境中最为重要的因素,政府的有效运转(政策公平公正公开、廉洁、法治环境良好)也起着极为重要的作用,有效的金融市场也在一定程度上对地区企业的投资效率有积极影响。

在处理多重共线性问题时,除了避免同时加入多个相关度较高的变量之外,主成分分析也是一种常用的方法,关于主成分分析在本案例中的应用请查看知识补充部分。

第四节 结论与知识补充

一、结论

本书利用2008~2014年的非金融企业的特征数据与营商环境指数数据,对各省企业的投资效率进行了测算。

首先,我们对企业投资水平进行回归,得到各个企业因素对企业投资水平的影响,并计算出了正常的投资水平。我们发现上市时间较长与负债率较高的公司的投资策略较为保守;主营业务收入增长率较高、现金流较充足、股票收益高、规模较大和先前就投资规模较大的公司更有可能扩大投资规模。

应用企业投资水平模型,我们得到了各地投资水平与正常投资水平间的残差,基于残差进一步分析各地企业的投资效率,找到对投资效率有显著影响的营商环境因素。在八种营商环境指数中,除金融服务和融资成本与市场环境和中介服务外,均在统计上显著(显著性水平为0.1),且各指数的回归系数均为负数,说明营商环境越好,投资效率越高,这与常识相符。从经济学意义上看,人力资源供应和企业的税费负担对企业投资效率影响最大。政策公平公正公开、企业经营的法治环境、行政干预和政府廉洁效率对投资效率的影响较为相近，且略低于前两者。基础设施条件、市场环境和中介服务、金融服务和融资成本对投资效率影响最小，甚至不及人力资源供应影响的一半。

综上，提高地区投资效率应首先在政策上鼓励人才引进，降低企业税收负担，提升劳动力市场与地区企业活力，进而带动整个地区经济发展。同时保证地区政府的清正廉洁公正执法，一方面让政策能够有效地落实，另一方面让企业的利益能够得到保证，企业间能够形成良性的竞争。在这些基础上，也应注意地区金融市场发展，让企业能够实现便捷安全高效的投资，为企业的投资提供资源支持。

二、知识补充：多重共线性检验

（一）计算方差膨胀因子 VIF 值

方差膨胀因子若是超过 5，自变量之间很可能存在多重共线性，需要进行剔除变量等操作（如图 5–12）。

```
from statsmodels.stats.outliers_influence import variance_inflation_factor

variable = ['政策公开公平公正', '行政干预和政府廉洁效率','市场环境和中介服务']

ck = data2.loc[:,['政策公开公平公正', '行政干预和政府廉洁效率','市场环境和中介服务']]

#一定要记得加一列1, 不然Python计算出来的不对
ck[4] = 1

a = pd.DataFrame(index=variable,columns = ['VIF值'])
for i in range(3):
    new_var = variable[i]
    a.loc[new_var, 'VIF值'] = round(float(variance_inflation_factor(ck.values,i)),3)
a
```

	VIF值
政策公开公平公正	2.364
行政干预和政府廉洁效率	2.731
市场环境和中介服务	2.449

图 5–12 计算 VIF 值

（二）查看相关系数矩阵

如果发现多个自变量间的相关系数较高（例如接近 1），则存在多重共线性问题（如图 5–13）。

```
plt.rcParams['font.sans-serif'] = ['SimHei']  # 用来正常显示中文标签
plt.rcParams['axes.unicode_minus'] = False  # 用来正常显示负号

df = data2.loc[:,['政策公开公平公正', '行政干预和政府廉洁效率','市场环境和中介服务']]
a=df.corr()
plt.subplots(figsize=(9, 9))
sns.heatmap(a, annot=True, vmax=1, square=True, cmap="Blues")
plt.tick_params(labelsize=12)
plt.show()
```

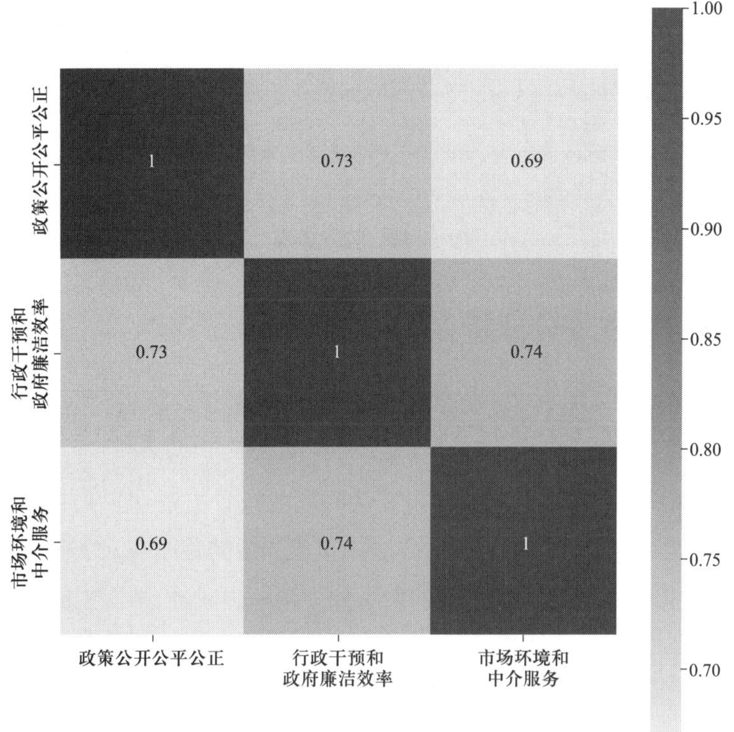

图 5-13　相关系数矩阵

(三) 看模型的 t 检验和 F 检验

如果参数不显著（t 检验 p 值大），而模型显著（F 检验 p 值小），则可能存在多重共线性问题（见图 5-14）。

```
lm = sm.formula.ols('residual~政策公开公平公正+行政干预和政府廉洁效率+市场环境和中介服务',\
                    data=data2).fit()
print(lm.summary())
```

OLS Regression Results

Dep. Variable:	residual	R-squared:	0.002
Model:	OLS	Adj. R-squared:	0.001
Method:	Least Squares	F-statistic:	5.995
Date:	Sat, 24 Jul 2021	Prob (F-statistic):	0.000446
Time:	23:13:43	Log-Likelihood:	15694.
No. Observations:	10400	AIC:	-3.138e+04
Df Residuals:	10396	BIC:	-3.135e+04
Df Model:	3		
Covariance Type:	nonrobust		

	coef	std err	t	P>|t|	[0.025	0.975]
Intercept	0.0872	0.012	6.983	0.000	0.063	0.112
政策公开公平公正	-0.0130	0.006	-2.095	0.036	-0.025	-0.001
行政干预和政府廉洁效率	-0.0086	0.005	-1.756	0.079	-0.018	0.001
市场环境和中介服务	0.0074	0.005	1.416	0.157	-0.003	0.018

Omnibus:	11492.339	Durbin-Watson:	1.991

```
Prob(Omnibus):                  0.000   Jarque-Bera (JB):          1570316.945
Skew:                           5.504   Prob(JB):                        0.00
Kurtosis:                      62.183   Cond. No.                        137.
==============================================================================

Warnings:
[1] Standard Errors assume that the covariance matrix of the errors is corr
ectly specified.
```

图 5-14 回归结果

三、知识补充:主成分分析介绍

(一)第一个主成分及其贡献率

主成分分析是一种常用于处理多重共线性问题的统计方法,是一种将原本较多的指标简化为少数几个新的综合指标的多元统计方法。主成分指的是原有 p 个变量转换成的 p 个相互正交的变量,且根据主成分包含信息量的大小分为第一主成分、第二主成分等(见图 5-15)。

```
from sklearn.decomposition import PCA
from sklearn import preprocessing
#选择数据
X = data2.loc[:,['政策公开公平公正', '行政干预和政府廉洁效率',\
                '企业经营的法治环境','企业的税费负担', \
                '金融服务和融资成本','人力资源供应', \
                '基础设施条件','市场环境和中介服务']]
#对数据进行标准化处理
X = preprocessing.scale(X)
#只保留第一个主成分
pca = PCA(n_components=1)
X_p= pca.fit(X).transform(X)
#返回该主成分中各变量系数
variable = ['政策公开公平公正', '行政干预和政府廉洁效率', \
            '企业经营的法治环境','企业的税费负担', '金融服务和融资成本',\
            '人力资源供应', '基础设施条件','市场环境和中介服务']
a = pd.DataFrame(index=variable,columns = ['系数'])
for i in range(8):
    new_var = variable[i]
    a.loc[new_var, '系数'] = round(float(pca.components_[:,i]),3)
a
```

	系数
政策公开公平公正	0.433
行政干预和政府廉洁效率	0.429
企业经营的法治环境	0.335
企业的税费负担	0.234
金融服务和融资成本	0.345
人力资源供应	0.243
基础设施条件	0.329
市场环境和中介服务	0.417

```
#第一个主成分的贡献率
print('贡献率: ',round(float(pca.explained_variance_ratio_),3))
```

贡献率： 0.473

图 5-15 主成分中各变量系数

第一个主成分中包含了八个指数，且各指数的系数均为正数。该主成分可以解释 47.3% 的累积误差。在该主成分中企业的税费负担和人力资源供应占比最小都是 0.24 左右；企业经营的法治环境、金融服务和融资成本、基础设施条件的系数都是 0.33 左右；政策公平公正公开、行政干预和政府廉洁效率、市场环境和中介服务的占比则在 0.42 左右。

（二）使用第一个主成分进行回归

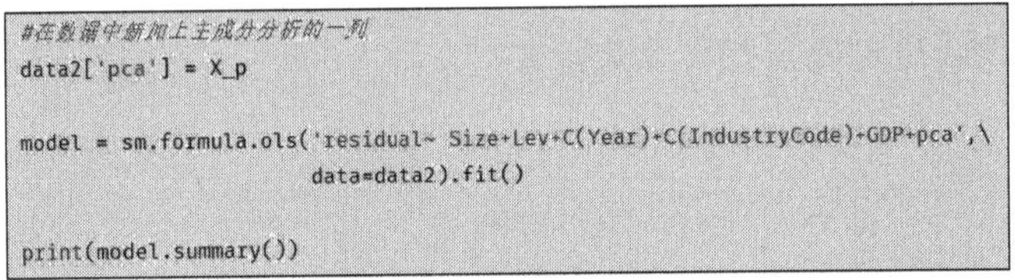

```
#在数据中新加上主成分分析的一列
data2['pca'] = X_p

model = sm.formula.ols('residual~ Size+Lev+C(Year)+C(IndustryCode)+GDP+pca',\
                    data=data2).fit()

print(model.summary())
```

```
                            OLS Regression Results
==============================================================================
Dep. Variable:               residual   R-squared:                       0.029
Model:                            OLS   Adj. R-squared:                  0.026
Method:                 Least Squares   F-statistic:                     11.79
Date:                Thu, 03 Mar 2022   Prob (F-statistic):           6.91e-49
Time:                        05:36:18   Log-Likelihood:                  15837.
No. Observations:               10400   AIC:                        -3.162e+04
Df Residuals:                   10373   BIC:                        -3.142e+04
Df Model:                          26
Covariance Type:            nonrobust
==============================================================================
                              coef    std err          t      P>|t|      [0.025      0.975]
------------------------------------------------------------------------------
Intercept                   0.1428      0.010     13.693      0.000       0.122       0.163
C(Year)[T.2010]             0.0063      0.002      2.962      0.003       0.002       0.010
C(Year)[T.2011]             0.0057      0.002      2.688      0.007       0.002       0.010
C(Year)[T.2012]             0.0015      0.002      0.760      0.448      -0.002       0.005
C(Year)[T.2013]            -0.0014      0.002     -0.725      0.468      -0.005       0.002
C(Year)[T.2014]            -0.0007      0.002     -0.343      0.732      -0.005       0.003
C(IndustryCode)[T.B]        0.0193      0.005      3.790      0.000       0.009       0.029
C(IndustryCode)[T.C]        0.0021      0.004      0.543      0.587      -0.005       0.010
C(IndustryCode)[T.D]        0.0183      0.005      3.951      0.000       0.009       0.027
C(IndustryCode)[T.E]        0.0020      0.005      0.396      0.692      -0.008       0.012
C(IndustryCode)[T.F]        0.0024      0.004      0.564      0.573      -0.006       0.011
C(IndustryCode)[T.G]        0.0171      0.005      3.639      0.000       0.008       0.026
C(IndustryCode)[T.H]        0.0109      0.008      1.317      0.188      -0.005       0.027
C(IndustryCode)[T.I]    -9.875e-05      0.005     -0.022      0.983      -0.009       0.009
C(IndustryCode)[T.K]       -0.0077      0.004     -1.760      0.078      -0.016       0.001
C(IndustryCode)[T.L]        0.0135      0.006      2.170      0.030       0.001       0.026
C(IndustryCode)[T.M]        0.0086      0.009      0.934      0.350      -0.009       0.027
C(IndustryCode)[T.N]        0.0139      0.007      1.938      0.053      -0.000       0.028
C(IndustryCode)[T.O]        0.0149      0.011      1.319      0.187      -0.007       0.037
C(IndustryCode)[T.P]       -0.0340      0.038     -0.905      0.365      -0.108       0.040
C(IndustryCode)[T.Q]       -0.0118      0.016     -0.748      0.455      -0.043       0.019
C(IndustryCode)[T.R]        0.0234      0.007      3.199      0.001       0.009       0.038
C(IndustryCode)[T.S]        0.0016      0.005      0.306      0.759      -0.008       0.012
Size                       -0.0048      0.000    -10.339      0.000      -0.006      -0.004
Lev                        -0.0039      0.002     -2.525      0.012      -0.007      -0.001
GDP                     -2.026e-08   3.14e-08     -0.645      0.519   -8.19e-08    4.13e-08
pca                        -0.0008      0.000     -2.924      0.003      -0.001      -0.000
==============================================================================
Omnibus:                    11504.394   Durbin-Watson:                   2.006
Prob(Omnibus):                  0.000   Jarque-Bera (JB):          1592846.906
Skew:                           5.509   Prob(JB):                         0.00
Kurtosis:                      62.619   Cond. No.                     2.46e+06
==============================================================================

Notes:
[1] Standard Errors assume that the covariance matrix of the errors is correctly specified.
[2] The condition number is large, 2.46e+06. This might indicate that there are
strong multicollinearity or other numerical problems.
```

图 5-16 使用第一个主成分进行回归的回归结果

从图 5-16 看，第一个主成分的系数为负数且在统计学上显著。可见随着营商环境的改善，投资效率也会显著提高。

综上所述，通过主成分分析和算术平均得到的营商环境指数纳入模型后都可以得到相同的结论，即营商环境的改善对投资效率的提升有正向影响。

思考与练习

（1）用理查德森残差模型计算投资效率有什么局限吗？

（2）多重共线性是实证研究必须考虑的问题吗？

（3）主成分分析法适用的分析场景是什么？

即测即评

请扫描右侧二维码，进行随堂测试。

第六章

基于 ARIMA 模型的营业收入预测案例

学习目标

通过本章学习，应能够：理解 ARIMA 模型原理，熟悉模型建立的一般步骤，掌握时间序列建模的预处理过程以及模型的确定、拟合、预测和评价；能用 Matplotlib 熟练绘制时序图、自相关和偏自相关图；能熟练运用 statsmodels.tsa.stattools 进行 ADF 平稳性检验和残差正态性检验；能用观察法对 ARIMA 模型定阶，理解 pmdarima 模块的自动定阶过程；掌握 ARIMA 模型预测和误差度量的 Python 操作过程；理解格力电器营业收入分析预测案例实战的全过程。

第一节 案例背景与研究设计

一、案例背景

营业收入预测是企业根据过去的营业情况，结合对市场未来需求的调查，对预测期营业收入进行的预计和测算，用以指导企业经营决策和产销活动。通过收入预测可以加强企业经营的计划性，也可以减少企业经营的盲目性。企业经营的大部分财务数据与营业收入有内在联系，因此预测营业收入是企业全面预测的起点，更是编制财务预算的前提。要做好营业收入预测，必须做好以下三方面的基础工作。首先确定预测对象，其次明确预测时间，最后搜集包括企业内外部能力、内外部环境变化等相关资料。

在大多数制造业企业中，收入预测驱动基本的业务计划、采购和生产活动。预测中的任何错误都会在整个供应链或与此相关的业务环境中蔓延。因此，准确地进行预测很重要。本案例收集珠海格力电器股份有限公司（以下简称格力电器）营业收入的季度历史数据，采用 ARIMA 模型预测其营业收入，计算样本内预测误差，检验模型拟合程度，并使用此模型对该公司 2021 年四个季度营业收入进行预测。

二、研究设计

（一）样本获取

依据证监会行业分类，案例选取我国电气机械及器材制造业的格力电器（000651.sz）作为研究对象。从希施玛（CSMAR）财经系列研究数据调取该公司 2010 年第一季度至 2020 年第四季度共 44 个季度的营业收入样本数据，形成“格力电器营业收入.xlsx”数据表。该数据表有以下两个变量：报表日期和营业收入。

（二）研究方法

不同时点的营业收入属于时间序列数据。时间序列分析是根据系统观察得到的时间序列数据，通过曲线拟合和参数估计来建立数学模型的理论和方法。它的前提是假定事物的过去延续到未来。时间序列预测法可用于短期、中期和长期预测。时间序列预测方法有：平滑法、趋势拟合法、季节性分解法、因果分析法、ARIMA 法、本量利预测法、指数平滑法等。本案例采用单变量 ARIMA 法对格力电器营业收入进行预测。

第二节 ARIMA 模型介绍

一、ARIMA 模型原理

20 世纪 70 年代，美国统计学家博克斯（George E.P.Box）和英国统计学家詹金斯（Gwilym M.Jenkins）建立了对平稳时间序列进行分析、预测和控制的 ARMA(p,q) 模型，给时间序列分析的发展带来了历史性变革。随后又演变为更一般的自回归积分移动平均模型（Autoregressive Integrated Moving Average Model，ARIMA）和乘积季节模型（SARIMA），这些模型统称为 Box-Jenkins 模型，均刻画了一组依赖于时间的随机变量的短期自相关性。利用其短期自相关的特点可以从时间序列的过去值和现在值对未来值作出预测。该模型已成为经济和社会科学领域预测的最常用模型之一。

（一）ARMA(p,q) 模型

如果平稳时间序列 $\{y_t\}$ 满足：

$$y_t = C + \phi_1 y_{t-1} + \phi_2 y_{t-2} + \cdots + \phi_p y_{t-p} + \varepsilon_t + \theta_1 \varepsilon_{t-1} + \cdots + \theta_q \varepsilon_{t-q}$$

其中：C 为常数项，$\{\varepsilon_t\}$ 是独立同分布随机变量序列，并且对于任意的 t，$E(\varepsilon_t)=0$，$Var(\varepsilon_t)=\sigma^2$，$E(\varepsilon_t\varepsilon_s)=0$，$s\neq t$，则称时间序列 $\{y_t\}$ 服从 (p,q) 阶自回归移动平均模型，记为 ARMA(p,q)。$\phi_1,\cdots,\phi_p$ 称为自回归系数，$\theta_1,\cdots,\theta_q$ 称为移动平均系数。对于 ARMA(p,q) 模型，当 $q=0$ 时，模型记为 AR(p)；当 $p=0$ 时，模型记为 MA(q)。

AR(p) 模型描述序列当前值与历史值之间的关系，用变量自身的历史时间数据对自身进行预测。自回归模型必须满足平稳性的要求。MA(q) 关注的是自回归模型中误差项的累加。移动平均法能有效地消除预测中的随机波动。平稳 ARMA(p,q) 模型具有常数均值、常数方差性质。

（二）ARIMA(p,d,q)模型

非平稳时间序列 $\{y_t\}$ 经过 d 阶差分变换后的 ARMA(p,q) 模型称为 ARIMA(p,d,q) 模型。估计 ARIMA(p,d,q) 模型同估计 ARMA(p,q) 具体的步骤相似，唯一不同的是在估计之前要确定原序列的差分阶数 d，对 y_t 进行 d 阶差分。相比于 ARMA 模型，它有三个参数：p（自回归滞后阶数）、d（差分阶数）和 q（移动平均滞后阶数），分别来自 AR、I 和 MA 分量。I，Integrated 的缩写，单积（单整），表示经 d 阶差分后将非平稳 $\{y_t\}$ 序列转换成平稳序列。如果一个时间序列经过一次差分变成平稳的，就称原序列是一阶单整（integrated of 1）序列，记为 $I(1)$。一般地，如果一个时间序列经过 d 次差分后变成平稳序列，则称原序列是 d 阶单整（integrated of d）序列，记为 $I(d)$。

因此，对一个序列建模之前，我们应当首先确定该序列是否具有平稳性，特别要检验其是否含有单位根及所含单位根的个数。一般情况下，具有明显递增、递减趋势的非平稳时间序列要从一阶差分做起，有固定周期变动的时间序列要以周期长度做多步差分运算。

（三）ARIMA(p,d,q)其他演化形式

常见的 ARIMA(p,d,q)模型的演化形式如表 6-1 所示。

表 6-1 ARIMA 模型的主要形式

模型名称	描述
AR(p)	自回归模型。$y_t=C+\phi_1 y_{t-1}+\phi_2 y_{t-2}+\cdots+\phi_p y_{t-p}+\varepsilon_t$。建立滞后 p 期的序列值 $y_{t-1},y_{t-2},\cdots y_{t-p}$ 为自变量，随机变量 y_t 为因变量的线性回归模型
MA(q)	移动平均模型。$y_t=\varepsilon_t+\theta_1\varepsilon_{t-1}+\cdots+\theta_q\varepsilon_{t-q}$。随机变量 y_t 的取值与滞后各期的序列值无关，建立 y_t 与前 q 期的随机扰动 $\varepsilon_{t-1},\varepsilon_{t-2},\cdots,\varepsilon_{t-q}$ 的线性回归模型
ARMA(p,q)	自回归移动平均模型。$y_t=\phi_1 y_{t-1}+\phi_2 y_{t-2}+\cdots+\phi_p y_{t-p}+\varepsilon_t+\theta_1\varepsilon_{t-1}+\cdots+\theta_q\varepsilon_{t-q}$。随机变量 y_t 的取值不仅与滞后 p 期的序列值有关，还与滞后 q 期的随机扰动有关。该模型主要应用于弱平稳（强平稳）时间序列分析

续表

模型名称	描述
ARIMA(p,d,q)	差分自回归移动平均模型。ARIMA 针对非平稳非周期性时间序列分析
SARIMA$(p,d,q)x(P,D,Q,s)$	季节性差分自回归移动平均模型,针对非平稳周期性时间序列分析。p,d,q 的含义与 ARIMA 里含义相同。P 表示周期性自回归阶数;D 表示周期性差分阶数;Q 表示周期性移动平均阶数;s 表示周期时间间隔

二、ARIMA 模型建立步骤

(一) 平稳性识别

单变量序列平稳性识别主要有三种方法:

1. 时序图识别

时序图是以时间为横轴,研究变量为纵轴,用以反映时间与研究变量之间关系的统计图。时序图一般是以折线图形式表现,横轴时间可以是小时、日、月、季度和年等,各时间点应连续不间断。

通过观察时间序列的趋势,可以粗略地判断序列是否为平稳序列。根据平稳时间序列的均值和方差都是常数的特性,平稳序列的时序图显示该序列值始终在一个参数附近随机波动,而且波动的范围是有界的。而非平稳序列则往往表现出在不同的时间段具有不同的均值(如持续上升或持续下降)。对于纯随机序列,也称为白噪声序列,各项之间没有任何关系,序列呈现完全无序的随机波动,可以终止对该序列的分析。对于平稳非白噪声序列,它的均值和方差是常数。ARMA 模型是最常用的平稳序列拟合模型。

Python 的 Matplotlib 包中 Pyplot 库提供了绘制时序图的绘图环境,Pandas 包中提供了 plot 绘图函数,导入库的代码如下:

```
import matplotlib.pyplot as plt
import pandas as pd
```

若 data 为数据框,则 pd.DataFrame.plot( ) 画图函数的语法如下:

```
data.plot(x=None, y=None, kind='line', ax=None, subplots=False, sharex=None, sharey=False, layout=None, figsize=None, use_index=True, title=None, grid=None, legend=True, style=None, logx=False, logy=False, loglog=False, xticks=None, yticks=None, xlim=None, ylim=None, rot=None, xerr=None, secondary_y=False, sort_columns=False)
```

plot 函数中的参数名称及说明如表 6-2 所示:

表 6-2 Pandas 包中 plot 函数主要参数名称及说明

参数	参数说明
x,y	x,y,拟绘图数据框列的标签或位置参数,可选项
kind	图形类型,可选项主要有:line,折线图,默认项;bar,条形图;barh,横向条形图;hist,柱状图;box,箱线图等
ax	子图,可选项
subplots	可选项,判断是否有子图
sharex	可选项,如果有子图,子图共享 x 轴刻度和标签
sharey	可选项,如果有子图,子图共享 y 轴刻度和标签
layout	元组类型,可选项,说明子图的行列布局(rows, columns)
figsize	元组类型,可选项,(width, height)说明图片尺寸大小
use_index	bool 类型,可选项,默认用索引做 x 轴
title	string 类型,可选项,说明图片的标题
logx	bool 类型,可选项,设置 x 轴刻度是否取对数
loglog	bool 类型,可选项,默认 False,同时设置 x,y 轴刻度是否取对数
xticks	Sequence 类型,设置 x 轴刻度值,序列形式(比如列表)
yticks	Sequence 类型,设置 y 轴刻度值,序列形式(比如列表)
xlim, ylim	Tuple 或 list 类型,设置坐标轴的范围、列表或元组形式
rot	int 类型,可选项,设置轴标签(轴刻度)的显示旋转度数
fontsize	int 类型,可选项,设置轴刻度的字体大小

2. 自相关函数图与偏自相关函数图识别

平稳序列具有短期相关性,通常只有近期的序列值影响比较明显,间隔越远的过去值对现在值的影响越小。而非平稳序列的自相关系数衰减的速度比较慢。因此,可以构建样本自相关函数(autocorrelation function, acf):

$$\hat{\rho}_k=\frac{\sum_{t=1}^{n-k}(y_t-\bar{y})(y_{t+k}-\bar{y})}{\sum_{t=1}^{n}(y_t-\bar{y})^2}$$

其中,$\bar{y}=\sum_{t=1}^{n}\frac{y_t}{n}$,$k$ 表示滞后阶数。$\hat{\rho}_k$说明样本数据不同时期之间的相关程度。其取值范围在 −1 到 +1,$\hat{\rho}_k$的绝对值越接近 1,则说明时间序列的自相关程度越高。

偏自相关函数(partial autocorrelation function, pacf)用来度量暂时调整所有其他较短滞后的项 $y_{t-1}, y_{t-2}, \cdots, y_{t-k-1}$ 之后,时间序列中以 k 个时间单位 y_t 和 y_{t-k} 分隔的观测值之间的相关性。滞后 k 阶的偏自相关是在消除由于较短滞后条件导致的任何相关性的影响后产生的相关性。

ARMA 模型的自相关和偏自相关特征判断如表 6-3 所示。这里的截尾是指时间序列的自相关函数或偏自相关函数在大于某个常数 k 后快速趋于零的性质;拖尾是指始终有非零取值,不会在 k 大于某个常数后就恒等于 0(或在 0 附近随机波动)。

表 6-3 ARMA 模型的 acf 与 pacf 特征判断

模型	acf	pacf
白噪声	$\hat{\rho}_k=0$	$\hat{\rho}_k=0$
AR(p)	衰减趋于 0（几何型或震荡型）	p 阶后截尾
MA(q)	q 阶后截尾，即$\hat{\rho}_k=0, k>q$	衰减趋于 0（几何型或震荡型）
ARMA(p,q)	q 阶后衰减趋于 0	p 阶后衰减趋于 0
ARIMA(p,d,q)	d 阶差分 q 阶后衰减趋于 0	d 阶差分 p 阶后衰减趋于 0

Python 的 Statsmodels 包中 tsa.stattools 模块提供了计算 acf 和 pacf 的函数。首先，在 Anaconda Prompt 中安装 Statsmodels 包，其命令如下：

```
pip install statsmodels
```

导入该库的代码如下：

```
import statsmodels.tsa.stattools
```

Statsmodels 包中 graphics.tsaplots 模块提供绘制 acf 图和 pacf 图的函数。导入该库的代码如下：

```
from statsmodels.graphics.tsaplots import plot_acf
from statsmodels.graphics.tsaplots import plot_pacf
```

设 x 为待计算 acf 和 pacf 的时间序列，则有关计算 acf 和 pacf 及其作图的相关函数参数设置和说明如表 6-4 所示：

表 6-4 acf、pacf、plot_acf 和 plot_pacf 函数的参数设置说明

模块名称	主要参数设置	说明
statsmodels .tsa .stattools	acf(x, adjusted=False, nlags=None, qstat=False, fft=None, alpha=None, missing='none')	x 表示时间序列数据；adjusted，默认为 False，如果为 True，则自协方差的分母为 $n-k$，否则为 n；nlags 为自相关的滞后数；qstat 表示 Q_{BP} 统计量，如果为 True，则返回每个自相关系数的 Q_{LB} 统计；fft 如果为 True，则通过 FFT 方法计算 ACF。missing 默认为 “none”，不存在缺失观测值
	pacf(x, nlags=None, method='ywadjusted', alpha=None)	nlags，偏自相关的滞后数，默认为 40；method 默认为 “yw”，即用 Yule-Walker 方法计算的偏自相关系数；alpha，置信度水平，默认为 None
statsmodels .graphics .tsaplots	plot_acf (x, ax=None, lags=None, alpha=0.05, use_vlines=True, adjusted=False, fft=False, missing='none', title='Autocorrelation', zero=True, vlines_kwargs=None)	ax：设置子图可选项； title；表示标题名称，默认为 autocorrelation。 zero：是否包含滞后 0 项，默认包含，可选项； 其他参数与前面所述相似
	plot_pacf(x, ax=None, lags=None, alpha=0.05, method='ywadjusted', use_vlines=True, title='Partial Autocorrelation', zero=True, vlines_kwargs=None)	与 acf 的参数含义相似

3. Q 统计量判断法

Q 统计量是一种用于检验时间序列数据是否为白噪声（观测值是否相互独立）的统计量，它通过对 k 阶滞后范围内自相关系数求和来检验序列的自相关性。Q 统计量最早由 Box 和 Pierce 两位统计学家提出，也称为 Box-Pierce Q 统计量（Q_{BP}），其表达式为：

$$Q_{BP}=T\sum_{j=1}^{k}\hat{\rho}_j^2$$

其中，$\hat{\rho}_j$ 是相隔 j 期的序列自相关系数，k 为指定的滞后阶数，T 是观测值的个数。

此后 Ljung 和 Box 两位统计学家为适应小样本场景对 Box-Pierce Q 统计量的表达式进行了调整。Ljung-Box Q 统计量（Q_{LB}）的表达式为：

$$Q_{LB}=T(T+2)\sum_{j=1}^{k}\hat{\rho}_j^2/(T-j) \quad k\geqslant 1, j\leqslant k$$

Q 统计量可以用于检验所有 k 个自相关系数为零的假设，即判断序列是否为白噪声序列。Python 的 statsmodels 包中 stats.diagnostic 库提供了该检验的函数 acorr_ljungbox，其语法如下：

acorr_ljungbox(x, lags=None, boxpierce=False, model_df=0, period=None, return_df=None, auto_lag=False)

有关 acorr_ljungbox 函数的主要参数含义如表 6-5 所示：

表 6-5 acorr_ljungbox 函数的主要参数及返回值说明

项目	名称	说明
输入参数	x	待检验自相关的时间序列数据
	lags	延迟期数。如果为整数，则是包含其本身在内的延迟期数，如果是一个列表或数组，那么所有时滞都包含在列表中最大的时滞中
	boxpierce	boxpierce 为 True 时，表示除返回 Q_{LB} 统计量还会返回 Q_{BP} 统计量
	model_df	模型自由度，整数，默认为 0。在 ARMA 模型中，df 为自回归阶数与移动平均阶数之和
	period	季节时间序列的周期
返回值	lbvalue	Ljung-Box Q 统计量
	pvalue	基于 Ljung-Box Q 统计量的卡方分布 p 值
	bpvalue	可选项，float 型或 array 型。Box-Pierce 检验统计量
	bppvalue	可选项，float 型或 array 型。Box-Pierce 检验卡方分布的 p 值

（二）平稳性检验

单位根检验是更精准地检验序列的平稳性方法。它是指检验序列中是否存在单位根，如果存在单位根，那就是非平稳时间序列。目前最常用的方法是 ADF（Augmented Dickey Fuller）单位根检验，主要针对高阶自回归过程。原假设是非平稳序列过程，备择假设是平稳序列、趋势平稳过程。

ADF 检验是通过下面三个模型完成的：

模型 1，为无常数均值，无时间趋势的 p 阶自回归过程：

$$y_t=\phi_1 y_{t-1}+\phi_2 y_{t-2}+\cdots+\phi_p y_{t-p}+\varepsilon_t$$

模型 2，为常数均值，无时间趋势的 p 阶自回归过程：

$$y_t=\mu+\phi_1 y_{t-1}+\phi_2 y_{t-2}+\cdots+\phi_p y_{t-p}+\varepsilon_t$$

模型 3，为既有常数均值，又有时间趋势的 p 阶自回归过程：

$$y_t=\mu+\beta t+\phi_1 y_{t-1}+\phi_2 y_{t-2}+\cdots+\phi_p y_{t-p}+\varepsilon_t$$

模型 3 中的 t 是时间变量，代表了时间序列随时间变化的某种趋势。模型 1 与另两种模型的差别在于是否包含有常数项和趋势项。检验的假设都是：针对 $H_1:\phi_1<0$，检验 $H_0:\phi_1=0$，即存在一单位根。

实际检验时，从模型 3 开始，然后模型 2、模型 1。何时检验拒绝零假设，即原序列不存在单位根，为平稳序列，则检验停止。否则，就要继续检验，直到检验完模型 1 为止。只是对模型 1、模型 2、模型 3 进行检验时，有各自相应的临界值。只要其中有一个模型的检验结果拒绝了零假设，就可以认为时间序列是平稳的；当三个模型的检验结果都不能拒绝零假设时，则认为时间序列是非平稳的。当 ADF 统计量的 p 值小于给定的显著性水平 α 时，拒绝原假设，认为序列是平稳的。

Python 的 statsmodels 包中 tsa.stattools 模块提供了该检验的函数 adfuller，其语法如表 6-6 所示。

表 6-6 adfuller 函数的主要参数设置及返回值说明

项目	语法	说明
输入参数	adfuller(x, maxlag=None, regression='c', autolag='AIC', store=False, regresults=False)	x：表示需要 ADF 检验的序列。 maxlag：表示最大延迟，为 None 时使用默认值 12×（观测值个数 /100）$^{1/4}$。 regression：有四个参数值，分别是 *c*、*ct*、*ctt* 和 *nc*。*c* 表示仅含常数项（默认值）；*ct* 表示含常数项和趋势；*ctt* 表示同时含常数项、线性和二次趋势；*nc* 表示既不含常数项，也不含趋势项。 autolag：计算 AIC 和 BIC 等误差度量统计量时自动确定滞后数使用的方法。如果为 None，则使用 maxlag 滞后。如果是 AIC（默认值）或 BIC，则以最小化相应的信息标准选择滞后数。 regresults：布尔类型，可选项。如果为 True，则返回完整的回归结果；默认值为 False
返回值	ADF	浮点型，ADF 检验值
	pvalue	浮点型，概率值，基于 MacKinnon 的近似 p 值
	usedlag	整型，使用的滞后数量
	critical values	字典型，表示 ADF 统计数据在 1%、5%和 10%显著性水平下的临界值
	icbest	浮点型，如果 autolag 不是 None，则使用最大化信息标准

（三）序列平稳化

对于非平稳序列，由于它的方差和均值不稳定，处理方法一般是将其转化成平稳序列，这种情况可以使用 ARIMA 模型进行分析。原始序列若不平稳，则根据时序图的趋势选取合适的处理方法使序列趋于平稳。差分法，是序列平稳化的重要方法，它是指时间序列在 t 与 $t-1$ 时刻的差值。在社会经济建模中，一般差分一阶或二阶即可。一阶差分是用原始序列的后一项减去前一项得到的一组差额序列。二阶差分既是对原始序列进行的第二次差分操作，也等于是在一阶差分的基础上再做一次差分。

关于某列或者某行数据的差分要用 Python 中的 diff 函数，无论是在 Pandas 中还是在 Numpy 里面都可以直接调用，调用方法如表 6-7 所示。

这里，diff 函数可以对数据框的数据结构进行差分，也可以对 Series 做同样处理。另外，还可以对聚合或者其他操作之后的 Series 进行差分操作。

表 6-7 diff 函数主要参数设置及说明

参数	说明
numpy.diff(x, n=1, axis=-1)	x：表示需要进行差分操作的数据序列 n：代表执行几次差分 axis：默认是 -1
dataframe.diff(periods, axis)	periods：表示移动的幅度。它是任意整数，如果是想让数据统一向下移动 n 个 periods，则 n 为正，如果是想让数据向上移动 n 个 periods，则 n 为负 axis：表示参考轴。如果 axis=0，则是进行行间的移动差分操作，如果 axis=1，则是进行列间的移动差分操作

（四）模型识别与定阶

依据自相关与偏相关图，运用传统的 Box-Jenkins 方法大致确定 ARIMA（p,d,q）模型的自回归阶数 p 和滑动平均阶数 q，考虑截尾或拖尾的不明确，以及在一定置信水平下模型的不唯一性，可以建立多种模型，通过显著性检验排除部分模型，综合赤池信息准则（Akaike Information Criterion，AIC）和贝叶斯信息准则（Bayesian Information Criterion，BIC），确定阶数，建立模型。

AIC 和 *BIC* 计算公式如下：

$AIC=2k-2\ln(L)$

$BIC=k\ln(n)-2\ln(L)$

其中，k 表示模型参数的个数，n 表示样本的数量，L 表示似然函数。

AIC 和 *BIC* 的判断依据是，k 越小，对数似然函数越大，则 *AIC* 和 *BIC* 越小。*AIC* 和 *BIC* 越小越好。

虽然 ARIMA 模型是一个非常强大的预测时间序列数据的工具，但是通过观察法识别阶数的参数调整过程非常耗时。对初学者来说，Pmdarima 第三方库内置自动定阶（auto_arima）函数，集成了平稳性和季节性的统计检验，适用 ARIMA 模型的一般形式 SARIMA$(p,d,q)\times(P,D,Q,s)$，可以自动迭代$(p,d,q)\times(P,D,Q)$六个参数，最终通过穷举所有可能的参数求得最小 AIC 的模型。这里，p,d,q 的含义与 ARIMA 模型里的含义相同。P 表示周期性自回归阶数；D 表示周期性差分阶数；Q 表示周期性移动平均阶数；s 表示周期时间间隔。

在 Anaconda Prompt 管理员环境下，安装 Pmdarima 的命令如下：

pip install pmdarima

安装成功后，在 Anaconda 中导入 auto_arima。

from pmdarima.arima import auto_arima

auto.arima 函数用于拟合单变量时间序列的最优 ARIMA 模型，其主要语法格式如下：

auto.arima(x, d=None, D=None, max.p, max.q, max.P, max.Q, max.order, max.d, max.D, start.p, start.q, start.P, start.Q, stationary=FALSE, seasonal=TRUE, stepwise=TRUE, trace=FALSE, xreg=NULL, test="kpss", information_criterion='aic', ...)

其中，x 表示拟预测的单变量时间序列；auto.arima 函数的主要参数说明如表 6-8 所示，其他参数可以查阅 Pmdarima 官网说明。

表 6-8 auto.arima 函数的主要参数设置及说明

参数	说明
endog	表示内生变量（endogenous variable），适用于数组类型（array）
max_p	表示 p 的最大值，必须是大于或等于 start_p 的正整数。max_q，max_d，max_P，max_D 和 max_Q 类似，分别给出 q,d,P,D 和 Q 的最大值
start_p	表示 p 的起始值，自回归模型的阶数（或滞后时间的数量），必须是正整数。start_q，start_P 和 start_Q 类似
stationary	表示时间序列是否平稳，d 是否为零
max.order	表示给出 ARIMA 模型迭代的最大阶数
trace	表示是否显示迭代过程，选择 True，程序输出 auto_arima 的自动定阶过程
test='kpss'	表示给出 kpss 平稳性检验结果。其他两种方法为 adf 和 pp
information_criterion ='aic'	表示给出 aic 误差度量结果。其他四种方法为 aicc、bic、hqic 和 oob

（五）模型拟合与比较

模型拟合是根据建立的模型来预测未来值。模型比较是在不同模型之间，按照一定的标准选择最佳模型。

statsmodels 库中，ARIMA 函数的语法格式如下：

statsmodels.tsa.arima_model.ARIMA(endog, order, exog=None, dates=None, freq=None, missing='none')

ARIMA 函数的主要参数说明如表 6-9 所示。

表 6-9 ARIMA 函数的主要参数设置及说明

参数	说明
endog	表示内生变量，适用于数组类型
order	表示 ARIMA 模型中 AR、差分和 MA 参数的阶数（p,d,q）
exog	表示外生变量数组（array_like），可选项，该选项不包括常数项和趋势
dates	表示日期可选项。如果 endog 或 exog 没有给出索引，则可以提供日期时间对象的数组对象
freq	表示频率，字符串类型，可选项。可设置为 D、W、M、A 等类型。其中 D 表示日期，W 表示周，M 表示月，A 表示年，Q 表示季度
missing	可选项，表示缺失值的处理方式。默认选项为 “none”。如果为 “none”，则不处理缺失值

（六）模型适应性检验

1. 序列纯随机性检验

只有序列为非白噪声序列时，时间序列建模过程才有意义。可以使用 Q_{LB} 统计量检验残差序列的随机性。

简单地讲，白噪声序列是没有记忆的序列，即过去的行为对将来的发展没有影响；也可以这样认为，白噪声序列是没有任何分析价值的序列。在零假设下，Q_{LB} 服从自由度为 k 的卡方分布。若 Q_{LB} 统计量大于特定临界值，则存在一个或多个滞后的自相关可能显著不等于零，说明在这段时间内各个值并不是独立和随机的。

2. 正态分布检验

有效的 ARIMA 模型假定残差是一个高斯白噪声，因此残差分析是建模的重要环节，也有助于我们进行模型选择。残差的正态性 Q–Q（Quantile-Quantile）图用于辅助检查数据的正态性。当残差满足正态性时，Q–Q 图上的点应该大致上沿斜率为 1 的直线分布。

3. DW 检验

DW 检验是杜宾（J. Durbin）和沃特森（G. S. Watson）提出的一种适用于小样本的检验方法。DW 检验只能用于检验随机误差项具有一阶自回归形式的序列相关问题。其零假设和备选假设分别是：

$H_0:\rho=0$，随机误差项不存在一阶序列相关；

$H_1:\rho\neq 0$，随机误差项存在一阶序列相关。

判断序列是否存在一阶序列相关的准则如下：

（1）如果 $0<DW<d_L$，则拒绝零假设，扰动项存在一阶正自相关。DW 越接近于 0，正自相关性越强。其中，d_L 为 DW 检验统计量的下临界值。

（2）如果 $d_L<DW<d_U$，则无法判断是否有自相关。其中，d_U 为 DW 检验统计量的上临界值。

（3）如果 $d_U<DW<4-d_L$，则接受零假设，扰动项不存在一阶正自相关。DW 越接近 2，判断无自相关性把握越大。

（4）如果 $4-d_U<DW<4-d_L$，则无法判断是否有自相关。

（5）如果 $4-d_L<DW<4$，则扰动项存在一阶负自相关。

（七）模型预测

ARIMA 模型的预测一般分为样本内预测和样本外预测。样本内预测又可以分为静态预测和动态预测。静态预测是指在预测时如果需要用到滞后期的数据，用真实数据代入；动态预测是指在预测时如果需要用到滞后期的数据，则用先前的预测数据代入，这相当于只用序列一开始的几个数据，预测其后所有的结果。因此，与静态预测相比，动态预测的效果通常要差。样本外预测，如果是多期预测，则只能用动态预测，如果使用静态预测，最多只能预测样本外的第一个时期。

时序数据 ARIMA 模型预测函数的使用说明如表 6-10 所示。

表 6-10 ARIMA 模型的主要预测函数及使用说明

函数	说明
ARIMA(data,(*p*,*d*,*q*)).fit()	ARIMA 模型实例化。其中，data 参数为输入时间序列，*p* 为 AR 模型的滞后阶数，*d* 为差分次数，*q* 为 MA 模型的滞后阶数
arima.summary()	生成 ARIMA 模型报告，包括模型基本情况、模型系数表、模型统计量等
arima.forecast(num)	对时序数据末尾下一个时间段的值进行预测。其中，num 为预测的时期数
arima.predict(start=None, end=None, dynamic=False)	对时序数据进行预测。start 表示预测的起始时间，必须在原始数据中。end 表示预测的终止时间。如果 dynamic 为 False，则进行静态预测；dynamic 为 True，则进行动态预测

（八）模型评价

模型评价是指运用评价指标对模型的优劣进行评估。对模型预测结果的评估主要有 MSE、RMSE、MAE、MAPE、SMAPE 等指标。

MSE，均方误差（Mean Square Error），其计算公式如下：

$$MSE=\frac{1}{n}\sum_{i=1}^{n}(y_i-\widehat{y_i})^2$$

其中，y_i 是第 i 个样本的真实值，$\widehat{y_i}$ 是第 i 个样本的预测值，n 是样本总数。

MSE 指标的范围为［0,+ ∞），当预测值与真实值完全吻合时等于 0，即完美模型；误差越大，该值越大。

RMSE，均方根误差（Root Mean Square Error），是 MSE 加了个根号，这样数量级上比较直观，比如 RMSE=10，可以认为模型预测效果相比真实值平均相差 10。其计算公式如下：

$$RMSE=\sqrt{\frac{1}{n}(y_i-\widehat{y_i})^2}$$

MAE(Mean Absolute Error),平均绝对误差,是预测值与实际值之差的绝对值的平均值。其计算公式如下:

$$MAE = \frac{1}{n}\sum_{i=1}^{n}|y_i - \widehat{y_i}|$$

MAE 指标的范围为[0,+∞),当预测值与真实值完全吻合时等于 0,即完美模型;误差越大,该值越大。

MAPE(Mean Absolute Percentage Error),平均绝对百分比误差。其计算公式如下:

$$MAPE = \frac{1}{n}\sum_{i=1}^{n}\left|\frac{y_i - \widehat{y_i}}{y_i}\right| \times 100\%$$

MAPE 指标的范围为[0,+∞),MAPE 为 0% 表示完美模型,MAPE 大于 100% 则表示劣质模型。注意,当真实值有数据等于 0 时,存在分母为零问题,该公式不可用。

SMAPE(Symmetric Mean Absolute Percentage Error),对称平均绝对百分比误差。与 MAPE 相比,SMAPE 将分母变为真实值和预测值的绝对值的平均值。SMAPE 的范围为[0,+∞),该值为 0% 表示完美模型。其计算公式如下:

$$SMAPE = \frac{1}{n}\sum_{i=1}^{n}\frac{\left|y_i - \widehat{y_i}\right|}{\left(\left|y\right| + \left|\widehat{y_i}\right|\right)/2} \times 100\%$$

第三节　数据预处理

一、导入第三方库

构建时间序列模型前,首先导入常用第三方库 Numpy、Pandas 和 Matplotlib。其次,导入 datetime 库,作用是定义时间序列,该第三方库支持日期和时间运算,但实现的重点是为了输出格式化和高效提取属性。本案例导入第三方库的代码如下:

```
# 导入第三方库
# coding=gbk
import numpy as np
import pandas as pd
# datetime库为数据时序定型
from datetime import datetime
import matplotlib.pylab as plt
```

datetime 第三方库的主要函数及用法如表 6-11 所示。其中 date 对象表示日历中的日期(年、月和日),公历 1 年 1 月 1 日被称为第一天,依次往后推。time 表示一个(当地)时间对象,与任何特定的日期无关,并且可以通过 tzinfo(时区)对象进行调整。datetime 对象包含 date 对象和 time 对象的所有信息。

表 6-11 datetime 库的类名称主要函数及说明

类名称	说明	常用属性
datetime.min	datetime 对象允许的最小年份	from datetime import datetime datetime.min [out] datetime.datetime(1, 1, 1, 0, 0)
datetime.max	datetime 对象允许的最大年份	datetime.max [out] datetime.datetime(9999, 12, 31, 23, 59, 59, 999999)
datetime.date	日期对象	from datetime import date date.today( ) [out] date.today( )
datetime.time	时间对象,常用属性有 hour, minute, second, microsecond, tzinfo	from datetime import time t=time(20,5,40,8888) [out] datetime.time(20, 5, 40, 8888) t.hour [out] 20 t.minute [out] 5 t.second [out] 40 t.microsecond [out] 8888
datetime.datetime	日期时间对象	date 和 time 属性组合

二、获取数据

数据文件“格力电器营业收入 .xlsx”工作簿有两个变量:“报表日期”和“营业收入”。导入数据时,注意把“报表日期”设置为索引。又因“营业收入”的数值量纲较大,则处理成以百万元显示。最后,通过 Pandas 库中的 period_range 函数生成“季度”时序数据,并通过 set_index 函数重新设置索引为“季度”。本案例获取数据的代码如下:

```
# 导入数据
file=r'…/格力电器营业收入.xlsx'
data = pd.read_excel(file, index_col='报表日期')
# 设置营业收入的显示方式为百万元
data['营业收入']=data['营业收入'].values/1000000
```

```
# 生成季度序列
data['季度']=pd.period_range('2010Q1','2020Q4',freq='Q-JAN')
# 重新设置数据框索引为“季度”, 替换原来的索引“报表日期”
data.set_index('季度',inplace=True)
type(data.index.values[0])    # 看索引是否是时序数据
data.head(5)      # 查看data前5行
```

	营业收入
季度	
2010Q1	10158.950603
2010Q2	24957.067183
2010Q3	44296.756620
2010Q4	60431.626050
2011Q1	17212.587662

三、绘制时序图

1. 绘制营业收入时序图

营业收入时序图的横轴以“季度”作为标签，纵轴表示“营业收入”。为了能清楚显示折线图上各季度标志，我们分别用 plot 函数中 marker 参数设置“o”，用 markerfacecolor 参数设置“blue”显示数据点格式及颜色。另外，通过设置 Matplotlib 库中的 xlabel、ylabel、title、rcParams 函数设置 x 轴标签、y 轴标签、图表标题、字体和坐标轴负数的负号正常显示。执行程序代码后输出营业收入时序图，如图 6-1 所示。

```
# 绘制营业收入时序图，设置线型、颜色，绘图区大小
data['营业收入'].plot(kind='line',color='r',markerfacecolor='blue',
          marker='o',rot=30,use_index=True,figsize=(6,4))
xlabel_obj=plt.xlabel('季度',fontsize=12)    # 设置x轴标签
ylabel_obj=plt.ylabel('营业收入（百万元）',fontsize=12) #设 置y轴标签
plt.title('营业收入趋势',fontsize=14)  # 设置图标题
plt.rcParams['font.sans-serif'] = ['SimHei']  # 设置为黑体字
plt.rcParams['axes.unicode_minus'] = False    # 设置坐标轴负数的负号正常显示
plt.legend(["营业收入"])
plt.show()
```

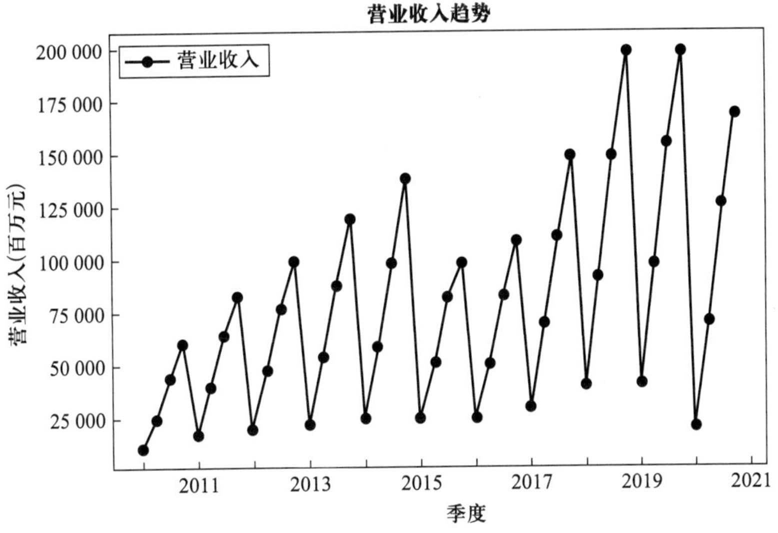

图 6-1 营业收入时序图

图 6–1 显示，自 2010 年以来，格力电器营业收入整体上呈季节性上升形态，分为以下三个阶段：第一阶段（2010—2014 年），对应专业化发展的黄金期，营业收入呈季节性震荡上升趋势；第二阶段（2015—2019 年），该阶段对应公司战略从专业化向多元化转型期，前两年其营业收入峰值均低于 2013 年和 2014 年，此后快速上升；第三阶段（2020—2021 年），对应新型冠状病毒疫情期，2020 年各季度营业收入均低于前两年营业收入。同时，图 6–1 也显示，随着时间推移，公司外部经营环境复杂化，格力电器季度营业收入的波动持续加大，可能存在异方差。因此，可以粗略推断营业收入原始序列非平稳，且存在异方差。

2. 绘制对数营业收入时序图

对营业收入做自然对数处理，降低异方差。再次观察对数化后的营业收入时序图。对数变换主要是为了减小数据的振动幅度，使其线性规律更加明显，同时保留其他信息。这里强调一下，变换的序列需要满足大于 0，小于 0 的数据不存在对数变换。执行程序代码后输出对数营业收入时序图，如图 6–2 所示。

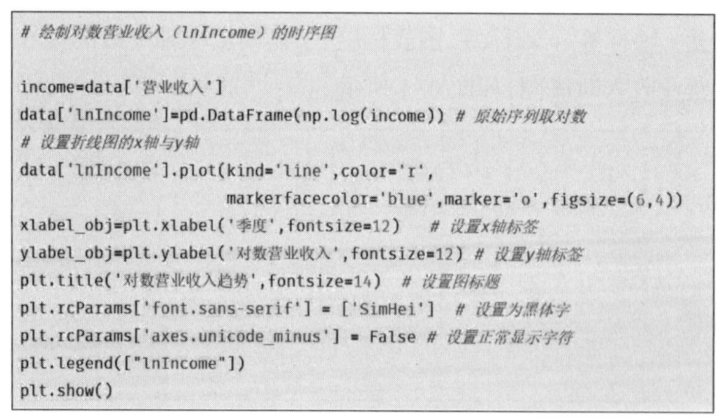

```
# 绘制对数营业收入（lnIncome）的时序图

income=data['营业收入']
data['lnIncome']=pd.DataFrame(np.log(income)) # 原始序列取对数
# 设置折线图的x轴与y轴
data['lnIncome'].plot(kind='line',color='r',
                      markerfacecolor='blue',marker='o',figsize=(6,4))
xlabel_obj=plt.xlabel('季度',fontsize=12)    # 设置x轴标签
ylabel_obj=plt.ylabel('对数营业收入',fontsize=12) # 设置y轴标签
plt.title('对数营业收入趋势',fontsize=14)  # 设置图标题
plt.rcParams['font.sans-serif'] = ['SimHei']  # 设置为黑体字
plt.rcParams['axes.unicode_minus'] = False # 设置正常显示字符
plt.legend(["lnIncome"])
plt.show()
```

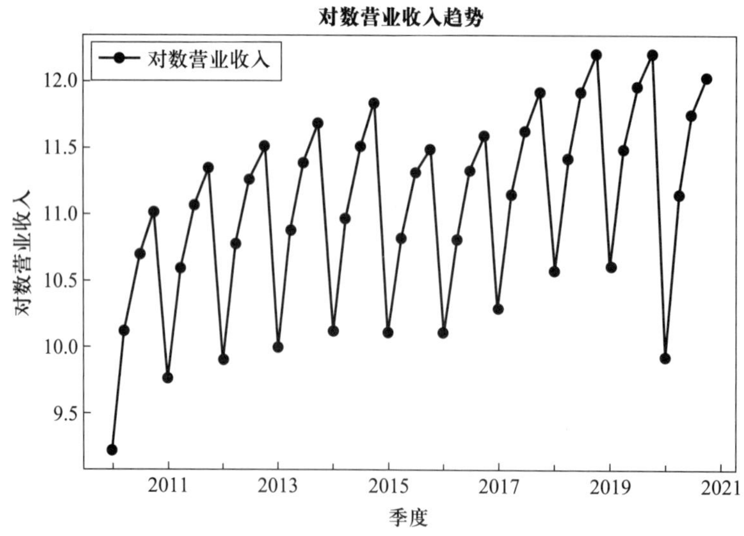

图 6–2 对数营业收入序列图

图 6-2 显示,对数营业收入序列图与原始序列时序图相似。不同的是,格力电器各季度对数营业收入的波动减弱,异方差减弱。对数化后的序列依然不平稳。需要进一步使用差分法观察时序的稳定性。

四、差分平稳化

对数营业收入(lnIncome)序列进行一阶差分后,对应 2010 年第一季度的数据会缺失,数值为 NaN。作时序图时,需要使用 dropna 函数删掉该值。同样,做二阶差分时,对应 2010Q1 和 2010Q2 的两个数据会缺失,也需要删掉该值才能作时序图。执行程序代码,分别输出对数营业收入一阶差分及二阶差分时序图,如图 6-3 和图 6-4 所示,对数营业收入的一阶差分(lnIncome_1)与二阶差分序列(lnIncome_2)的趋势基本围绕零均值上下波动,且波动范围稳定。这说明序列可能处于稳定状态。

```
# 绘制对数营业收入的一阶差分时序图
lnIncome=pd.DataFrame(np.log(income))
# 设置一阶差分，并删除缺失值
data['lnIncome_1']=pd.DataFrame(lnIncome.diff().dropna())
data['lnIncome_1'].plot(kind='line',color='r',markerfacecolor='blue',
                marker='o',figsize=(6,4))  # 设置折线图的x轴与y轴
xlabel_obj=plt.xlabel('季度',fontsize=12)   # 设置x轴标签
ylabel_obj=plt.ylabel('对数营业收入的一阶差分',fontsize=12) # 设置y轴标签
plt.title('对数营业收入的一阶差分趋势',fontsize=14)  # 设置图标题
plt.rcParams['font.sans-serif'] = ['SimHei']   # 设置为黑体字
plt.rcParams['axes.unicode_minus'] = False     # 设置正常显示字符
plt.legend(["lnIncome_1"])
plt.show()
```

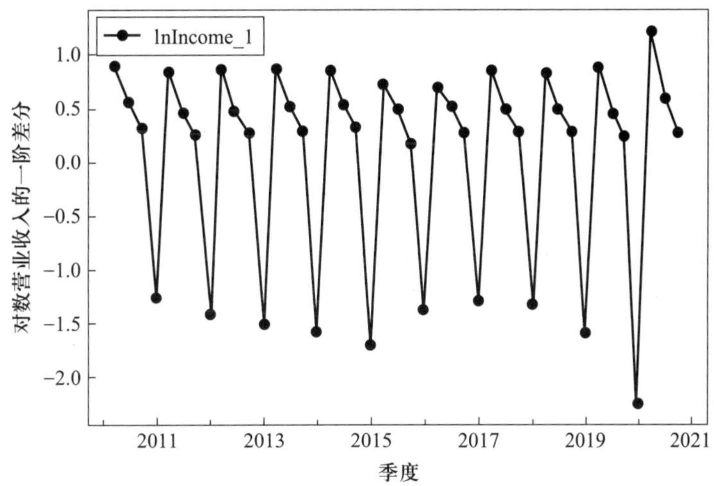

图 6-3 对数营业收入一阶差分序列图

```
# 作对数营业收入的二阶差分时序图
lnIncome_1=pd.DataFrame(lnIncome.diff().dropna())
data['lnIncome_2']=pd.DataFrame(lnIncome_1.diff().dropna())
data['lnIncome_2'].plot(kind='line',color='r',
                        markerfacecolor='blue',marker='o',figsize=(6,4))
xlabel_obj=plt.xlabel('季度',fontsize=12)   # 设置x轴标签
ylabel_obj=plt.ylabel('对数营业收入的二阶差分',fontsize=12) # 设置y轴标签
plt.title('对数营业收入的二阶差分趋势',fontsize=14)  # 设置图标题
plt.rcParams['font.sans-serif'] = ['SimHei']  # 设置为黑体字
plt.rcParams['axes.unicode_minus'] = False    # 设置正常显示字符
plt.legend(["lnIncome_2"])
plt.show()
```

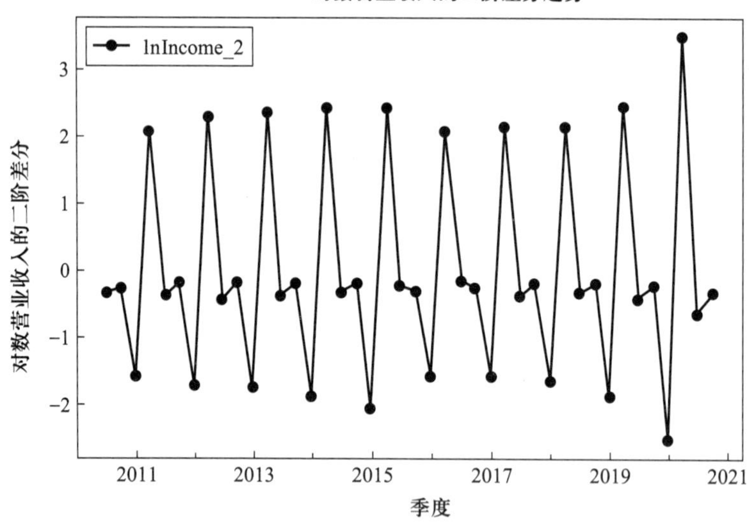

图 6-4 对数营业收入二阶差分序列图

五、计算并绘制自相关图和偏自相图

(一) 计算自相关和偏自相关系数

进一步地,计算 lnIncome 的自相关系数和偏自相关系数。执行程序代码,输出结果如图 6-5 所示。输出结果有两个数组。其类型均是 ndarray 型,第一个数组是自相关系数,其中第一个元素为 1,是滞后 0 阶的自相关系数;第二个元素为 0.114 977 42,对应滞后一阶的自相关系数……,以此类推,系统默认给出滞后 40 阶的自相关系数。第二个数组是偏自相关系数,每个元素的含义与第一个数组相似。

```
# 计算lnIncome的自相关系数
import statsmodels.tsa.stattools
# 计算自相关系数
ACF_lnIncome=statsmodels.tsa.stattools.acf(lnIncome,nlags=15,fft=True)
# 计算偏自相关系数
PACF_lnIncome=statsmodels.tsa.stattools.pacf(lnIncome,nlags=15)
print('ACF_lnIncome\n',ACF_lnIncome)
print('PACF_lnIncome\n',PACF_lnIncome)
```

```
ACF_lnIncome
 [ 1.          0.11497742 -0.1949766   0.0149428   0.79503779  0.02966633
 -0.23637977 -0.04483055  0.64450538 -0.03687657 -0.27325027 -0.09556666
  0.53087442 -0.07397947 -0.28189268 -0.11181193]
PACF_lnIncome
 [ 1.          0.11765131 -0.22116435  0.07612894  0.87465311 -0.74951901
  0.53504376  0.03383534 -0.68160841  0.5802286   0.67733247 -4.43397641
 -0.76902691 -1.64310457  0.91818186 -0.6416307 ]
```

图 6-5 计算 lnIncome 的自相关系数和偏自相关系数

图 6-5 的输出结果不够直观简明，可以利用 np.c_ 函数把这几个序列按列直接合并，在新的数据框里第 1 列至第 5 列的列名称分别命名为“lag”“AC”“PAC”“Q”和“Prob(>Q)”。再使用 Pandas 中 DataFrame 函数把数组类型转成数据框类型，输出结果如图 6-6 所示。

```
# Ljung-Box检验
import statsmodels.api as sm
# 获得自相关系数r，Q统计量及其概率值
r,q,p = sm.tsa.acf(lnIncome.values.squeeze(),
                   fft=True, qstat=True,nlags=15)
# 按行连接r,q,p三个数组，要求行数相等。
data_1 = np.c_[np.arange(1,16), r[1:16],PACF_lnIncome[1:16],q, p]
table = pd.DataFrame(data_1,
                     columns=['lag', "AC", "PAC","Q", "Prob(>Q)"])
print(table.set_index('lag'))
```

```
            AC       PAC          Q      Prob(>Q)
lag
1.0   0.114977  0.117651   0.622253  4.302112e-01
2.0  -0.194977 -0.221164   2.454256  2.931332e-01
3.0   0.014943  0.076129   2.465279  4.815986e-01
4.0   0.795038  0.874653  34.448784  6.028296e-07
5.0   0.029666 -0.749519  34.494459  1.897856e-06
6.0  -0.236380  0.535044  37.470559  1.425416e-06
7.0  -0.044831  0.033835  37.580499  3.640478e-06
8.0   0.644505 -0.681608  60.934490  3.054993e-10
9.0  -0.036877  0.580229  61.013130  8.548660e-10
10.0 -0.273250  0.677332  65.457936  3.312595e-10
11.0 -0.095567 -4.433976  66.018092  6.930583e-10
12.0  0.530874 -0.769027  83.843691  7.590155e-13
13.0 -0.073979 -1.643105  84.201022  1.776085e-12
14.0 -0.281893  0.918182  89.562159  4.590909e-13
15.0 -0.111812 -0.641631  90.434706  8.228627e-13
```

图 6-6 对数营业收入的自相关分析

(二) 绘制自相关和偏自相关图

图 6-5 和图 6-6 的自相关系数和偏自相关系数表还不够直观，我们可以输出自相关图与偏自相关图，更形象地表达序列的相关性。从 statsmodels 导入 graphics.tsaplots 子库，使用 plot_acf 和 plot_pacf 函数分别绘制对数营业收入的自相关图与偏自相关图。执行代码，输出结果如图 6-7 所示。自相关图与偏自相关图是一个平面二维坐标悬垂线图，横坐标表示延迟阶数，默认为 40，纵坐标表示自相关系数。置信区间被画成圆锥形阴影区。在默认

情况下，置信区间被设置为 95%。该图的第一幅子图描述的是自相关图，第二幅子图描述的是 lnIncome 的偏自相关情况。很明显，lnIncome 的自相关和偏自相关均拖尾。通过初步分析，认定 lnIncome 是非平稳数据。

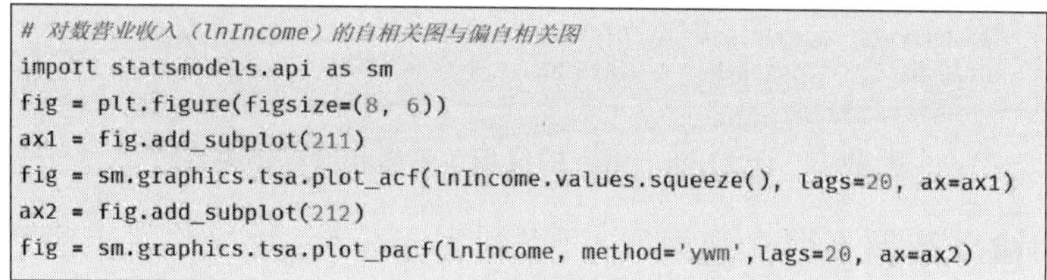

```
# 对数营业收入（lnIncome）的自相关图与偏自相关图
import statsmodels.api as sm
fig = plt.figure(figsize=(8, 6))
ax1 = fig.add_subplot(211)
fig = sm.graphics.tsa.plot_acf(lnIncome.values.squeeze(), lags=20, ax=ax1)
ax2 = fig.add_subplot(212)
fig = sm.graphics.tsa.plot_pacf(lnIncome, method='ywm',lags=20, ax=ax2)
```

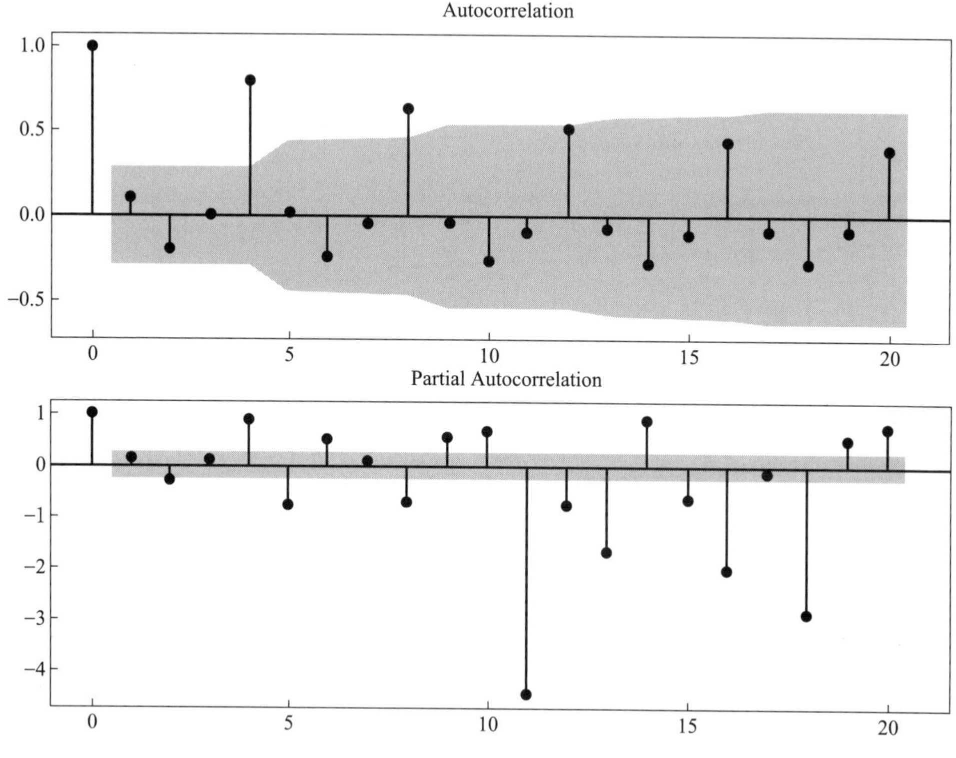

图 6-7 对数营业收入的自相关图与偏自相关图

同理，绘制对数营业收入的一阶差分（lnIncome_1）的自相关图与偏自相关图。执行代码，输出结果如图 6-8 所示。观察对数营业收入一阶差分序列的自相关图与偏自相关图，很明显，自相关图滞后 4 阶、8 阶超出阴影区，呈拖尾状态。偏自相关图滞后 2 阶、3 阶、4 阶超出阴影区，呈拖尾状态。

```
# 对数营业收入的一阶差分（lnIncome_1）的自相关图与偏自相关图
import statsmodels.api as sm
fig = plt.figure(figsize=(8, 6))
ax1 = fig.add_subplot(211)
fig = sm.graphics.tsa.plot_acf(lnIncome_1.values.squeeze(), lags=20, ax=ax1)
ax2 = fig.add_subplot(212)
fig = sm.graphics.tsa.plot_pacf(lnIncome_1,method='ywm', lags=20, ax=ax2)
```

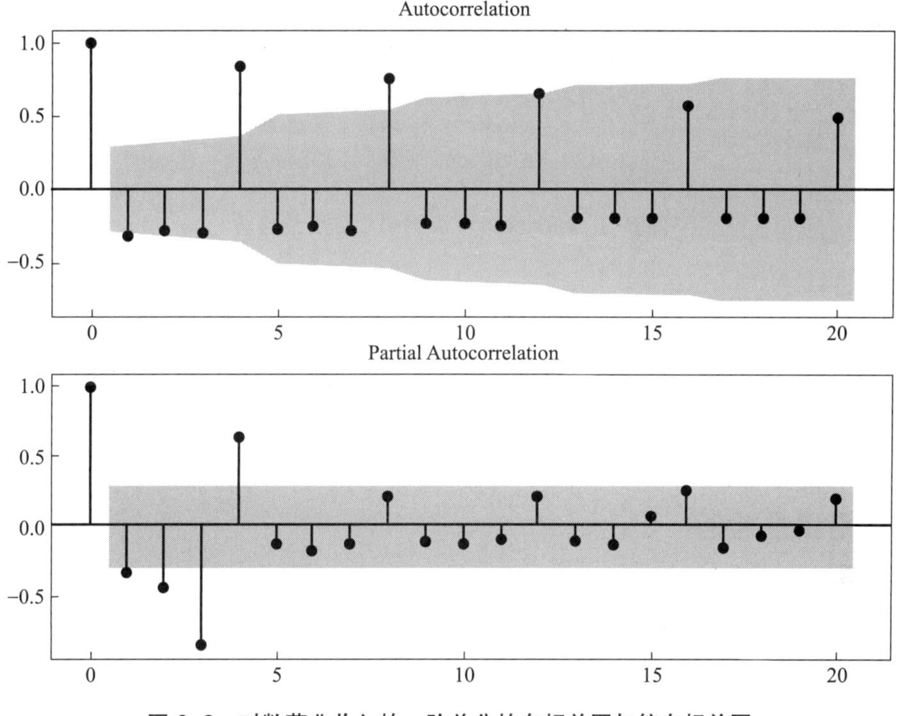

图 6-8 对数营业收入的一阶差分的自相关图与偏自相关图

（三）Q 统计量检验

计算对数营业收入的一阶差分（lnIncome_1）的 Q 统计量，执行代码，输出结果如图 6-9 所示。我们可以得到 lnIncome_1 序列 Q 统计量及其对应的概率值。第一列表示滞后阶数，第二列 lb_stat 表示 Ljung-Box 检验统计量，第三列 lb_pvalue 表示对应 Ljung-Box 统计量的概率值。第四列 bp_stat 表示 Box-Pierce 统计量，第五列 bp_pvalue 表示对应 Box-Pierce 统计量的概率值。很明显，lnIncome_1 存在自相关。

```
# 利用Ljung-Box Q统计量, 检验lnIncome序列的自相关性
import statsmodels.api as sm
from statsmodels.stats.diagnostic import acorr_ljungbox
lag=range(1,15,1)
sm.stats.diagnostic.acorr_ljungbox(lnIncome_1,
                    lags=lag,boxpierce=True,return_df=True)
```

	lb_stat	lb_pvalue	bp_stat	bp_pvalue
1	4.571650	3.250524e-02	4.266874	3.886237e-02
2	8.425802	1.480336e-02	7.778434	2.046136e-02
3	13.093587	4.438528e-03	11.927576	7.635417e-03
4	48.930400	6.037342e-10	42.986147	1.041659e-08
5	52.666820	3.937000e-10	46.141346	8.499776e-09
6	56.084399	2.798795e-10	48.951356	7.624972e-09
7	60.232977	1.356202e-10	52.270218	5.164602e-09
8	91.282991	2.552252e-16	76.420229	2.561310e-13
9	94.395904	2.128041e-16	78.772208	2.832647e-13

10	97.421634	1.785810e-16	80.991077	3.208972e-13
11	101.148829	1.057390e-16	83.641527	2.904007e-13
12	128.730479	1.109512e-21	102.642219	1.688012e-16
13	131.392250	1.104383e-21	104.416733	2.300627e-16
14	134.133173	1.035344e-21	106.183105	3.064876e-16

图 6-9 lnIncome_1 序列的 Q 统计量检验

第四节 建立 ARIMA 模型

一、平稳性检验

本案例采用 ADF 平稳性检验，其 Python 实现有三种方法：

第一种方法是直接执行 adfuller 函数命令，则输出元组（tuple）类型的 ADF 检验结果。执行代码，输出结果如图 6-10 所示：

```
# 平稳性检测，方法一：简单实现
from statsmodels.tsa.stattools import adfuller
print('对数营业收入序列的检验结果为：\n',adfuller(data['lnIncome']))
```

```
对数营业收入序列的检验结果为：
 (-1.6996816723041497, 0.43127649633448845, 4, 39, {'1%': -3.6103996013081
81, '5%': -2.939108945868946, '10%': -2.6080629651545038}, -23.91306454367
6725)
```

图 6-10 lnIncome 序列的 ADF 平稳性检验

图 6-10 中，第一个数值为 –1.699 681 672 304 149 7，表示 ADF 检验的 t 统计量。第二个数值为 0.431 276 496 334 488 45，表示 t 统计量对应的概率值。第三个为 4，表示滞后数。第四个表示观察值个数为 39 个。第五个需要结合第一个数值来看，表示 1%、5%、10% 显著性水平下 ADF 检验的临界值，分别是 –3.610 399 601 308 181，–2.939 108 945 868 946 和 –2.608 062 965 154 503 8。如果 ADF 检验结果同时小于 1%、5%、10% 下 ADF 检验的临界值，说明拒绝原假设。本案例中，ADF 结果为 –1.699 6，均大于三个显著性水平的临界值，接受原假设，存在单位根，即原序列不平稳。

为了使检验结果显示更加清晰明了，我们采用第二种方法，将执行 adfuller 函数命令输出的元组类型转成数据框，设置输出表格格式，执行代码，输出结果如图 6-11 所示：

```
# 方法二：以数据框类型显示ADF检验结果
t = sm.tsa.stattools.adfuller(data['lnIncome'])  # ADF检验
output=pd.DataFrame(index=['Test Statistic Value', "p-value", "Lags Used",
                    "Number of Observations Used","Critical Value(1%)",
                    "Critical Value(5%)","Critical Value(10%)"],
```

```
                    columns=['value'])
output.astype('float')
output['value']['Test Statistic Value'] = t[0]
output['value']['p-value'] = t[1]
output['value']['Lags Used'] = t[2]
output['value']['Number of Observations Used'] = t[3]
output['value']['Critical Value(1%)'] = t[4]['1%']
output['value']['Critical Value(5%)'] = t[4]['5%']
output['value']['Critical Value(10%)'] = t[4]['10%']
output
```

	value
Test Statistic Value	-1.699682
p-value	0.431276
Lags Used	4
Number of Observations Used	39
Critical Value(1%)	-3.6104
Critical Value(5%)	-2.939109
Critical Value(10%)	-2.608063

图 6-11 lnIncome 序列的 ADF 平稳性检验的数据框格式输出

当然还有第三种方法，使用自定义函数，方便后续的原始数据序列和差分序列的 ADF 检验，提高代码录入效率，执行代码，输出结果如图 6-12 所示。

```
# 方法三：ADF平稳性检验的自定义函数实现
def teststationarity(ts):
    dftest = adfuller(ts)
    # 对上述函数求得的值进行语义描述
    dfoutput = pd.Series(dftest[0:4],
        index=['Test Statistic','p-value','#Lags Used',
               'Number of Observations Used'])
    for key,value in dftest[4].items():
        dfoutput['Critical Value (%s)'%key] = value
    return dfoutput
teststationarity(data['lnIncome'])
```

```
Test Statistic                 -1.699682
p-value                         0.431276
#Lags Used                      4.000000
Number of Observations Used    39.000000
Critical Value (1%)            -3.610400
Critical Value (5%)            -2.939109
Critical Value (10%)           -2.608063
dtype: float64
```

图 6-12 lnIncome 序列 ADF 平稳性检验的自定义函数实现

同样地，运用上述方法三中的 teststationarity 自定义函数，分别对营业收入序列、对数营业收入序列、对数营业收入的一阶差分（lnIncome_1）、二阶差分（lnIncome_2）进行 ADF 检验。执行代码，输出结果如图 6-13 所示。本案例中，对数营业收入的二阶差分（lnIncome_2）的 ADF 结果为 −76.425 072，均小于三个显著性水平的临界值，拒绝原假设，不存在单位根，即序列平稳。所以判断 ARIMA 模型的差分阶数 d 为 2。

```
ADF_Income=pd.DataFrame(teststationarity(data['营业收入']))
ADF_lnIncome=pd.DataFrame(teststationarity(data['lnIncome']))
ADF_lnIncome_1=pd.DataFrame(teststationarity(data['lnIncome_1'].dropna()))
ADF_lnIncome_2=pd.DataFrame(teststationarity(data['lnIncome_2'].dropna()))
ADF=pd.concat([ADF_Income,ADF_lnIncome,ADF_lnIncome_1,ADF_lnIncome_2],axis=1)
ADF.columns=['ADF_Income','ADF_lnIncome','ADF_lnIncome_1','ADF_lnIncome_2']
ADF
```

	ADF_Income	ADF_lnIncome	ADF_lnIncome_1	ADF_lnIncome_2
Test Statistic	-2.097829	-1.699682	-2.333114	-76.425072
p-value	0.245389	0.431276	0.161510	0.000000
#Lags Used	4.000000	4.000000	3.000000	2.000000
Number of Observations Used	39.000000	39.000000	39.000000	39.000000
Critical Value (1%)	-3.610400	-3.610400	-3.610400	-3.610400
Critical Value (5%)	-2.939109	-2.939109	-2.939109	-2.939109
Critical Value (10%)	-2.608063	-2.608063	-2.608063	-2.608063

图 6-13 原始序列、lnIncome、lnIncome_1 和 lnIncome_2 的 ADF 平稳性检验汇总

二、模型定阶

(一) 观察法定阶

我们通过观察对数营业收入二阶差分（lnIncome_2）的 PACF 和 ACF 截尾，分别判断 p、q 的值。执行代码，输出结果如图 6-14 所示，很明显，自相关图与偏自相关图均显示拖尾性。这里我们使用 ARIMA 模型，并暂时选取 p=4，d=1 或者 d=2，q=1。

```
# 对数营业收入二阶差分（lnIncome_2）的自相关图与偏自相关图
from statsmodels.graphics.tsaplots import plot_acf, plot_pacf
import math as math

fig = plt.figure(figsize=(8,6))
lnIncome_22=lnIncome_1.diff().dropna()
fig = plt.figure(figsize=(8,6))
ax1 = fig.add_subplot(211)
fig = sm.graphics.tsa.plot_acf(lnIncome_22.values.squeeze(), lags=15, ax=ax1)
ax2 = fig.add_subplot(212)
fig = sm.graphics.tsa.plot_pacf(lnIncome_22, method='ywm',lags=15, ax=ax2)
```

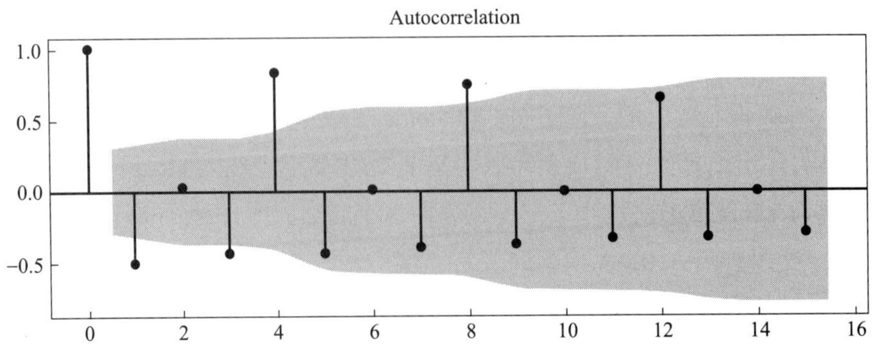

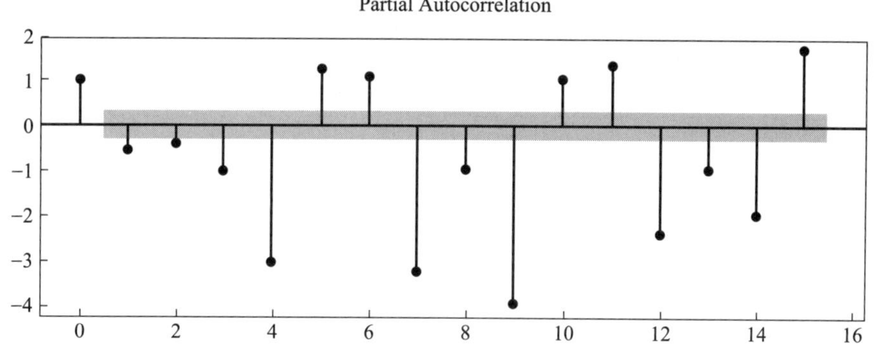

图 6-14 对数营业收入的二阶差分的自相关与偏自相关图

（二）Auto ARIMA 定阶

导入 pmdarima 库，执行 auto_arima 函数命令。在本案例中，auto_arima 自动定阶输出结果如图 6-15 所示，耗时 10.619 秒。根据自动比较，找到 AIC 最小时对应的 ARIMA(p,d,q) 参数值，这里得到的结果是 ARIMA(4,1,1)。注意，迭代过程中出现的 AIC=inf，表示无穷（infinite），即序列不收敛。

ARIMA(p,d,q) 的阶数，理论上说，差分的次数越多，对时序信息的非平稳确定性信息的提取越充分，但是，差分的次数并非越多越好，每一次差分运算，都会造成信息的损失，所以应当避免过度差分。一般在应用中，差分的阶数不超过 2。

```
import pmdarima as pm
model=pm.auto_arima(lnIncome,trace=True,
                    error_action="ignore",suppress_warnings=True)
model.fit(lnIncome)
```

```
Performing stepwise search to minimize aic
 ARIMA(2,1,2)(0,0,0)[0] intercept   : AIC=inf, Time=1.11 sec
 ARIMA(0,1,0)(0,0,0)[0] intercept   : AIC=118.723, Time=0.02 sec
 ARIMA(1,1,0)(0,0,0)[0] intercept   : AIC=116.233, Time=0.02 sec
      (0,1,1)(0,0,0)[0] intercept   : AIC=inf, Time=0.11 sec
 ARIMA(0,1,0)(0,0,0)[0]             : AIC=116.939, Time=0.01 sec
 ARIMA(2,1,0)(0,0,0)[0] intercept   : AIC=109.003, Time=0.03 sec
 ARIMA(3,1,0)(0,0,0)[0] intercept   : AIC=inf, Time=0.11 sec
 ARIMA(2,1,1)(0,0,0)[0] intercept   : AIC=inf, Time=0.15 sec
 ARIMA(1,1,1)(0,0,0)[0] intercept   : AIC=inf, Time=0.09 sec
 ARIMA(3,1,1)(0,0,0)[0] intercept   : AIC=-2.652, Time=0.16 sec
 ARIMA(4,1,1)(0,0,0)[0] intercept   : AIC=-14.012, Time=0.21 sec
 ARIMA(4,1,0)(0,0,0)[0] intercept   : AIC=inf, Time=0.22 sec
 ARIMA(5,1,1)(0,0,0)[0] intercept   : AIC=-12.196, Time=0.20 sec
 ARIMA(4,1,2)(0,0,0)[0] intercept   : AIC=-12.041, Time=0.22 sec
 ARIMA(3,1,2)(0,0,0)[0] intercept   : AIC=-7.981, Time=0.21 sec
 ARIMA(5,1,0)(0,0,0)[0] intercept   : AIC=inf, Time=0.20 sec
 ARIMA(5,1,2)(0,0,0)[0] intercept   : AIC=-12.981, Time=0.27 sec
 ARIMA(4,1,1)(0,0,0)[0]             : AIC=-15.222, Time=0.16 sec
 ARIMA(3,1,1)(0,0,0)[0]             : AIC=-0.225, Time=0.14 sec
 ARIMA(4,1,0)(0,0,0)[0]             : AIC=inf, Time=0.13 sec
 ARIMA(5,1,1)(0,0,0)[0]             : AIC=-13.281, Time=0.16 sec
 ARIMA(4,1,2)(0,0,0)[0]             : AIC=-13.137, Time=0.18 sec
 ARIMA(3,1,0)(0,0,0)[0]             : AIC=18.097, Time=0.06 sec
 ARIMA(3,1,2)(0,0,0)[0]             : AIC=-7.723, Time=0.16 sec
```

```
 ARIMA(5,1,0)(0,0,0)[0]             : AIC=inf, Time=0.16 sec
 ARIMA(5,1,2)(0,0,0)[0]             : AIC=-11.914, Time=0.21 sec

Best model:  ARIMA(4,1,1)(0,0,0)[0]
Total fit time: 10.619 seconds
```

图 6-15 auto_arima 函数自动定阶过程

三、模型初选

根据 auto_arima 函数自动定阶过程，执行程序代码，输出结果如图 6-16 所示，似然函数最优值不收敛。

```
# 建立ARIMA(4,1,1)模型
from statsmodels.tsa.arima.model import ARIMA # ARIMA模型
model_411 = ARIMA(lnIncome, order=(4, 1,1)).fit()
print( model_411.aic,model_411.bic, model_411.hqic)
```

```
-15.222099318135811 -4.654898623974436 -11.32524228396943

C:\Users\yuman\anaconda3\lib\site-packages\statsmodels\base\model.py:604: ConvergenceWarni
ng: Maximum Likelihood optimization failed to converge. Check mle_retvals
```

图 6-16 auto_arima 函数自动定阶过程

根据不同方法下模型的定阶以及 AIC 情况，初步判断 d=1 或 2，p=1 或 2，q=1 或 2。不妨设 p=1，d=2，q=1，构建 ARIMA(1,2,1) 模型，得到该模型的 aic，bic，hqic。同理，依次建立 ARIMA(1,2,2)、ARIMA(2,2,1)、ARIMA(2,2,2)、ARIMA(1,1,1)、ARIMA(0,1,1) 和 ARIMA(0,1,2)，分别运行下面代码，得到不同 ARIMA(p,d,q) 模型下的 aic 值，bic 值和 hqic 值，如图 6-17 所示。注意，这些模型可能存在不收敛的情况。

```
# 建立ARIMA(1,2,1)模型
from statsmodels.tsa.arima.model import ARIMA # ARIMA模型
model_121 = ARIMA(lnIncome, order=(1, 2,1)).fit()
print( model_121.aic,model_121.bic, model_121.hqic)
```

```
118.94447680419742 124.15748565904752 120.85525072722939
```

```
# 建立ARIMA(1,2,2)模型
model_122 = ARIMA(lnIncome, order=(1, 2,2)).fit() # 设置模型参数
print(model_122.aic, model_122.bic, model_122.hqic)
```

```
112.69275951339958 119.64343798653306 115.24045807744221
```

```
# 建立ARIMA(2,2,1)模型
model_221 = ARIMA(lnIncome, order=(2, 2,1)).fit() # 设置模型参数
print(model_221.aic, model_221.bic, model_221.hqic)
```

```
112.65991484008528 119.61059331321876 115.20761340412791
```

```
# 建立ARIMA(2,2,2)模型
model_222 = ARIMA(lnIncome, order=(2, 2,2)).fit() # 设置模型参数
print(model_222.aic, model_222.bic, model_222.hqic)
```

```
94.09532799908177 102.78367609049862 97.27995120413506
```

```
# 建立ARIMA(1,1,1)模型
model_111 = ARIMA(lnIncome, order=(1, 1,1)).fit() # 设置模型参数
print(model_111.aic, model_111.bic, model_111.hqic)
```

```
98.7262376369988 104.0098379840795 100.67466615408199
```

```
# 建立ARIMA(0,1,1)模型
model_011 = ARIMA(lnIncome, order=(0, 1,1)).fit() # 设置模型参数
print(model_011.aic, model_011.bic, model_011.hqic)
```

```
96.77824660804546 100.30064683943259 98.07719895276759
```

```
# 建立ARIMA(0,1,2)模型
model_012 = ARIMA(lnIncome, order=(0, 1,2)).fit() # 设置模型参数
print(model_012.aic, model_012.bic, model_012.hqic)
```

```
90.11768294901026 95.40128329609095 92.06611146609345
```

图 6-17 不同参数下，ARIMA(p,d,q) 模型的 aic，bic，hqic

图 6-17 中 ARIMA(p,d,q) 模型显示的 aic，bic，hqic 不方便比较大小。利用列表转换成字典，再转换成数据框，更有利于比较不同模型的预测误差。图 6-18 显示，ARIMA(0,1,2) 的 aic，bic，hqic 在多个模型中最小。

```
# 建立aic, bic和hqic的比较表
aic_bic={"model_122" : [model_122.aic,model_122.bic,model_122.hqic],
    "model_221" : [model_221.aic,model_221.bic,model_221.hqic],
    "model_121" : [model_121.aic,model_121.bic,model_121.hqic],
    "model_111" : [model_111.aic,model_111.bic,model_111.hqic],
    "model_011" : [model_011.aic,model_011.bic,model_011.hqic],
    "model_012" : [model_012.aic,model_012.bic,model_012.hqic,],
    "误差度量" :['aic','bic','hqic']}          # 将列表转换成字典
model_arima_aic=pd.DataFrame(aic_bic)  # 将字典转换成为数据框
# 重新设置数据框索引为"误差度量"
model_arima_aic.set_index('误差度量',inplace=True)
print(model_arima_aic)
```

	model_122	model_221	model_121	model_111	model_011	model_012
误差度量						
aic	112.692760	112.659915	118.944477	98.726238	96.778247	90.117683
bic	119.643438	119.610593	124.157486	104.009838	100.300647	95.401283
hqic	115.240458	115.207613	120.855251	100.674666	98.077199	92.066111

图 6-18 ARIMA(p,d,q) 模型的 aic，bic 和 hqic 的比较

四、模型确定与拟合

经过模型比较，我们选择 ARIMA(0,1,2) 进行拟合。从 statsmodels.tsa.arima.model 中调取 ARIMA 函数，设置模型 order 参数为 (0,1,2)，再调取 summary 函数输出模型结果，如图 6-19 所示。

```
# 建立ARIMA(0,1,2)模型
from statsmodels.tsa.arima.model import ARIMA # ARIMA模型
model_012 = ARIMA(data['lnIncome'], order=(0, 1,2)).fit() # 设置模型参数
print(model_012.summary()) # 输出模型结果
```

```
                               SARIMAX Results
==============================================================================
Dep. Variable:               lnIncome   No. Observations:                   44
Model:                 ARIMA(0, 1, 2)   Log Likelihood                 -42.059
Date:                Wed, 31 Jan 2024   AIC                             90.118
Time:                        10:11:15   BIC                             95.401
Sample:                    04-30-2009   HQIC                            92.066
                         - 01-31-2020
Covariance Type:                  opg
==============================================================================
                 coef    std err          z      P>|z|      [0.025      0.975]
------------------------------------------------------------------------------
ma.L1         -1.6234      0.446     -3.642      0.000      -2.497      -0.750
ma.L2          0.9835      0.554      1.776      0.076      -0.102       2.069
sigma2         0.3547      0.190      1.871      0.061      -0.017       0.726
===================================================================================
Ljung-Box (L1) (Q):                   1.67   Jarque-Bera (JB):                 1.39
Prob(Q):                              0.20   Prob(JB):                         0.50
Heteroskedasticity (H):               1.44   Skew:                             0.02
Prob(H) (two-sided):                  0.50   Kurtosis:                         2.12
===================================================================================

Warnings:
[1] Covariance matrix calculated using the outer product of gradients (complex-step).
```

图 6-19 ARIMA(0,1,2) 模型概况

图 6-19 显示，ARIMA(0,1,2) 模型输出结果分以下三个部分。

第一部分为模型基本情况表。其中，Dep.Variable 为对数营业收入的一阶差分，观测值个数为 44，Log Likelihood 为对数极大似然值；Date 表示程序运行日期，Time 表示程序运行时间；AIC 为 90.118，BIC 为 95.401，HQIC 为 92.066。

第二部分为模型系数表。其中，第一列表示变量名称，“ma.L1”表示移动平均的一阶滞后，即 MA(−1)，“ma.L2”表示 MA(−2)。第二列“coef”表示变量对应的系数。第三列“std err”表示系数标准误。第四列“z”表示变量对应的 t 统计量。第五列“$P>|z|$”表示概率值，在理想情况下，各项对应的 p 值小于 0.05。本案例中移动平均的一阶滞后和二阶滞后均显著。

第三部分为模型的其他统计量。包括 LB 值、JB 值、异方差统计量值以及峰度与偏度。

除了上面使用 summary() 函数输出模型信息外，如果要单独提取 ARIMA(0,1,2) 模型的 t 统计量、β 系数、标准误、系数估计的 p 值，执行命令，输出如图 6-20 至图 6-23 所示。

```
# 提取ARIMA (0, 1, 2) 模型的t统计量
tvalues=model_012.tvalues
tvalues
```

```
ma.L1     -3.641692
ma.L2      1.775844
sigma2     1.870911
dtype: float64
```

图 6-20 ARIMA(0,1,2) 模型 t 统计量

```
# 提取ARIMA (0, 1, 2) 模型的β系数
b=model_012.params
b
```

```
ma.L1     -1.623421
ma.L2      0.983496
sigma2     0.354663
dtype: float64
```

图 6-21 ARIMA(0,1,2) 模型的 β 系数

```
# 提取ARIMA (0, 1, 2) 模型系数的标准误
bse=model_012.bse
bse
```

```
ma.L1      0.445787
ma.L2      0.553819
sigma2     0.189567
dtype: float64
```

图 6-22 ARIMA(0,1,2) 模型系数的标准误

```
# 提取ARIMA (0, 1, 2) 模型系数估计的p值
pvalues=model_012.pvalues
pvalues
```

```
ma.L1      0.000271
ma.L2      0.075759
sigma2     0.061357
dtype: float64
```

图 6-23 ARIMA(0,1,2) 模型系数估计的 p 值

五、模型误差分析

(一) 绘制残差序列时序图

绘制 ARIMA(0,1,2) 模型残差时序图，输出结果如图 6-24 所示。可以看到残差序列围绕零均值上下波动，基本为白噪声。

```
# 绘制ARIMA (0, 1, 2) 模型残差时序图
resid=model_012.resid  # 提取模型残差项
fig = plt.figure(figsize=(8,5))
ax = fig.add_subplot(111) # 绘制网格图
plt.title('ARIMA (0, 1, 2) 模型残差序列图')  # 设置图标题
ax = model_012.resid[1:].plot(ax=ax);
```

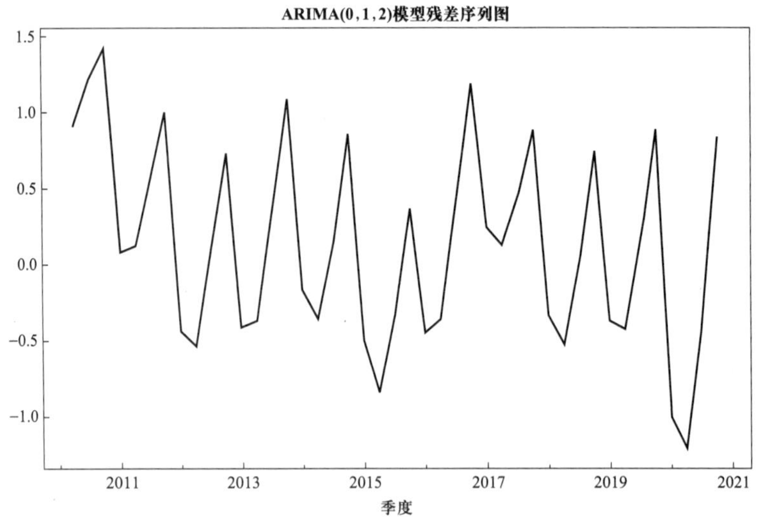

图 6-24 ARIMA(0,1,2) 模型残差序列趋势

(二) 绘制残差序列的自相关图

图 6-25 是残差的 ACF 和 PACF 图,可以看到残差序列全部在阴影区内,不存在自相关。

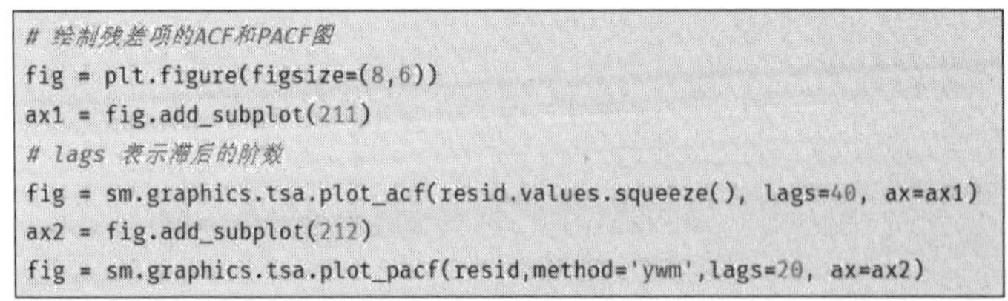

```
# 绘制残差项的ACF和PACF图
fig = plt.figure(figsize=(8,6))
ax1 = fig.add_subplot(211)
# lags 表示滞后的阶数
fig = sm.graphics.tsa.plot_acf(resid.values.squeeze(), lags=40, ax=ax1)
ax2 = fig.add_subplot(212)
fig = sm.graphics.tsa.plot_pacf(resid,method='ywm',lags=20, ax=ax2)
```

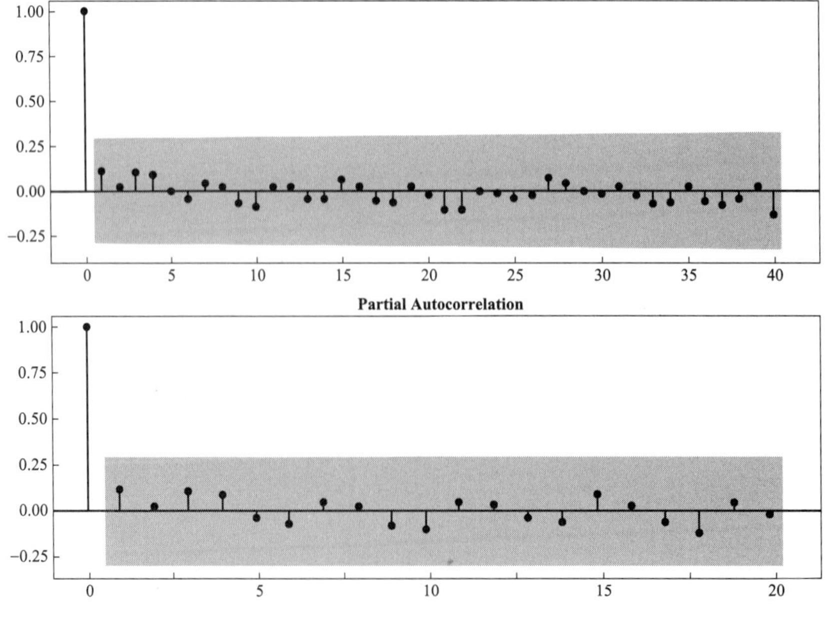

图 6-25 ARIMA(0,1,2) 模型残差序列的 ACF 和 PACF 图

（三）正态分布检验

从 scipy 库中调用 stats 模块，利用 normaltest 函数检验 ARIMA(0,1,2) 模型残差项的正态分布性，如图 6–26 所示，统计量为 2.988 8，p 值为 0.224 4，残差项呈正态分布。

```
# 对模型残差项进行正态分布检验
from scipy import stats
stats.normaltest(resid[1:],axis=None)
```

```
NormaltestResult(statistic=2.988803994652541, pvalue=0.2243827461001957)
```

图 6–26 ARIMA(0,1,2) 模型残差序列的正态分布检验

（四）Q–Q 图

从 statsmodels.graphics.api 中调取 qqplot 函数，绘制 Q–Q 图。图 6–27 显示，样本点在 Q–Q 图上趋近于落在 $y=x$ 直线上，可以粗略判断残差项近似服从正态分布。

```
# 绘制QQ图
from statsmodels.graphics.api import qqplot
fig = plt.figure(figsize=(8,5))
ax = fig.add_subplot(111)
fig = qqplot(resid[1:], line='q', ax=ax, fit=True)
```

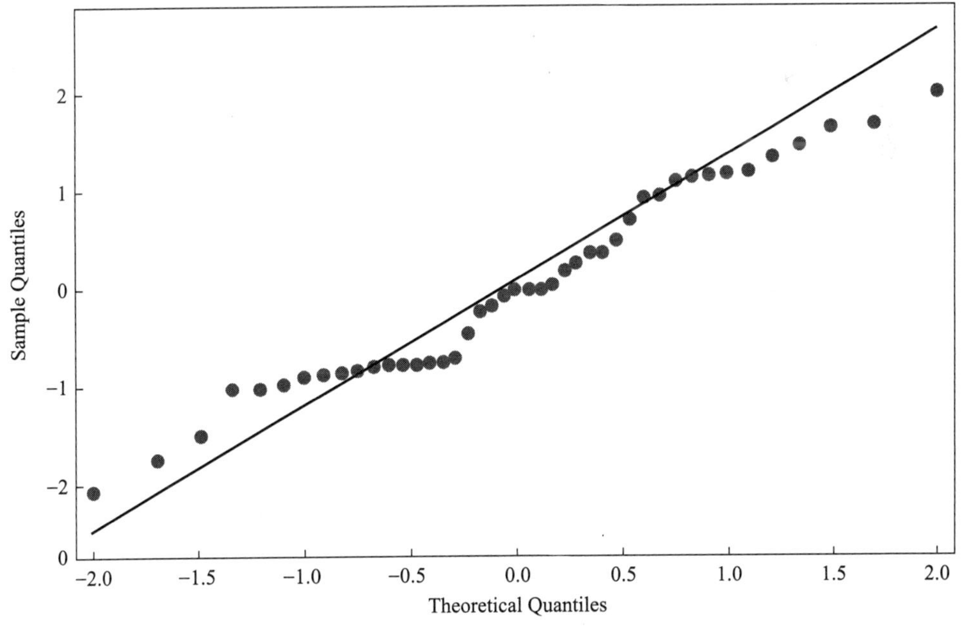

图 6–27 ARIMA(0,1,2) 模型残差项的 Q–Q 图

（五）D–W 检验

对 ARIMA(0,1,2) 模型残差项进行 D–W 检验，检验结果是 0.919 1，代码及输出结果如图 6–28 所示。

```
# 做D-W检验
import statsmodels.api as sm
# 输出模型的durbin检验值
sm.stats.durbin_watson(model_012.resid.values)
```

```
0.9190847449796339
```

图 6-28 ARIMA(0,1,2) 模型残差项的 D-W 检验

（六）白噪声检验

对 ARIMA(0,1,2) 模型进行残差的 LB 检验，输出结果如图 6-29 所示。观察输出结果的最后一列的检验概率（一般观察滞后 1~12 阶），大于 0.05，可以判断残差项为白噪声序列。

```
# Ljung-Box检验
import statsmodels.api as sm
resid = model_012.resid
r,q,p = sm.tsa.acf(resid.values.squeeze(), fft=True, qstat=True)
df= np.c_[range(1,17), r[1:], q, p]
table = pd.DataFrame(df, columns=['lag', "AC", "Q", "Prob(>Q)"])
print(table.set_index('lag'))
```

```
            AC         Q  Prob(>Q)
lag
1.0   0.117043  0.644808  0.421975
2.0   0.039480  0.719921  0.697704
3.0   0.107609  1.291565  0.731137
4.0   0.099510  1.792623  0.773832
5.0  -0.005393  1.794132  0.876834
6.0  -0.045168  1.902795  0.928418
7.0   0.045221  2.014661  0.959024
8.0   0.026202  2.053261  0.979335
9.0  -0.064115  2.290976  0.985987
10.0 -0.079833  2.670371  0.988154
11.0  0.031128  2.729801  0.993836
12.0  0.024628  2.768166  0.996971
13.0 -0.044921  2.899916  0.998272
14.0 -0.045953  3.042385  0.998997
15.0  0.062210  3.312489  0.999261
16.0  0.034294  3.397503  0.999614
```

图 6-29 ARIMA(0,1,2) 模型的 LB 检验

六、模型预测

通过上述模型的误差分析，我们确定使用 ARIMA(0,1,2) 进行预测。调用 predict 函数，指定要预测的时间范围为［2021Q1，2021Q4］，采用动态预测法，设置 dynamic=True，进行预测。执行命令，得到 2021 年第一季度的营业收入为 31 159.590 984 百万元，2021 年第二季度的营业收入为 68 202.456 865 百万元（见图 6-30）。

```
# 动态预测
model_012_predict= model_012.predict('2021Q1', '2021Q4', dynamic=True)
print('对数营业收入预测值\n',model_012_predict)
print('营业收入预测值(百万元)\n',np.exp(model_012_predict))
```

```
对数营业收入预测值
 2021Q1    10.346877
2021Q2    11.130236
2021Q3    11.130236
2021Q4    11.130236
Freq: Q-JAN, Name: predicted_mean, dtype: float64
营业收入预测值(百万元)
 2021Q1    31159.590984
2021Q2    68202.456865
2021Q3    68202.456865
2021Q4    68202.456865
Freq: Q-JAN, Name: predicted_mean, dtype: float64
```

图 6-30 ARIMA(0,1,2) 模型下 2021Q1,2021Q2 营业收入预测

当然,也可以用 forecast(8) 函数预测未来 8 期的对数营业收入与营业收入,返回预测结果。如果使用 forecast( ),则预测的是未来 1 期的营业收入,其参数设置如图 6-31 所示。

```
# 运用model_012模型预测未来2个季度的对数营业收入与营业收入,返回预测结果。
arima1=model_012.forecast(8)
arima2=np.exp(model_012.forecast(8))
print('对数营业收入预测值\n',arima1)
print('营业收入预测值(百万元)\n',arima2)
```

```
对数营业收入预测值
 2021Q1    10.346877
2021Q2    11.130236
2021Q3    11.130236
2021Q4    11.130236
2022Q1    11.130236
2022Q2    11.130236
2022Q3    11.130236
2022Q4    11.130236
Freq: Q-JAN, Name: predicted_mean, dtype: float64
营业收入预测值(百万元)
 2021Q1    31159.590984
2021Q2    68202.456865
2021Q3    68202.456865
2021Q4    68202.456865
2022Q1    68202.456865
2022Q2    68202.456865
2022Q3    68202.456865
2022Q4    68202.456865
Freq: Q-JAN, Name: predicted_mean, dtype: float64
```

```
# 用forecast函数预测未来一季度营业收入
output = model_012.forecast()
output
```

```
2021Q1    10.346877
Freq: Q-JAN, dtype: float64
```

图 6-31 ARIMA(0,1,2) 模型下营业收入预测的 forecast 参数设置

依据构建的 model_012 模型,用 predict 函数预测 2010Q1 至 2023Q4 营业收入的拟合值,执行命令,输出结果如图 6-32 所示。这里需要注意的是,因使用了一阶差分,所以 2010Q1 的拟合值缺失。

```
# 运行model_012模型,显示2010Q1至2023Q4的预测值
model_012_predict= model_012.predict('2010Q1', '2023Q4')
print('营业收入预测值(百万元)\n',np.exp(model_012_predict))
```

```
营业收入预测值(百万元)
 2010Q1          1.000000
2010Q2       10158.843564
2010Q3       13307.915023
2010Q4       14691.964861
2011Q1       15947.457820
2011Q2       35668.289052
2011Q3       35865.168794
2011Q4       30890.316432
2012Q1       31289.516059
2012Q2       82521.288402
2012Q3       75737.458100
2012Q4       47985.303089
```

```
2022Q1      68202.456865
2022Q2      68202.456865
2022Q3      68202.456865
2022Q4      68202.456865
2023Q1      68202.456865
2023Q2      68202.456865
2023Q3      68202.456865
2023Q4      68202.456865
Freq: Q-JAN, Name: predicted_mean, dtype: float64
```

图 6-32 ARIMA(0,1,2) 模型下 2010Q1-2023Q4 营业收入拟合值

进一步地，从 model_012 模型提取对数营业收入的拟合值（fittedvalues），还原为营业收入拟合值，并输出实际营业收入与营业收入拟合值表，绘制二者的趋势比较图，如图 6-33 所示。很明显，以 2015 年为转折点，格力电器的实际营业收入及其拟合趋势分两个阶段，存在结构性变化。

```
# 输出实际营业收入与预测营业收入表
import numpy as np
model_012.fit=model_012.fittedvalues # Income的模型拟合值
data['营业收入_pre']=pd.DataFrame(np.exp(model_012.fit))
data.iloc[1:,[0,4]]
```

季度	营业收入	营业收入_pre
2010Q2	24957.067183	10158.843564
2010Q3	44296.756620	13307.915023
2010Q4	60431.626050	14691.964861
2011Q1	17212.587662	15947.457820
2011Q2	40061.636049	35668.289052
2019Q4	198153.027540	82011.720753
2020Q1	20395.535183	55619.062977
2020Q2	69502.322370	234002.090645
2020Q3	125889.395999	186151.373972
2020Q4	168199.204405	73955.702674

```
# 绘制实际营业收入与ARIMA (0,1,2) 模型拟合值比较图
data.plot(y=['营业收入', '营业收入_pre'],marker='o',figsize=(8,5))
plt.title('实际营业收入与ARIMA (0,1,2) 模型拟合值比较')  # 设置图标题
plt.rcParams['font.sans-serif'] = ['SimHei']  # 设置为黑体字
plt.rcParams['axes.unicode_minus'] = False     # 设置坐标轴负数的负号正常显示
plt.show()
```

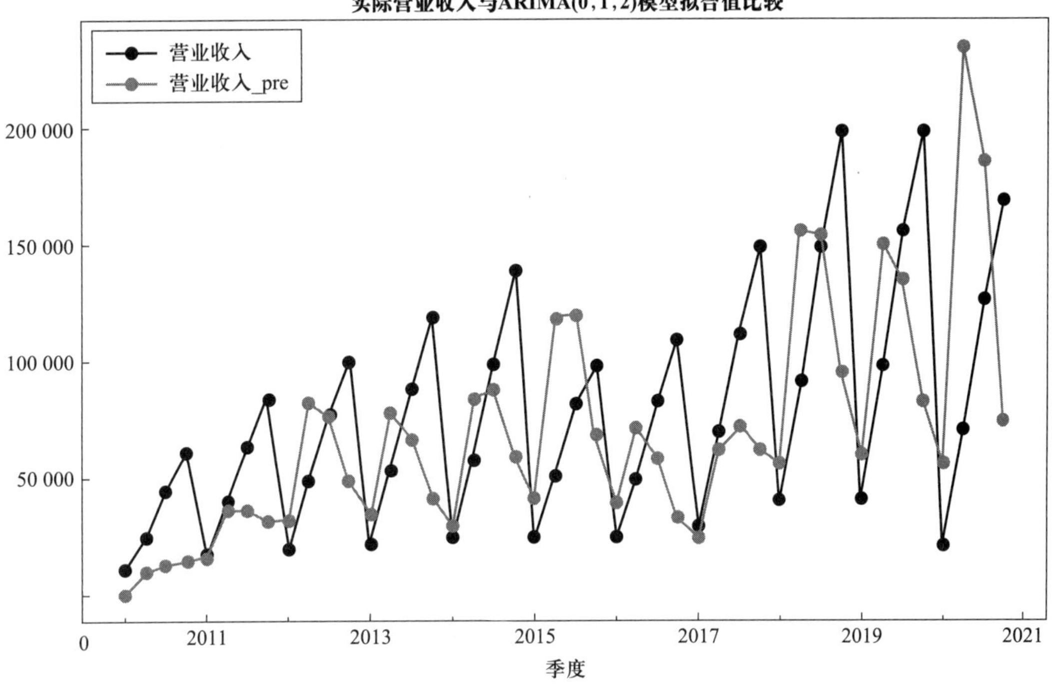

图 6-33　实际营业收入与 ARIMA(0,1,2)模型拟合值比较

七、模型评价

模型预测的精准性是度量模型优劣的关键。本案例导入 Sklearn 库中的 metrics 模块，利用该模块的 mean_squared_error 和 mean_absolute_error 函数计算 MSE 和 MAE 指标。利用 Numpy 库，运用公式计算 MAPE 和 SMAPE 指标。最后输出打印上述误差度量指标，如图 6-34 所示。

```
# Arima
import numpy as np
from sklearn import metrics

# MAPE和SMAPE需要自己实现
def mape(y_true, y_pred):
    return np.mean(np.abs((y_pred - y_true) / y_true)) * 100

def smape(y_true, y_pred):
    return 2.0 * np.mean(np.abs(y_pred - y_true) / (np.abs(y_pred) + np.abs(y_true))) * 100

Arima_true = data['营业收入'][1:]     # 去掉2010Q1时的实际营业收入
Arima_pred = data['营业收入_pre'][1:] # 去掉2010Q1时的预测营业收入

# MSE
print('均方误差(MSE): ',metrics.mean_squared_error(Arima_true, Arima_pred))
# RMSE
print('均方根误差(RMSE): ',np.sqrt(metrics.mean_squared_error(Arima_true, Arima_pred)))
```

```
# MAE
print('平均绝对误差(MAE): ',metrics.mean_absolute_error(Arima_true, Arima_pred))
# MAPE
print('平均绝对百分比误差(MAPE): ',mape(Arima_true, Arima_pred))
# SMAPE
print('对称平均绝对百分比误差(SMAPE): ',smape(Arima_true, Arima_pred))
print('AIC:',model_012.aic)
print('BIC:',model_012.bic)
print('HQIC:',model_012.hqic)
```

```
均方误差(MSE): 2817658826.52373
均方根误差(RMSE): 53081.624188825735
平均绝对误差(MAE): 39765.305848733806
平均绝对百分比误差(MAPE): 53.24655784706255
对称平均绝对百分比误差(SMAPE): 52.14218567124913
AIC: 90.11768294901026
BIC: 95.40128329609095
HQIC: 92.06611146609345
```

图 6-34 ARIMA(0,1,2) 模型误差

八、小结

本案例针对格力电器历史营业收入构建了 ARIMA 模型,从误差精度来看,整体建模效果一般,可能存在以下因素的影响。

(1) 时间序列的结构性变化影响了预测精度。格力电器从 2012 年开始,公司战略从专业化运营转成多元化经营,受外部经济环境和内部公司战略变化的双重影响,2015 年该公司营业收入出现大幅下滑,此后收入波动加大,呈周期性上升趋势,因此数据形态存在较为明显的负漂移项。所以在曲线结构变化较为明显的时间序列模型构建中,ARIMA 会受到过往历史数据的影响而无法适应时间序列的结构变化,以至于产生较大的误差。

(2) 短期微观预测中,未考虑近期值的权重,也会影响到预测精度。ARIMA 容易受到近期极端数据的影响,而忽略时间序列的长期趋势。例如,受到最近极端值干扰,未来预期出现明显跳脱曲线的高估;在不明朗的低谷期出现了增长预期。

(3) 单变量预测建模未考虑外部环境因素的影响,也会对预测精度产生影响。本案例只考虑了格力电器的历史营业收入对未来趋势的影响,未考虑外部环境因素,在预测精度上也打了折扣。

(4) 建模中未考虑季节性因素的影响。格力电器季度营业收入呈现明显的季节性因素的影响,因此,本案例的建模还需要进一步优化和改进。

思考与练习

利用财经数据库或者其他财经平台,任选其一,获取以下上市公司近 5 年的营业收入数据,运用 ARIMA 模型,完成收入预测的 Python 实现过程。

股票代码	公司名称	行业
000002	万科 A	房地产
600383	金地集团	房地产
600743	华远地产	房地产
000333	美的集团	家用电器
600690	海尔智家	家用电器

即测即评

请扫描右侧二维码，进行随堂测试。

第七章

学习目标

21 世纪以来，国内外上市公司财务舞弊的情况屡屡发生，会计舞弊现象已经成为全球关注的焦点问题。企业发生会计舞弊行为会极大地打击投资者的投资信心，不利于资本市场的良性发展。因此，了解和学习会计舞弊的识别方法十分重要。通过本章的学习，了解企业会计舞弊的影响因素，并采用随机森林分析方法构建会计舞弊的识别模型。

第一节 背景介绍

资产负债表、利润表、现金流量表是上市公司依法律法规每年都要向社会公众和监管部门披露的三张报表。对于不从事会计及相关行业的人而言，这三张表十分陌生，实际上它们却与我们的生活息息相关。财务报表中的信息是否全面真实，关乎经济生活中的每一个人。股票市场上，投资者根据报表做出投资决策；银行根据报表中的信息判断是否要借款给企业；国家根据企业披露的数据征税并进行宏观经济调控。这三张表的信息是否真实全面，关系着经济生活中的每一个人。这三张表的失真，即会计舞弊会带来巨大的损失。

会计舞弊是指行为人（通常指企业或会计师事务所）为了获得不正当利益，违背国家法律政策的造假行为。会计舞弊不仅会使会计信息使用者如投资者和银行等蒙受巨大的经济损失，导致投资者投资亏损、资产贬值，也导致银行无法收回贷款、投资受损，还会极大地打击投资者的投资信心，伤害投资者对于证券发行人的信任，不利于证券市场的良性发展。此外，会计舞弊还阻碍了政府税收工作，并使统计上报给政府的相关信息失去了真实性，导致政府宏观调控失误。此外，会计舞弊也严重地损害了会计审计人员独立公正的形象。

21 世纪以来，国内外上市公司财务舞弊的情况屡屡发生，会计舞弊现象已经成全球关注的焦点问题。会计舞弊会给投资者们带来巨大的损失，如安然破产使股东损失740亿美元。然而，会计舞弊的隐蔽性很高，涉事企业往往在连续几年获得不法收益后才会被监管部门查处。因此，尽早地发现会计舞弊企业，对于维护市场秩序和保护投资人利益有着重大的价值。本章旨在从上市公司公开披露的财务报表中提取信息(如财务指标、财务比率)，并据此预测公司是否存在会计舞弊行为。

第二节 数据介绍

一、判断是否舞弊的财务指标

鉴于财务报表中变量众多，为了提高模型的精度和解释力，本案例以理论作为指导选取变量。一般而言，会计舞弊多发于规模小、财务状况恶劣的企业，动机包括掩饰暂时性的财务困难、增加收入、提高利润以增资扩股、取得银行贷款或商业融资。会计舞弊手段多样，常见的有虚增资产、隐匿负债、虚增收入、少计成本费用，例如，存货数量不实，隐瞒欠款、收入，改变收入确认时点，不按实际结转成本，跨期列示费用等。

表7-1列示了有助于判断是否舞弊的财务指标。这些指标是根据研究选取的横向指标，计算简便，是根据企业某个财务年度不同财务变量计算得到的，不涉及企业往年的财务变量。鉴于本案例数据覆盖时间为2012年和2013年，数据时间跨度短，因此选用横向指标较为合理。

表7-1 判断是否舞弊的财务指标说明

指标名称	计算公式	详细说明
应收账款周转天数	应收账款/营业收入×365	衡量通过应收账款虚增盈余的风险，周转天数越长，盈余虚增风险越大
存货周转天数	存货/营业成本×365	衡量通过存货虚增盈余的风险，周转天数越长，盈余虚增风险越大
资产质量	1-(流动资产+固定资产净额)/总资产	衡量的是除流动资产和固定资产外的其他“软性资产”在公司总资产中的占比，该指标越大表明公司虚增资产风险越大
期间费用率	(销售费用+管理费用)/营业收入	较高的期间费用率表明公司经营能力落后，前景黯淡，这样的公司舞弊风险较高
盈余现金流差	(净利润-经营活动现金净流量)/总资产	以利润与经营活动现金流之差衡量的应计部分越大，公司舞弊风险越高
销售现金比率	经营活动现金净流量/营业收入	具有现金流支持的营业收入占比越大，公司营收质量越高，舞弊风险越低
现金流动负债比	经营活动现金净流量/流动负债	衡量从经营活动获得的现金用于偿还流动负债能力，该指标越大意味着流动负债偿还压力越小，舞弊风险越低

二、变量说明及描述

本案例共包含431条数据。本书以是否为舞弊企业为因变量，将应收账款净额、营业收入等10个变量作为自变量，这些变量的说明如表7-2所示。

表7-2 变量说明及描述

	变量名	变量类型	数据来源	详细说明
因变量	是否为舞弊企业	布尔	FFND数据库	
自变量	应收账款净额	数值型	资产负债表	企业在正常的经营过程中因销售商品、产品、提供劳务等业务，应向购买单位收取的款项
	营业收入	数值型	利润表	商业企业销售商品或提供劳务所获得的货币收入
	存货净额	数值型	资产负债表	企业持有的原材料、产成品、在产品、周转材料等
	流动资产合计	数值型	资产负债表	企业可以在一年或者超过一年的一个营业周期内变现或者运用的资产
	固定资产净额	数值型	资产负债表	企业为生产产品和经营管理而持有的非货币性资产，包括建筑物、机器工具等
	净利润	数值型	利润表	企业当期利润总额减去所得税后的金额，即企业的税后利润
	销售费用	数值型	利润表	企业销售商品和材料、提供劳务的过程中发生的各种费用
	管理费用	数值型	利润表	企业行政管理部门为组织和管理生产经营活动而发生的各种费用
	经营活动产生的现金流量净额	数值型	现金流量表	固定期间内，企业的现金增减变动情形
	流动负债合计	数值型	资产负债表	企业将在1年内或超过1年的一个营业周期内偿还的债务

第三节 模型建立

一、描述性分析

（一）导入数据与设置

导入数据，提取特征名称至features中，并检查各项指标均不存在缺失值。

```
import pandas as pd
import numpy as np
data = pd.read_excel(r'data.xlsx')
features = data.columns.values
label_index = len(features)-1
data.isnull().sum()
```

```
应收账款净额          0
营业收入              0
存货净额              0
流动资产合计          0
固定资产净额          0
销售费用              0
管理费用              0
经营活动产生的现金流量净额    0
流动负债合计          0
净利润                0
label                 0
dtype: int64
```

（二）导入 matplotlib 画图并进行设置

通过绘制因变量的直方图来了解舞弊企业和非舞弊企业的财务指标差异，具体步骤如下：

```
import matplotlib.pyplot as plt
plt.rcParams['font.sans-serif']=['SimHei'] # 用来正常显示中文标签
plt.rcParams['axes.unicode_minus']=False # 用来正常显示负号
```

1. 因变量：是否为舞弊企业

本案例共包含了 431 家企业，其中 81 家企业存在会计舞弊行为。舞弊企业占比为 18.8%，可见数据集不平衡（见图 7–1）。

```
fraudnum = len(data[(data['label']==1)])
# 统计舞弊企业和非舞弊企业的个数，label为0是非舞弊企业，label为1是舞弊企业
nonfraudnum = len(data[(data['label']==0)])
labels = ['会计舞弊企业','非会计舞弊企业']
num_list = [fraudnum,nonfraudnum]

# 画图并设置图标名称和坐标
fig, ax = plt.subplots(figsize=(5,5))
his = ax.bar(range(len(num_list)),num_list,tick_label=labels,width=0.5)
ax.set_ylabel('企业个数',size = 13)
ax.set_title('舞弊企业占比',size = 13)

# 定义一个根据柱的高度对柱状图做数字标注的函数，若matplotlib版本支持可使用plt.bar_label(his)代替
def autolabel(rects):
    for rect in rects:
        height = rect.get_height()
        ax.annotate('{}'.format(height),
                    xy=(rect.get_x() + rect.get_width() / 2, height),
                    xytext=(0, 3),  # 3 points vertical offset
                    textcoords="offset points",
                    ha='center', va='bottom')

autolabel(his)
plt.show()
```

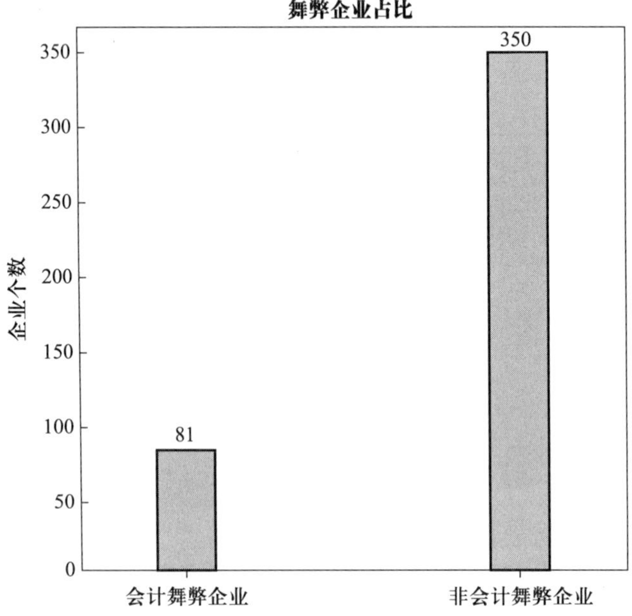

图 7-1 舞弊企业占比柱状图

2. 自变量:企业财务指标

通过绘制自变量企业财务指标的箱线图来了解舞弊企业和非舞弊企业的财务指标差异,具体步骤如下:

```
# 不显示无关信息
import warnings
warnings.filterwarnings("ignore")

# 对data数据集根据label升序排列，前350为非舞弊企业数据，后81为舞弊企业数据
data.sort_values(by=['label'])
# 新建一个存放箱线图画图数据的表格drawdata
# 由于data中数据数值过大，作箱线图无明显区别，因此对数据做log函数处理
drawdata=pd.DataFrame()
drawdata['应收账款净额']=np.log(data['应收账款净额'])
drawdata['营业收入']=np.log(data['营业收入'])
drawdata['存货净额']=np.log(data['存货净额'])
drawdata['流动资产合计']=np.log(data['流动资产合计'])
drawdata['固定资产净额']=np.log(data['固定资产净额'])
drawdata['管理费用']=np.log(data['管理费用'])
drawdata['销售费用']=np.log(data['销售费用'])
drawdata['经营活动产生的现金流量净额']=np.log(data['经营活动产生的现金流量净额'])
drawdata['流动负债合计']=np.log(data['流动负债合计'])
drawdata['净利润']=np.log(data['净利润'])
# 提取drawdata中的特征列表到f中
f=drawdata.columns.values
```

```
# 新建画布，每个子图是一个特征的箱线图
plt.figure(figsize=(15,5))

# 通过对f的取值依次对各个特征画图
ax1=plt.subplot(131)
d0=np.array(drawdata[f[9]][0:350].dropna())
d1=np.array(drawdata[f[9]][350:].dropna())
data=[d1, d0]
ax1.set_title(f[9]+'对舞弊判断的影响')
ax1.boxplot(data,labels=labels)
```

```
plt.xlabel("是否为舞弊企业",fontsize=13)
plt.ylabel(f[9],fontsize=13)

ax1=plt.subplot(132)
d0=np.array(drawdata[f[7]][0:350].dropna())
d1=np.array(drawdata[f[7]][350:].dropna())
data=[d1, d0]
ax1.set_title(f[7]+'对舞弊判断的影响')
ax1.boxplot(data,labels=labels)
plt.xlabel("是否为舞弊企业",fontsize=13)
plt.ylabel(f[7],fontsize=13)
```

```
ax1=plt.subplot(133)
d0=np.array(drawdata[f[8]][0:350].dropna())
d1=np.array(drawdata[f[8]][350:].dropna())
data=[d1, d0]
ax1.set_title(f[8]+'对舞弊判断的影响')
ax1.boxplot(data,labels=labels)
plt.xlabel("是否为舞弊企业",fontsize=13)
plt.ylabel(f[8],fontsize=13)

plt.show()
```

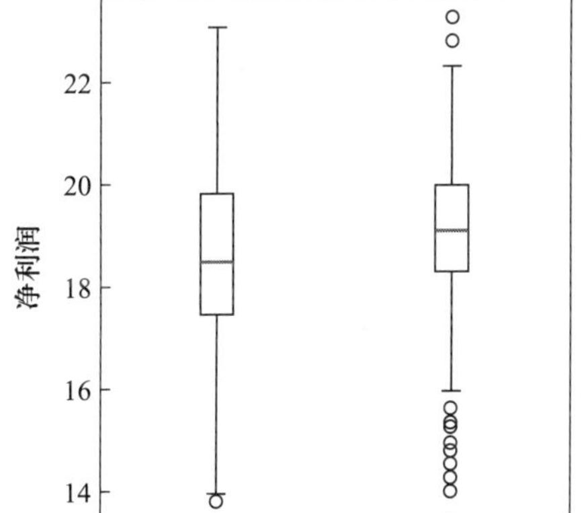

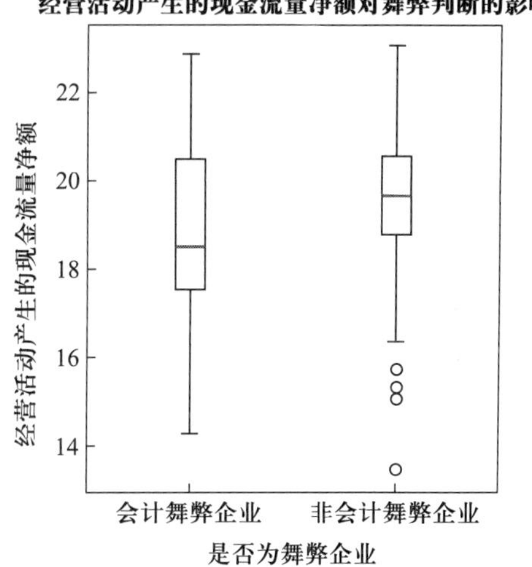

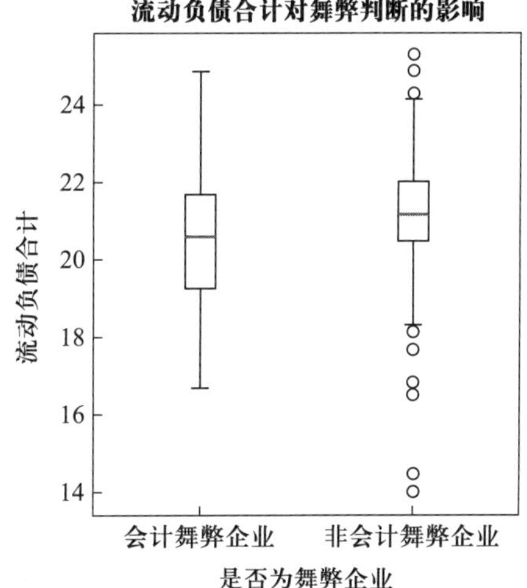

图 7-2　财务指标对舞弊判断的影响箱线图

从图 7–2 可以看到，会计舞弊企业与非舞弊企业在现金流净额、流动负债合计与净利润方面存在差异。一般来说，根据指标盈余现金流差，净利润减经营活动产生的现金流差值越大，企业舞弊可能性越高。舞弊企业的净利润不明显低于非舞弊企业净利润，而经营活动产生的现金流却明显低于非舞弊企业的经营活动产生的现金流，基本与指标吻合。通常而言，根据指标现金流动负债比，经营活动现金净流量 / 流动负债越小，企业舞弊可能性越高。舞弊企业的流动负债不明显低于非舞弊企业流动负债，而经营活动产生的现金流明显低于非舞弊企业的经营活动产生的现金流，基本上与指标吻合。总的来说，从这三项指标得到的结论基本与财务指标相符。

3. 自变量对因变量的影响

（1）应收账款净额、营业收入、存货净额、管理费用和销售费用对因变量的影响。

```
# 新建画布，每个子图是一个特征的箱线图
plt.figure(figsize=(15,10))

# 通过对f的取值依次对各个特征画图
ax1=plt.subplot(231)
# d0中存放当前特征非舞弊企业log处理后的数据，已去空值
d0=np.array(drawdata[f[0]][0:350].dropna())
# d1中存放当前特征非舞弊企业log处理后的数据，已去空值
d1=np.array(drawdata[f[0]][350:].dropna())
data=[d1, d0]
ax1.set_title(f[0]+'对舞弊判断的影响')
ax1.boxplot(data,labels=labels)
plt.xlabel("是否为舞弊企业",fontsize=13)
plt.ylabel(f[0],fontsize=13)

ax1=plt.subplot(232)
d0=np.array(drawdata[f[1]][0:350].dropna())
d1=np.array(drawdata[f[1]][350:].dropna())
data=[d1, d0]
ax1.set_title(f[1]+'对舞弊判断的影响')
ax1.boxplot(data,labels=labels)
plt.xlabel("是否为舞弊企业",fontsize=13)
plt.ylabel(f[1],fontsize=13)
```

```
ax1=plt.subplot(233)
d0=np.array(drawdata[f[2]][0:350].dropna())
d1=np.array(drawdata[f[2]][350:].dropna())
data=[d1, d0]
ax1.set_title(f[2]+'对舞弊判断的影响')
ax1.boxplot(data,labels=labels)
plt.xlabel("是否为舞弊企业",fontsize=13)
plt.ylabel(f[2],fontsize=13)

ax1=plt.subplot(234)
d0=np.array(drawdata[f[5]][0:350].dropna())
d1=np.array(drawdata[f[5]][350:].dropna())
data=[d1, d0]
ax1.set_title(f[5]+'对舞弊判断的影响')
ax1.boxplot(data,labels=labels)
plt.xlabel("是否为舞弊企业",fontsize=13)
plt.ylabel(f[5],fontsize=13)
```

```
ax1=plt.subplot(235)
d0=np.array(drawdata[f[6]][0:350].dropna())
d1=np.array(drawdata[f[6]][350:].dropna())
data=[d1, d0]
ax1.set_title(f[6]+'对舞弊判断的影响')
ax1.boxplot(data,labels=labels)
plt.xlabel("是否为舞弊企业",fontsize=13)
plt.ylabel(f[6],fontsize=13)

plt.show()
```

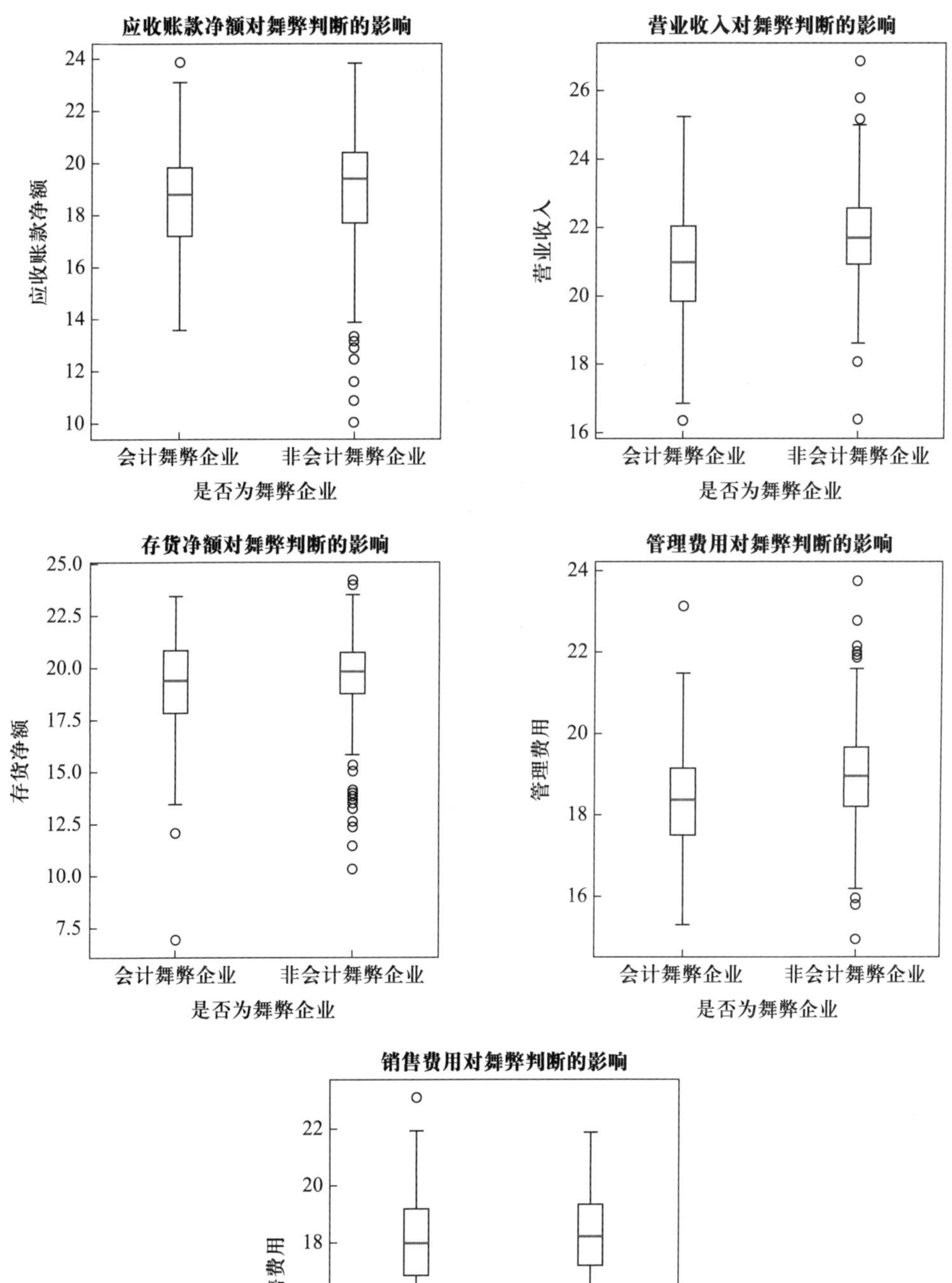

图 7-3 自变量对舞弊判断的影响箱线图(1)

一般而言,应收账款/营业收入较高,常意味着潜在盈余虚增。从图7-3可以看到,这一点体现得并不明显,但是大体上还算吻合,因为舞弊企业营业收入比非舞弊企业明显偏低,而应收账款低于非舞弊企业的程度较小。鉴于会计舞弊企业的管理费用和营业收入都略低于非会计舞弊企业,而二者的销售费用基本持平,暂时难以判断两种企业的期间费用率((销售费用+管理费用)/营业收入)的差异。指标存货周转天数(存货/营业成本×365)越大,盈余虚增风险越大。由于营业成本字段缺失,而营业收入和营业成本是同增同减的,所以可以用存货/营业收入一定程度上替代。这一指标体现较为明显,舞弊企业的存货和非舞弊企业基本持平,而营业收入却显著低于非舞弊企业,基本与指标相符。

(2)流动资产合计、固定资产净额对因变量的影响。

```
# 新建画布,每个子图是一个特征的箱线图
plt.figure(figsize=(10,5))

# 通过对f的取值依次对各个特征画图
ax1=plt.subplot(121)
d0=np.array(drawdata[f[3]][0:350].dropna())
d1=np.array(drawdata[f[3]][350:].dropna())
data=[d1, d0]
ax1.set_title(f[3]+'对舞弊判断的影响')
ax1.boxplot(data,labels=labels)
plt.xlabel("是否为舞弊企业",fontsize=13)
plt.ylabel(f[3],fontsize=13)

ax1=plt.subplot(122)
d0=np.array(drawdata[f[4]][0:350].dropna())
d1=np.array(drawdata[f[4]][350:].dropna())
data=[d1, d0]
ax1.set_title(f[4]+'对舞弊判断的影响')
ax1.boxplot(data,labels=labels)
plt.xlabel("是否为舞弊企业",fontsize=13)
plt.ylabel(f[4],fontsize=13)

plt.show()
```

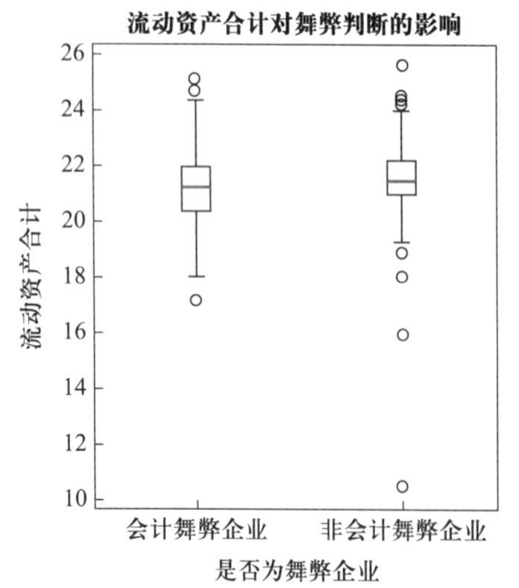

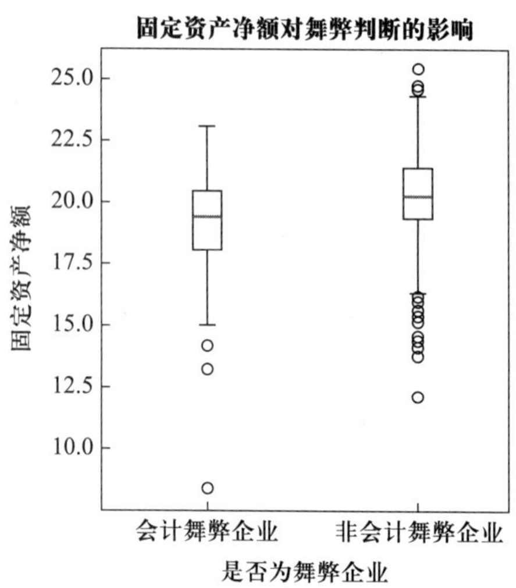

图7-4 自变量对舞弊判断的影响箱线图(2)

从图 7-4 可以看到,两种企业在固定资产和流动资产方面的差异不是很大,后续将通过建模判断其对公司会计舞弊是否存在影响。

二、建模

(一) 数据准备

设置模型构建的环境,并导入数据。

```
from sklearn import metrics
from sklearn.model_selection import train_test_split

data = pd.read_excel(r'data.xlsx') # 读入数据
X=data.iloc[:,:label_index]
y=data.iloc[:,label_index]
X=np.array(X)
y=np.array(y)

np.random.seed(67) # 固定随机数种子
# 训练测试集划分
X_train,X_test,y_train,y_test = train_test_split(X,y,test_size=0.3,random_state=0)
```

(二) 决策树模型

决策树模型的平均准确率为 75.4%,拟合程度尚可接受。

```
from sklearn.tree import DecisionTreeClassifier
from sklearn.metrics import accuracy_score

tree = DecisionTreeClassifier() # 使用决策树模型
cv_results = cross_validate(tree, X, y, cv=5) # 使用五折交叉验证
score=cross_val_score(tree, X, y, cv=5)
print('决策树平均准确率: ',score.mean()) # 打印五折交叉验证的平均准确率
```

决策树平均准确率:0.753 942 796 043 838 5

(三) 随机森林模型

为了提高模型准确率,考虑使用多棵树投票的随机森林模型进行改进。本案例对随机森林模型进行五折交叉验证,计算得到模型的平均准确率为 84.9%,模型的 AUC 值为 0.73,拟合程度一般。

1. 进行五折交叉验证

```
from sklearn.model_selection import cross_validate
from sklearn.model_selection import cross_val_score
from sklearn.ensemble import RandomForestClassifier

np.random.seed(67) # 固定随机数种子
# 使用randomforest模型
```

```
forest = RandomForestClassifier(n_estimators=100)
# 使用五折交叉验证
cv_results = cross_validate(forest, X, y, cv=5)
print(cv_results.keys())
print(cv_results['test_score'])# 获取测试准确率
score=cross_val_score(forest, X, y, cv=5)
# 打印五折交叉验证的平均准确率
print('随机森林平均准确率：',score.mean())
```

```
dict_keys(['fit_time', 'score_time', 'test_score'])
[0.87356322 0.84883721 0.8372093  0.86046512 0.8255814 ]
随机森林平均准确率： 0.8491579791499598
```

2. 绘制 AUC 曲线（见图 7–5）

```
from sklearn.metrics import roc_auc_score

# 模型拟合
forest.fit(X_train, y_train)
y_prob=forest.predict_proba(X_test)[:,1]
# 获取auc曲线
auc=roc_auc_score(y_test,y_prob)
metrics.plot_roc_curve(forest, X_test, y_test)
print(auc)
plt.show()
```

```
0.7300952380952381
```

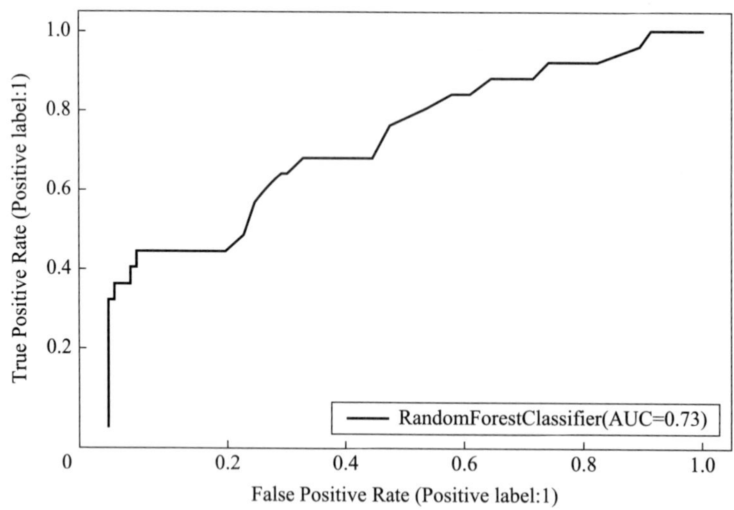

图 7–5 随机森林模型 AUC 曲线

3. 随机森林模型特征重要性获取

```
# randomforest模型的importance属性中提供了各个特征的重要性（0-1）
importances = forest.feature_importances_
# 将重要性由高到低排序
indices = np.argsort(importances)[::-1]
names = [features[i] for i in indices]
# 作图
plt.figure()
plt.title("feature importance")
plt.bar(range(len(importances[indices])), importances[indices])
plt.xticks(range(len(importances[indices])), names, rotation=90)
plt.show()
```

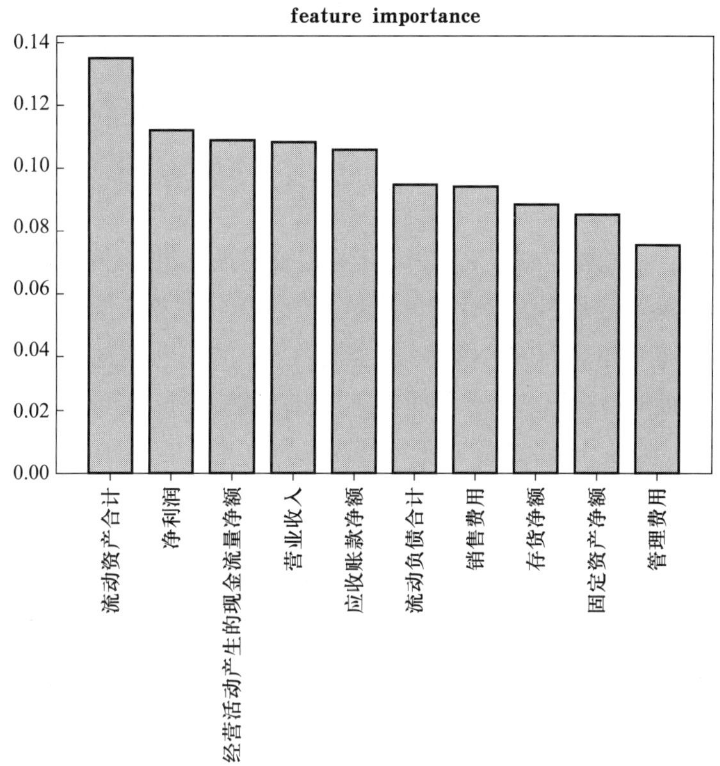

图 7-6 随机森林模型中各变量的重要性

从图 7-6 可以看到随机森林模型中各变量的重要性。流动资产合计是影响最大的指标。这可能因为流动资产是企业规模和短期偿还能力的体现,流动资产合计较高代表企业发展较为健康。净利润和经营活动产生的现金流量净额次之。这两个指标可用于计算盈余现金流差指标,净利润与经营活动现金流之差越大,其公司舞弊风险越高。营业收入和应收账款净额的重要性略低于前两者,这两个指标可用于应收账款周转天数指标,应收账款 / 营业收入越大,其公司舞弊风险越高。

第四节 结　论

会计舞弊识别是一个重要且困难的问题,本案例实际上人为地抹去了很多困难。

第一,在实际生活中,被查处的舞弊企业仅占全部上市企业的 1%,数据集是非常不平衡的,本案例数据不平衡的程度已经减轻了很多(81/431≈18.8%)。而如此不平衡的数据集带来的问题是,模型会将大量非舞弊企业判定为舞弊企业。而在现实生活中,若一个预测模型将非舞弊企业误判为舞弊企业,需要耗费大量的人力物力排查预测结果中哪些是真正的舞弊企业,模型则失去了现实应用的可能性。

第二,公司治理方面的指标是识别会计舞弊的重要指标,如公司董事的构成和变动、内部控制制度、股东构成等。但这些指标难以量化，并且不是所有公司的公司治理指标都可以轻松获得，而仅仅靠财务指标判断，准确率难以保证。

第三，在实际生活中，由于会计舞弊的隐蔽性，被查处的舞弊企业仅是实际舞弊企业的一部分。而逃脱查处舞弊企业的存在，使得收集所得样本标注变得不可信，从而影响了模型的预测能力，模型并不能很好地应用于现实。

本案例在现有会计舞弊识别理论的指导下选取变量进行预测，精度并不高，模型结果和理论符合程度也不高。这是因为会计舞弊不是基于简单的财务变量就能准确识别的，舞弊与否常常是用多个变量组合而成的指标以及指标在不同财务年间的变化来判断的。另外，仅仅输入财务变量而非指标以及财务年间指标变化，能够得到一个可以接受的精度，结果也大致上与理论相符，说明了理论指导对于特征选取的重要意义。随机森林的结果优于决策树，说明集成对于提升模型表现是有促进作用的。

思考与练习

（1）决策树模型和随机森林模型的优点有哪些？

（2）你还能想到哪些指标影响企业舞弊行为？

即测即评

请扫描右侧二维码，进行随堂测试。

第八章

网络平台经济环境下数据资源的价值评估

学习目标

通过本章的学习，掌握BP神经网络建模的基本原理和程序，了解数据资源价值的内涵、关键词提取以及独热编码，理解模型优选的思想。

第一节 背景介绍

本案例采用典型数据资源交易平台——京东万象的数据以及有效字段，进行数据资源价格的建模以及预测。分别采用BP神经网络和线性回归模型进行预测，目的是在模型比较基础上，选择效果更好的模型，对资源的价格进行评估和参考定价。

第二节 数据介绍

一、数据来源

京东万象+ 数据开放平台（以下简称“万象平台”）是京东数字科技集团在已有的云计算平台基础上围绕数据提供方、数据需求方、数据服务方等多方，构建的以数据开放、数据共享、数据分析为核心的综合性数据开放平台，为全行业提供权威数据支持，打造全行业数据开放的优质生态圈。其服务宗旨是帮助数据的提供方与需求方进行数据对接，解决数据缺失问题，完善数据价值，帮助企业解决数据孤岛问题，从而提升企业运营效率。

万象平台本身会对接多维度的丰富数据,保证数据的安全性与接入效率,是企业数据输出与流入的最佳渠道。与此同时,万象平台还提供企业与企业之间的数据互联服务,解决客户内部资源多系统之间的整合问题。目前万象平台数据的接入以 API 的形式实现,并通过数据交易的形式实现买卖双方的价值。同时平台提供一系列的交易流程和管理流程,充分满足客户所需,打造数据交易市场的流畅性。

本案例用于分析数据资源的价格与平台和资源相关属性特征的关系,进而对数据资源进行价值评估。

二、数据说明

根据已有研究,数据资源的价格与平台和资源相关属性特征密切相关。为实现合理预测数据价格这个目标,有效利用万象平台的不同历史数据的相关信息,对其数据的售卖价格,即本分析报告中的因变量,予以大概的估计,我们选取了下列字段作为本分析报告中的自变量:

- 应用场景:该数据可用于何种业务或场景。
- 浏览量:该数据被浏览的总次数。
- 收藏量:该数据被收藏的总次数。
- 评论量:该数据的评论。
- 购买量:该数据总共售出的数量。
- 订单量:该数据总共订单数量。

其中,应用场景是文本数据,需要对其数字化。

数据处理的步骤如下:第一步,提取关键词;第二步,进行独热编码。

第三节 模型建立

一、数据加工与处理

(一) 导入需要的模块

```
import matplotlib.pyplot as plt                                    # 导入绘图模块
from sklearn.model_selection import train_test_split               # 导入随机划分训练集测试集模块
from sklearn.neural_network import MLPRegressor                    # 导入多层神经网络模块
from sklearn import linear_model                                   # 导入线性回归模块
import jieba.analyse as analyse                                    # 导入jieba分词模块
import pandas as pd                                                # 导入pandas模块
import numpy as np                                                 # 导入numpy模块
```

(二)数据读取

```
csv = pd.read_csv("jdwx.csv",encoding='gbk')                # 读取csv形式的数据集

plt.style.use('seaborn-whitegrid')                           # 设置图形风格
plt.rcParams['font.family'] = ['sans-serif']                 # 设置字体
plt.rcParams['font.sans-serif'] = ['SimHei']                 # 设置字体

csv.info()
```

```
<class 'pandas.core.frame.DataFrame'>
RangeIndex: 1075 entries, 0 to 1074
Data columns (total 12 columns):
 #   Column  Non-Null Count  Dtype
---  ------  --------------  -----
 0   标识      1064 non-null   object
 1   应用场景    968 non-null    object
 2   更新频率    971 non-null    object
 3   数据来源    362 non-null    object
 4   商家实力    342 non-null    object
 5   浏览量     1075 non-null   int64
 6   收藏量     1075 non-null   int64
 7   评论量     1067 non-null   float64
 8   购买量     1064 non-null   float64
 9   订单量     1064 non-null   float64
 10  评论      251 non-null    object
 11  价格      1044 non-null   float64
dtypes: float64(4), int64(2), object(6)
memory usage: 100.9+ KB
```

图 8-1 数据集内字段信息

(三)缺失值处理

1. 数据缺失数量表

```
total = csv.shape[0]    # 获得数据总数
# 选择指定的列
headers = ['应用场景','浏览量','收藏量','评论量','购买量','订单量','价格']
miss = []
counts=csv.count()   # 按列统计非空数据数量
counts
```

```
标识        1064
应用场景       968
更新频率       971
数据来源       362
商家实力       342
浏览量       1075
收藏量       1075
评论量       1067
购买量       1064
订单量       1064
评论         251
价格        1044
dtype: int64
```

图 8-2 按列统计非空数据数量

```
miss = []
for title in headers:
    miss.append(total-counts[title])    # 计算每列缺失数据
miss
```

```
[107, 0, 0, 8, 11, 11, 31]
```

```
headers_miss = pd.DataFrame(list(zip(headers,miss)), \
                            columns = ['字段名','缺失数量'])
headers_miss
```

	字段名	缺失数量
0	应用场景	107
1	浏览量	0
2	收藏量	0
3	评论量	8
4	购买量	11
5	订单量	11
6	价格	31

图 8-3 计算每列缺失值数量

2. 数据缺失数量图

```
fig,ax = plt.subplots()     # 绘制数据缺失情况图形
ax.barh(headers,miss,color='black')   # 设置数据
# 设置参考线
ax.axvline(np.array(miss).mean(), ls='--', color='r')
plt.xlabel('数量')   # 设置x轴标签
plt.ylabel('字段')   # 设置y轴标签
plt.title("各字段缺失数量")   #  设置图像标题
plt.figure(dpi=300)   # 设置图像分辨率
fig.savefig('各字段缺失比例.png', transparent=True, dpi=300, \
            bbox_inches="tight")
plt.show()
```

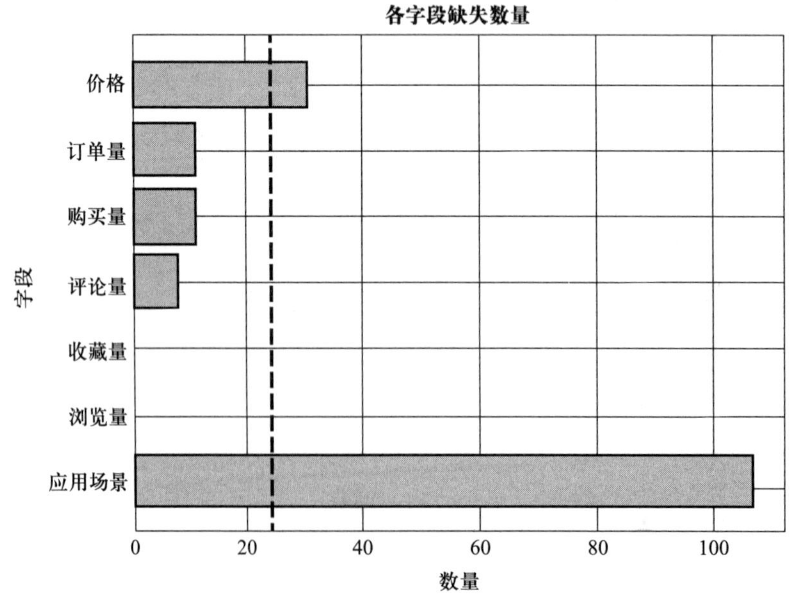

图 8-4 各列数据缺失值数量柱状图

由图 8-1 至图 8-4 可知,该数据总共有 1 075 条,其中浏览量和收藏量的数据字段没有空值,其余选取的数据字段都存在空值现象。因此需要进行缺失值处理。

3. 缺失值处理具体操作

处理过程如下：

（1）对于价格为空值的数据直接删除该条数据。因为价格为空，就没有预测结果的参考值，不利于模型的预测结果优劣判断，因此将价格为空的数据删除。

（2）对于应用场景的空值数据，用数字-1来代替。这样做的目的在于后续方便删除缺失值的数据。

（3）其余空值的字段用数据0来代替。

图8-5为处理后的数据。

```
csv = csv.fillna({     # 空值数据填充
    '应用场景':-1,
    '浏览量': 0,
    '收藏量': 0,
    '评论量': 0,
    '购买量': 0,
    '订单量': 0,      # 使用0填充x项为空
    '价格': -1        # 标记y空项为-1，待后续删除
})
csv.info()
```

```
<class 'pandas.core.frame.DataFrame'>
RangeIndex: 1075 entries, 0 to 1074
Data columns (total 12 columns):
 #   Column  Non-Null Count  Dtype
---  ------  --------------  -----
 0   标识      1064 non-null   object
 1   应用场景    1075 non-null   object
 2   更新频率    971 non-null    object
 3   数据来源    362 non-null    object
 4   商家实力    342 non-null    object
 5   浏览量     1075 non-null   int64
 6   收藏量     1075 non-null   int64
 7   评论量     1075 non-null   float64
 8   购买量     1075 non-null   float64
 9   订单量     1075 non-null   float64
 10  评论      251 non-null    object
 11  价格      1075 non-null   float64
dtypes: float64(4), int64(2), object(6)
memory usage: 100.9+ KB
```

图8-5　缺失值处理后，数据集内字段信息

（四）文本数据的数字化

由于应用场景是文本数据，所以需要对其数字化。数据处理的步骤如下：

（1）提取关键词。

（2）进行独热编码。其中，关键词提取采用jieba模块中analyse提取句子级的前85个关键字。独热编码的原理是根据该条数据中应用场景文本中是否出现提取的所用关键字来编码的。如果该条数据中包含该关键词，则关键词标注数字为1，否则标注数字为0。

1. 关键词提取示例

使用jieba.analyse来提取关键词，选取tf-idf最大的词语作为关键词。

```
import jieba.analyse as analyse
import jieba
text_ex = "贵阳大数据交易所的数据产品丰富，覆盖品类数据多样，\
目前拥有的数据类型主要包括交通地理、金融征信、经济贸易、\
企业管理、人工智能、生活服务、移动通信、应用开发、\
数据营销等领域权威、全面数据"
# TF-IDF
# topK指定数量，默认20
tf_result_ex = analyse.extract_tags(text_ex,topK=20)
print(tf_result_ex)
```

```
['数据', '数据类型', '征信', '人工智能', '品类', '贵阳', '多样', '权威', '通信', '营销', '覆盖', '地理', '移动', '交通', '交易所', '应用', '全面', '贸易', '开发', '丰富']
```

2. 构造独热编码

独热编码（One-Hot 编码）又称一位有效编码，主要是采用 N 位状态寄存器来对 N 个状态进行编码，每个状态都有它独立的寄存器位，并且在任意时候只有一位有效。例如：

假设有三个种类，分别为性别、年级、学校，如表 8-1 所示，则男生、初一、二中，用独热编码表示为：101000100。

表 8-1 独热编码的表示类型

类别	值
性别	“男”:10，“女”:01
年级	“初一”:100，“初二”:010，“初三”:001
学校	“一中”:1000，“二中”:0100，“三中”:0010，“四中”:0001

自定义函数 getOneHot(csv,tf_result)，用于构造独热编码。

```
def getOneHot(csv,tf_result):  # 构造独热编码
    oneHot = {}
    for key in tf_result:  # 遍历所有关键字
        for i in range(csv.shape[0]):  # 遍历所有行
            try:
                if key in csv.iloc[i,1]:  # 判断该关键字是否出现在该行中
                    if key in oneHot:  # 是则记录该行
                        oneHot[key].append(i)
                    else:
                        oneHot[key] = [i]
            except: pass
    # 构造全为0的矩阵
    oneHotNp = np.zeros((csv.shape[0],len(tf_result)),dtype=int)
    # 构造datafrme类型数据
    oneHotDf = pd.DataFrame(oneHotNp,columns=tf_result)
    for key in oneHot:
        for col in oneHot[key]:
            oneHotDf.loc[col,key] = 1 # 修改关键词出现的行所在矩阵的值为1
    return oneHotDf
```

二、建模

(一) BP神经网络模型

BP(Back Propagation)神经网络的学习过程由信号的正向传播与误差的反向传播两个过程组成。正向传播时,输入样本从输入层传入,经隐藏层逐层处理后,传向输出层。若输出层的实际输出与期望输出不符合,则转向误差的反向传播阶段。误差的反向传播是将输出误差以某种形式从输出层开始通过隐藏层向输入层逐层反传,并将误差分摊给各层的所有单元,从而获得各层单元的误差信号,此误差信号即作为修正各单元权值的依据。BP网络由输入层、输出层和隐藏层组成,N_1 为输入层,N_m 为输出层,其余为隐藏层。BP神经网络的结构如图8-6所示:

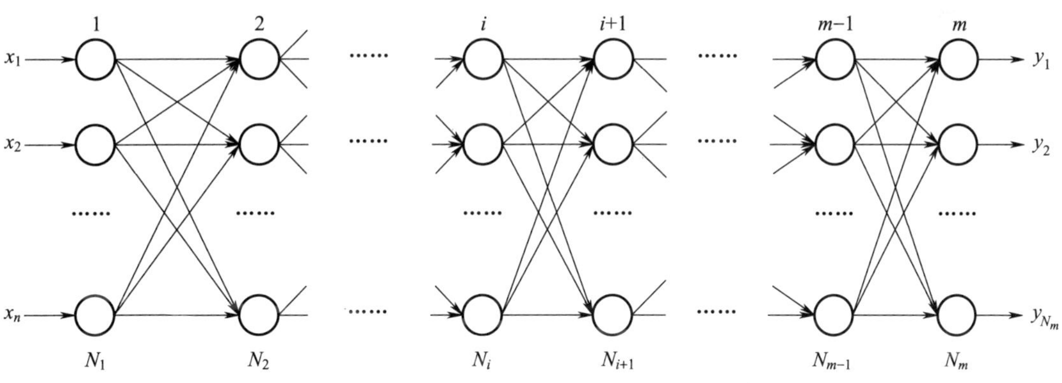

图8-6 BP神经网络结构图

本次案例采用的BP神经网络的输入层元素有64个;隐藏层有2层,每个隐藏层的神经元数量为10个,输出层元素有1个。网络结构如图8-7所示:

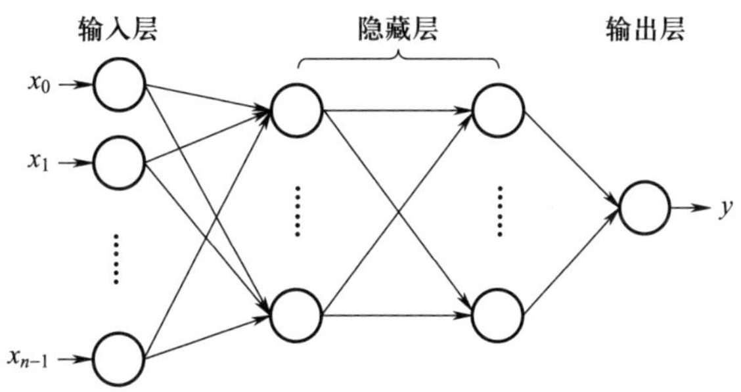

图8-7 本案例的BP神经网络结构图

(二) 线性回归模型

线性回归模型:

$$y(x)=w_0X_0+w_1X_1+\cdots+w_{m-1}X_{m-1}+b \tag{8-1}$$

参数说明如下：

w 为每个特征的权重。

b 为偏置项。

（三）实验设置与结果分析

本案例中将万象平台数据中的应用场景、浏览量、收藏量、评论量、购买量、订单量作为输入层的输入数据。由于应用场景为字符串数据，需要提取关键词，将关键词数量限定在[20,300)区间，以步长 40 递增进行实验。

本案例总共有 1 044 个样本数据，采用随机划分策略，设置随机数种子为 10，将数据集按 7∶3 的比例划分为训练集和测试集。

1. BP 神经网络模型的参数设置

BP 神经网络模型的参数设置如表 8-2 所示：

表 8-2　BP 神经网络模型的参数

参数	含义	取值
Hidden_layer_sizes	隐藏层每层的神经元数量	(10,10)
random_state	随机数种子，决定用于权重和偏差初始化的随机数生成	10
learning_rate_init	学习率	0.1

2. 线性回归模型的参数设置

线性回归模型的参数采用 sklearn 中 linear_model.LinearRegression() 的默认参数。

3. 结果（见图 8-8 和图 8-9）

```
ll = list(csv['应用场景'])  #取出应用场景列
text = []
for l in ll:
    text.append(str(l).upper())   #对所有英文转换为大写
out_bp = []
out_liner = []
# 构造MLP对象，并设置参数
bp = MLPRegressor(hidden_layer_sizes=(10,10), \
                  random_state=10,learning_rate_init=0.1)
lr = linear_model.LinearRegression()  # 构造线性回归模型并设置参数
```

```
for i in range(20,300,40):  # 将关键词数量限定在[20,300)区间，以步长40递增进行实验
    temp_csv = csv.copy()  # 构造新数据
    tf_result = analyse.extract_tags(''.join(text),topK=i)  # 提取场景文本中的关键词
    oneHotDf = getOneHot(temp_csv,tf_result)   # 根据关键词构造独热编码
    temp_csv = temp_csv.join(oneHotDf)  # 将独热编码列加入csv中
    # 删除价格为-1的行
    temp_csv.drop(np.where(temp_csv['价格']==-1.0)[0],inplace=True)
    # 删除标识为-1的行
    temp_csv.drop(np.where(temp_csv['标识']==-1.0)[0],inplace=True)

    xx = temp_csv.iloc[:,5:10]  # 选取特征
    xx = xx.join(temp_csv.iloc[:,13:])  # 选取特征
    yy = temp_csv['价格']  # 选取预测值
    # 随机按照3:7比例划分训练集和测试集，随机数种子设为10
```

```
xx_train,xx_test,yy_train,yy_test = train_test_split(xx,yy,test_size=0.3,\
                                                  random_state=10)
bp.fit(xx_train,yy_train)  # 训练BP模型
pre1 = bp.predict(xx_test)  # 对测试集数据进行预测
out_bp.append(np.abs(yy_test-pre1).mean())  # 统计测试集误差均值

lr.fit(xx_train, yy_train)  # 训练线性回归模型
pre2 = lr.predict(xx_test)  # 对测试集数据进行预测
out_liner.append(np.abs(yy_test-pre2).mean())  # 统计测试集误差均值
```

```
x = list(range(20,300,40))  # 生成x轴下标
plt.plot(x,out_bp,label='BP神经网络')  # 绘制BP误差图像
plt.plot(x,out_liner,label='线性回归') # 绘制线性回归误差图像
plt.xlabel("关键词数量")  # 设置x轴标签
plt.ylabel("平均误差值")  # 设置y轴标签
plt.title('不同关键词数量下的平均误差')  # 设置图像标题
plt.legend()  # 生成BP和线性回归图例
plt.show() # 显示图片
plt.savefig('不同关键词数量下的平均误差.png', \
         transparent=True, dpi=300, bbox_inches="tight") # 保存图片
```

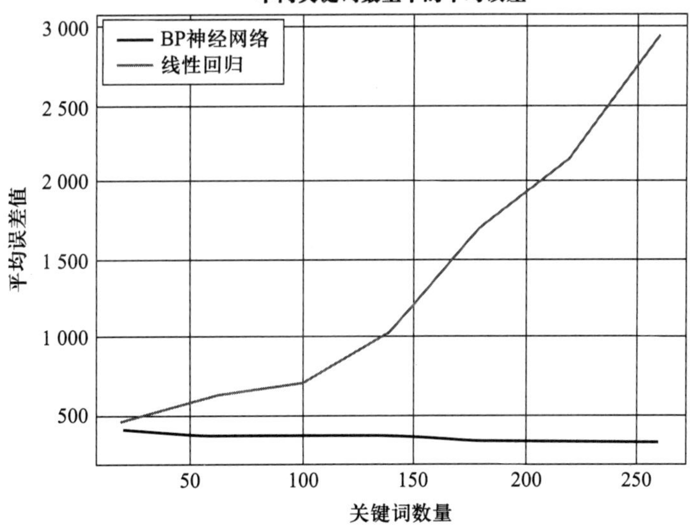

图 8-8 不同关键词数量下的平均误差折线图

```
out = pd.DataFrame(list(zip(x,out_bp,out_liner)), \
                   columns = ['关键词数量','平均误差值_神经网络',\
                              '平均误差值_线性回归'])
out
```

	关键词数量	平均误差值_神经网络	平均误差值_线性回归
0	20	398.988140	449.464059
1	60	359.152619	602.333193
2	100	372.257235	691.597974
3	140	364.920925	1041.971201
4	180	316.735900	1686.008795
5	220	307.270487	2165.574721
6	260	305.706114	2959.437667

图 8-9 不同关键词数量下的平均误差数值

总体上，BP 神经网络模型比线性回归模型的预测效果好，而且模型的预测效果随着提取关键词的个数而不断变化。随着提取关键词个数的增加，BP 神经网络模型的预测结果变化相对于线性回归模型稳定，而线性回归模型的预测误差会逐渐增大。

这说明，对于该数据，更加适合采用 BP 神经网络模型来进行每条数据的价格预测。而且应用场景这个字段的数据对于价格预测的影响比较大，尤其是对其进行数字化过程的关键词提取个数。

第四节 结论

不同关键词数量下，两种模型预测的平均误差对比情况可知，京东万象平台的历史信息为预测数据的售卖价格提供了重要信息，且表现出一定的预测能力。具体来说，从保守和谨慎的角度来看，数据的应用场景、浏览量、收藏量、评论量、购买量、订单量这六个财务指标，尤其是第一个指标，对于预测数据售价非常重要。

进一步可以发现，上述六个指标主要取决于数据的应用业务和售卖情况。根据不同关键词数量下，两种模型预测的平均误差对比情况，不难得出，数据的应用场景在很大程度上决定了数据的售卖价格。因此建议投资者和管理者可以根据数据的应用场景适当地调整数据的价格，这样可以在更大限度上获利。

思考与练习

参考本案例的做法，尝试抓取其他平台的数据资源交易相关数据集，重新建模，比较 BP 神经网络和线性回归模型在数据资源价值评估中的效果，看看是否与本章的结论一致，并解释其中的原因。

第九章

户籍门槛与企业生产率的实证分析案例

学习目标

通过本章的学习，了解户籍门槛、全要素生产率指标的构造方式，掌握 OLS 回归分析法。

第一节 背景介绍

既有文献表明，发展中国家企业的生产率普遍较低。许多因素可能导致了这种现象，例如，缺乏资本投入、技术、国际市场以及管理不善等。另一个潜在因素可能是外出务工人员流动。经济发展过程会诱发大量农村劳动力从农村到城市、从农业到制造业的流动，这可能会降低企业提高生产力技术的动机。不同城市的落户难度影响了劳动力的流动水平，户籍门槛较高地区，劳动力流入阻力较大，户籍门槛较低地区则涌入了更多劳动力。

伴随着我国户籍制度改革，越来越多的城市打破了户籍制度的壁垒，农村劳动力流动水平进一步增加，这将导致企业做出降低资本投入的反应，进而降低企业全要素生产率水平。

第二节 数据介绍

一、数据来源

户籍门槛指标所需数据来源于手工搜集整理的2016—2020年全国120个地级市[①]人社局网站相关落户政策文件。

企业全要素生产率指标及控制变量构造所需企业层面数据为CSMAR数据库中2016—2019年中国上市公司财务数据。

二、变量构造

（一）户籍门槛

本案例参考张吉鹏和卢冲的方法，采用投影寻踪模型构造户籍门槛指标。主要涵盖投资落户、纳税落户、购房落户、人才引进落户和普通就业落户五大类，在后续分析中，由于投资和纳税较为相近，因此进行合并分析，统称为投资落户。每一类落户子指标均包含主体条件和附加条件。

主体条件包含实际投资总额和实际纳税总额，这是落户文件中对投资落户和纳税落户的金额要求；购房价值（面积）是指落户文件中对购房落户面积的具体要求；普通就业落户和人才引进落户的职称要求分为初级、中级和高级，分别赋值为1、2和3；学历要求分为小学及以下、初中、高中（中专）、大专、本科、硕士和博士，分别赋值为6、9、12、15、16、19和23。

附加条件包含投资落户和纳税落户。附加条件是指有无投资行业限制，有无社保缴纳限制，有无住房条件限制等；购房落户附加条件是指有无购房类型、区位、年限、经营时间等限制；人才引进附加条件是指有无劳动合同年限的限制、有无缴纳社保限制等。就业规范是指受雇人员与用人单位签订经过政府劳动主管部门认可的劳动合同；居住要求是指居住时间；社保要求是指购买社保的年数；普通就业附加条件与投资落户附加条件一致。

此外，由于部分城市中出现了一些组合式的落户要求，如“本科+高级职称”或“研究生+中级职称”，针对组合式落户要求，我们将“本科”与“研究生”二者对应分数的平均值作为学历要求的得分，将“中级职称”与“高级职称”二者对应分数的平均值作为职称要求的得分。

---

① 120个地级市覆盖北上广深4个一线城市、杭州等32个二线城市、温州等21个三线城市、柳城等37个四线城市以及汉中等26个五线城市。

使用投影寻踪法构造户籍门槛指标的具体操作步骤如下：

第一，评价指标归一化。假定 x_{ij} 为第 i 个城市的第 j 个落户评价指标，n 为城市样本的个数，p 为落户评价指标的个数。评价指标值形成的样本集为 $X=(x_{ij}|i=1,2,\cdots,n;j=1,2,\cdots,p)$。为了消除各个指标的量纲和变化范围的影响，需要对评价指标进行归一化处理。在评价指标中，正向指标值越大则落户门槛越高。具体公式如下：

$$x_{ij}^{*}=\frac{x_{ij}-\min x_{ij}}{\max(x_{ij})-\min(x_{ij})} \tag{9-1}$$

第二，构造投影指标函数 $Q(a)$，把 X 综合成以一个 n 维单位向量 $a=(a_1,a_2,\cdots,a_p)$ 为投影方向的一维投影值 Z_i：

$$Z_i=\sum_{j=1}^{p}a_j x_{ij}^{*},i=1,2,3,\cdots,n \tag{9-2}$$

综合投影值要求 Z_i 的局部投影点尽可能密集，最好能凝聚成若干个点团，而点团之间要尽可能散开。基于此，采用 Friedman–Tukey 投影指标函数表示，$Q(a)=S(a)D(a)$。其中 $S(a)$ 是类间散开度，用投影值 Z_i 的标准差代替；$D(a)$ 是类内密集度，表示投影值 Z_i 的局部密度：

$$S(a)=\left[\frac{\sum_{i=1}^{n}(Z_i-E)^2}{n-1}\right]^{1/2}=\left[\frac{\sum_{i=1}^{n}\left(\sum_{j=1}^{n}(a_j x_{ij}^{*}-E)\right)^2}{n-1}\right]^{1/2} \tag{9-3}$$

$$D(a)=\sum_{i=1}^{n}\sum_{j=1}^{n}(R-r_{ij})\times u(R-r_{ij}) \tag{9-4}$$

其中，E 是序列 Z_i 的均值；R 为局部密度的窗口半径，与数据特性有关，根据具体的实验确定；r_{ij} 是样本之间的距离，$r_{ij}=|Z_i-Z_j|$；$u(R-r_{ij})$ 在 $R-r_{ij}\geqslant 0$ 时函数值为 1，否则为 0。

第三，优化投影指标函数。投影函数只随投影方向的变化而变化，不同的方向反映不同的数据结构特征，最佳投影方向要最大可能反映高维度数据的结构特征。鉴于此，最佳投影方向通过求解投影指标函数的最大化问题来估计，具体为：

$$\text{最大目标函数：}\mathrm{Max}Q(a)=S(a)\times D(a) \tag{9-5}$$

$$\text{约束条件：st.}\sum_{j=1}^{p}a_j^2=1\text{ 且 }a_j(j=1,2,\cdots,p)\geqslant 0 \tag{9-6}$$

目标函数是投影方向 a 为变量的复杂非线性优化问题，本书采用实数编码遗传算法进行求解。

第四，对落户门槛值进行排序。把最佳投影方向 a 代入各样本点的投影值 Z_i，按 Z_i 之间的大小关系进行排序，对不同城市的落户门槛指数进行排序。

（二）全要素生产率

本书的关键被解释变量为企业全要素生产率（TFP），我们使用 OP 法和 OLS 法分别对其进行估计。全要素生产率的计算基于柯布—道格拉斯生产函数，其中，具体指标的选取方面，我们参照赵健宇和陆正飞的方法，使用主营业务收入的自然对数反映产出，使用员工人数的自然对数测度劳动力投入，使用固定资产的自然对数测算资本投入，使用资本性支出的自然对数衡量投资，并使用购买商品、接受劳务所支付的现金的自然对数表示中间品投入。

第三节 模型建立

本书研究了 2016—2019 年各上市企业全要素生产率与各自变量之间的关系，数据共涉及 3 401 家企业，样本量共计 12 584 条。其中企业全要素生产率的计算使用了 OLS 与 OP 两种计算方式得到，将分别参与建模。各变量的具体介绍如图 9-1 所示。

变量类型	变量维度	变量名称	变量说明
因变量		tfp_ols	企业全要素生产率，通过OLS方法计算得到
		tfp_op	企业全要素生产率，通过OP方法计算得到
关注变量	城市落户得分	lh_score	落户得分，全国120城落户指标量化后通过遗传算法计算权重后加权的得分，得分越大落户难度越高
控制变量	企业经营状况	ttAsset	总资产
		zylnc	主营业务收入
		LEV	资产负债率
		ROA	资产回报率
		growth	主营业务收入增长率
		ttAsetrat	总资产周转率
		Rsos	国有股占比
		empee	员工人数
		FstHolder	第一大股东持股比例
		yylrl	营业利润率
		big4	审计质量（审计机构是否为四大）
	时间	year	年份，2016-2019

图 9-1 变量介绍

一、数据加工与处理

（一）导入需要的模块

GA 算法是模拟达尔文生物进化论的自然选择和遗传学机理的生物进化过程的计算模型，是一种通过模拟自然进化过程搜索最优解的方法。

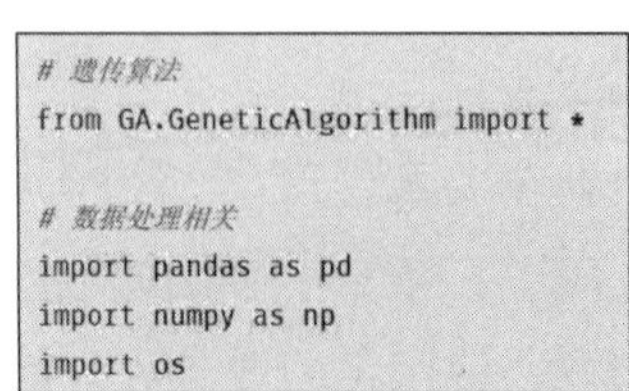

```
# 遗传算法
from GA.GeneticAlgorithm import *

# 数据处理相关
import pandas as pd
import numpy as np
import os
```

（二）读入落户原始数据并进行填补（见图 9-2）

```
# 获取路径，读取原始的落户指标数据（含缺失值）
path = os.getcwd()
raw_data = pd.read_excel(path + "/数据/落户指标.xlsx",\
                         header=0,index_col=False)

# 提取出不同级别城市数据（后续用作填补数据）
level1 = raw_data[raw_data['城市级别']==1].copy()
level2 = raw_data[raw_data['城市级别']==2].copy()
level345 = raw_data[raw_data['城市级别'].isin([3,4,5])].copy()

# 计算一线城市缺失值的填补用数据
level1_table = pd.DataFrame(index = np.unique(level1.年份.values),\
                            columns = level1.columns[3:])
for j in level1_table.columns:
    for i in level1_table.index:
        level1_table.loc[i,j] = raw_data[raw_data['年份']==i][j].max()
```

```
# 计算三四五线城市缺失值的填补用数据
level345_table = pd.DataFrame(index = np.unique(level345.年份.values),\
                              columns = level345.columns[3:])
for j in level345_table.columns:
    for i in level345_table.index:
        level345_table.loc[i,j] = level345[level345['年份']==i][j].min()

# 计算二线城市缺失值的填补用数据
level2_median_table = pd.DataFrame(index = np.unique(level2.年份.values),\
                                   columns = level2.columns[3:])
for j in level2_median_table.columns:
    for i in level2_median_table.index:
        level2_median_table.loc[i,j] = level2[level2['年份']==i][j].median()
```

```
# 定义缺失值填补函数
def fill_nan(data,table):
    data1 = data.copy()
    for j in table.columns:
        for i in np.unique(data.年份.values):
            subdata = data[(data[j].isnull())&(data['年份']==i)]
            for k in subdata.index:
                data1.loc[k,j] = table.loc[i,j]
    return data1

# 分层填补数据
level1_max = fill_nan(level1,level1_table)
level345_min = fill_nan(level345,level345_table)
level2_median = fill_nan(level2,level2_median_table)
dat_info = pd.concat([level1_max, level2_median, level345_min])

# 查看填补后的数据
dat_info.head()
```

	城市级别	年份	城市	实际投资/纳税总额	投资落户/纳税附加条件	购房面积	购房落户附加条件	职称要求	学历要求	附加条件	学历要求.1	就业规范	居住要求	社保要求	普通就业附加条件
190	1	2020	北京	100.0	6.0	100.0	6.0	4.0	19.0	4.0	15.0	5.0	5.0	5.0	2.0
191	1	2019	北京	100.0	6.0	100.0	6.0	4.0	19.0	4.0	15.0	5.0	5.0	5.0	2.0
192	1	2018	北京	100.0	6.0	100.0	6.0	4.0	19.0	4.0	15.0	5.0	5.0	5.0	3.0
193	1	2017	北京	102.0	6.0	100.0	6.0	4.0	19.0	4.0	15.0	5.0	5.0	5.0	2.0
194	1	2016	北京	110.0	6.0	100.0	6.0	4.0	19.0	4.0	15.0	5.0	5.0	5.0	3.0

图 9-2 填补后的数据集，并展示前 5 行

(三) 遗传算法计算最优参数

生成大小为 n 的原始种群，计算种群中每个单位对应得分，模拟自然筛选过程，交叉、变异、种群迭代（见图 9-3）。

```
# 数据准备，计算每座城市的5年间各项指标的均值
dat = dat_info.groupby("城市").mean().iloc[:, 2:]

# 对120座城市的数据做最大—最小值标准化，得到遗传算法所需数据
dat = dat.apply(lambda x: (x-np.min(x))/(np.max(x)-np.min(x)), axis=0)

# 设置随机数种子保证结果可复现
np.random.seed(100)
random.seed(100)

# 遗传算法设置参数
run1 = GeneticAlgorithm()
run1.R = dat.shape[1]  # 根据文献，R的取值一般可以设置成与特征维度相同
run1.dat_info = dat  # 导入数据

# 生成初始种群
run1.generate_initial_generation(200)

# 开始遗传算法
run1.gp_train(n_generations=100, p_cross=0.2)
# 运行较慢的话可以将n_generations调小，p_cross适当增大，一般不超过0.5
```

```
Group Initialized...
Start training...


HBox(children=(HTML(value=''), FloatProgress(value=0.0), HTML(value='')))


第1代，目标函数最大值为：97824.84
第2代，目标函数最大值为：98097.25
第3代，目标函数最大值为：98186.26
第4代，目标函数最大值为：98390.09
第5代，目标函数最大值为：99268.6
第6代，目标函数最大值为：99481.46
第7代，目标函数最大值为：99805.59
第11代，目标函数最大值为：100250.02
第14代，目标函数最大值为：100460.98
第18代，目标函数最大值为：100716.36
```

```
第21代，目标函数最大值为：101556.66
第27代，目标函数最大值为：101605.91
第31代，目标函数最大值为：101677.8
第43代，目标函数最大值为：101765.01
第51代，目标函数最大值为：101793.71
第56代，目标函数最大值为：101888.68
第58代，目标函数最大值为：101955.87
第97代，目标函数最大值为：101964.87
```

图 9-3 提示信息

(四) 根据遗传算法结果,计算各城市每年的落户得分

对数据进行处理,标准化每一列的值,然后计算投影得分。

```
# 对每年的数据，参照均值标准化时使用的max-min值进行标准化
_min = dat_info.groupby("城市").mean().iloc[:, 2:].min()
_max = dat_info.groupby("城市").mean().iloc[:, 2:].max()
dat_by_year = dat_info.iloc[:, 3:]
for j in range(dat_by_year.shape[1]):
    dat_by_year.iloc[:, j] = (dat_by_year.iloc[:, j] - _min[j]) / (_max[j] - _min[j])

# 计算落户值
city_info = dat_info.iloc[:, :3]
city_info.index = range(city_info.shape[0])
lh_score = pd.concat((city_info, pd.Series(np.dot(dat_by_year, run1.best_param))), axis=1)
lh_score.columns = ['level', 'year', 'City', 'lh_score']
```

(五) 读取控制变量与因变量数据

读取回归相关数据文件,检查并确保控制变量中的城市名称与之前处理的数据中一致。

```
# 读取回归相关数据
path = os.getcwd()
ctrl_factors = pd.read_excel(path + "/数据/控制变量.xlsx", dtype={'code': str})
dependent_variable = pd.read_csv(path + "/数据/企业全要素生产率.txt", sep=',', dtype={'code': str})

# 处理控制变量中的城市名称，与落户分中的城市名称统一
for i in tqdm(range(dependent_variable.shape[0])):
    city = dependent_variable.City[i]
    if '市' in city:
        dependent_variable.loc[i, 'City'] = city.replace('市', '')
```

(六) 合并数据,填补缺失值

整合多个数据源,确保数据一致性,并进行调整和补全。

```
# 筛选年份
dependent_variable = dependent_variable.query('year > 2015 and year < 2020')

# 合并因变量与自变量
dat = pd.merge(dependent_variable, ctrl_factors, how='left', on=['code', 'year'])

# 合并落户分
dat_merged = pd.merge(dat, lh_score, how='left', on=['year', 'City'])
```

```
# 根据省份对落户分进行补全
for i in tqdm(range(dat_merged.shape[0])):
    if not np.isnan(dat_merged.lh_score[i]):
        continue
    prov = dat_merged.prov[i]
    year = dat_merged.year[i]
    try:
        dat_temp = dat_merged[dat_merged.prov==prov]
        dat_temp = dat_temp[dat_temp.year==year]
    except:
        raise Exception('Error')
    level_max = max(dat_temp.level)
    if level_max <= 2:
        dat_merged.loc[i, 'lh_score'] = 0
    elif level_max > 2:
        dat_merged.loc[i, 'lh_score'] = min(dat_temp.lh_score)
    elif np.isnan(level_max):
        dat_merged.loc[i, 'lh_score'] = 0
```

(七) 整理得到回归所需的数据

将回归分析中所需的自变量和因变量提取出来,以备进行回归分析(见图 9-4)。

```
# 提取出回归所需自变量与因变量
features = list(ctrl_factors.columns)[1:] + ['lh_score', 'tfp_ols', 'tfp_op']
reg_dat = dat_merged.loc[:, features]

# 查看数据缺失情况
pd.isna(reg_dat).sum()
```

```
year           0
ttAsset        0
zyInc          0
LEV            0
ROA            0
growth       901
ttAsetrat      6
Rsos           5
empee          5
FstHolder   1179
yylrl          5
big4         158
lh_score       0
tfp_ols      136
tfp_op        69
dtype: int64
```

图 9-4 数据集内数据缺失值情况

(八) 查看数据基本情况

下面查看一下数据的基本情况,包括企业数和样本量。

```
# 企业数
print(len(set(dat_merged.stkname)))

# 样本量
print(dat_merged.shape)
```

```
3401
(12584, 25)
```

二、描述性统计

（一）因变量分布

可以看到两种计算方式得到的因变量在分布上有一定差别，OLS 得到的 TFP 的均值集中在 0 附近，而 OP 方法得到的 TFP 值集中在 6.5 附近，且可以明显观察到 OP 方法得到的 TFP 值方差更大。

1. 绘制 tfp_ols 的直方图

下面对因变量 tfp_ols 进行描述性统计分析，见图 9-5。

```
# 加载库
import matplotlib.pyplot as plt
import numpy as np
import matplotlib
# 设置matplotlib正常显示中文和负号
matplotlib.rcParams['font.sans-serif']=['SimHei']    # 用黑体显示中文
matplotlib.rcParams['axes.unicode_minus']=False      # 正常显示负号
```

```
plt.figure(figsize=(8,6))
plt.hist(reg_dat['tfp_ols'], bins=20, facecolor="gold", \
        edgecolor="black", alpha=0.7, density=True)
# 显示横轴标签
plt.xlabel("区间", fontdict={"fontsize": 16})
plt.xticks(fontsize=16)
# 显示纵轴标签
plt.ylabel("频率", fontdict={"fontsize": 16})
plt.yticks(fontsize=16)
# 显示图标题
plt.title("tfp_ols频率分布直方图", fontdict={"fontsize": 20})
plt.show()
```

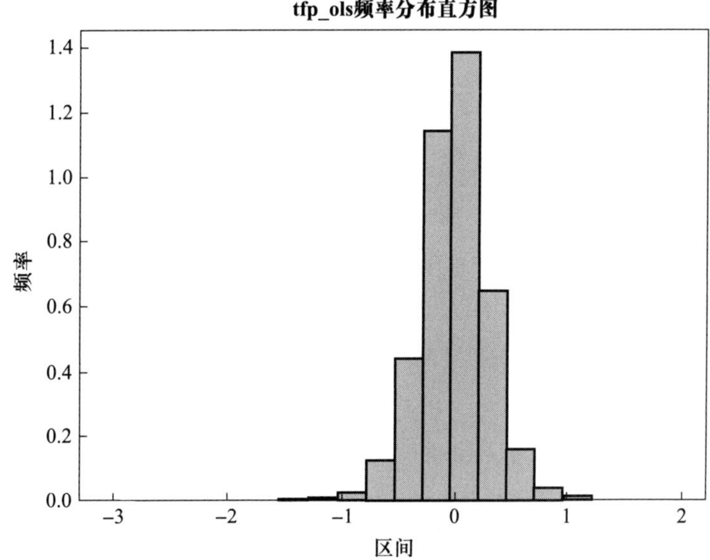

图 9-5　tfp_ols 频率分布直方图

2. 绘制 tfp_op 的直方图

下面绘制 tfp_op 直方图，直观感受一下另外一种构造方式下（OP 法）自变量 tfp_op 的描述性统计结果（见图 9-6）。

```
plt.figure(figsize=(8, 6))
plt.hist(reg_dat['tfp_op'], bins=20, facecolor="gold", \
        edgecolor="black", alpha=0.7, density=True)
# 显示横轴标签
plt.xlabel("区间", fontdict={"fontsize": 16})
plt.xticks(fontsize=16)
# 显示纵轴标签
plt.ylabel("频率", fontdict={"fontsize": 16})
plt.yticks(fontsize=16)
# 显示图标题
plt.title("tfp_op频率分布直方图", fontdict={"fontsize": 20})
plt.show()
```

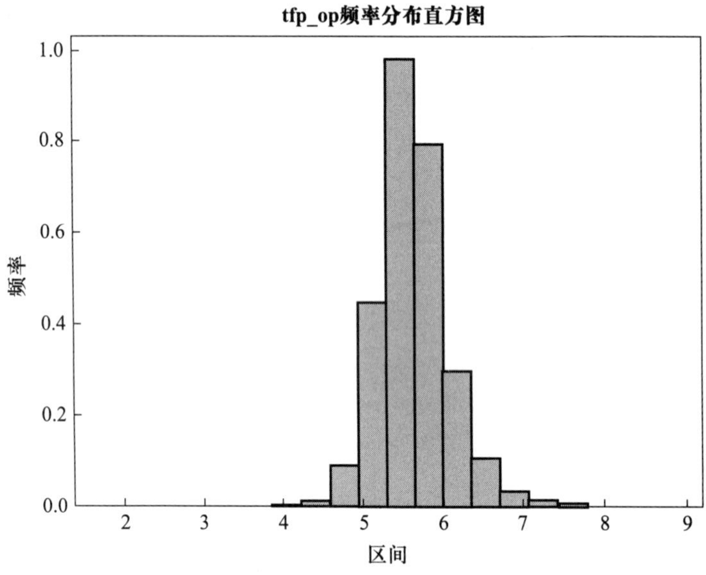

图 9-6 tfp_op 频率分布直方图

（二）因变量与自变量关系

对连续自变量进行等宽分箱，绘制箱线图，以展示落户得分与企业全要素生产率间的关系。图 9-7、图 9-8 中分别绘制了 OLS 和 OP 两种方法计算得到的 TFP。可以观察到较为一致的现象，对于每一个落户得分的区间，可以观察到随着落户得分的增加，企业全要素生产率有上升的趋势。

1. 绘制落户得分和 tfp_ols 的箱线图

接下来我们绘制落户得分和全要素生产率的箱线图，比较不同落户得分的生产率分布情况。此处我们先以 OLS 方法构造的 TFP 为例。

```
dat_vis_ols = reg_dat[-np.isnan(reg_dat.tfp_ols)]
plt.figure(figsize=(8, 6))
cut = pd.cut(dat_vis_ols['lh_score'], bins=4, labels=[1,2,3,4], )
x = [list(dat_vis_ols['tfp_ols'][cut==i]) for i in range(1,5)]
plt.boxplot(x)
# 显示横轴标签
plt.xlabel("区间", fontdict={"fontsize": 16})
plt.xticks(fontsize=16)
# 显示纵轴标签
plt.ylabel("TFP", fontdict={"fontsize": 16})
plt.yticks(fontsize=16)
# 显示图标题
plt.title("OLS", fontdict={"fontsize": 20})
plt.show()
```

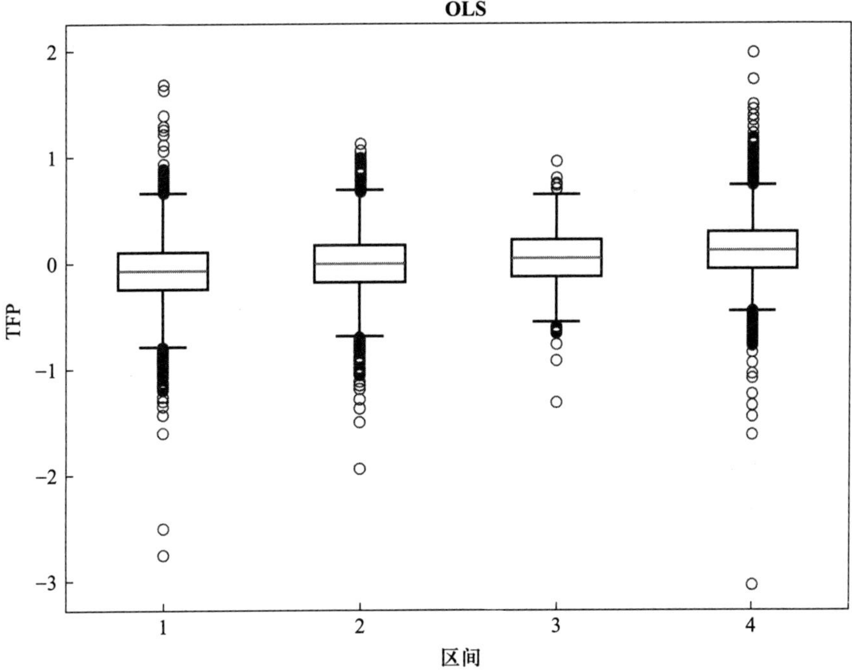

图 9-7 落户得分和 tfp_ols 的箱线图

2. 绘制落户得分和 tfp_op 的箱线图

继续绘制箱线图,此处我们以 OP 法构造的 TFP 为例。

```
dat_vis_op = reg_dat[-np.isnan(reg_dat.tfp_op)]
plt.figure(figsize=(8, 6))
cut = pd.cut(dat_vis_op['lh_score'], bins=4, labels=[1,2,3,4], )
x = [list(dat_vis_op['tfp_op'][cut==i]) for i in range(1,5)]
plt.boxplot(x)
# 显示横轴标签
plt.xlabel("区间", fontdict={"fontsize": 16})
plt.xticks(fontsize=16)
# 显示纵轴标签
plt.ylabel("TFP", fontdict={"fontsize": 16})
plt.yticks(fontsize=16)
# 显示图标题
plt.title("OP", fontdict={"fontsize": 20})
plt.show()
```

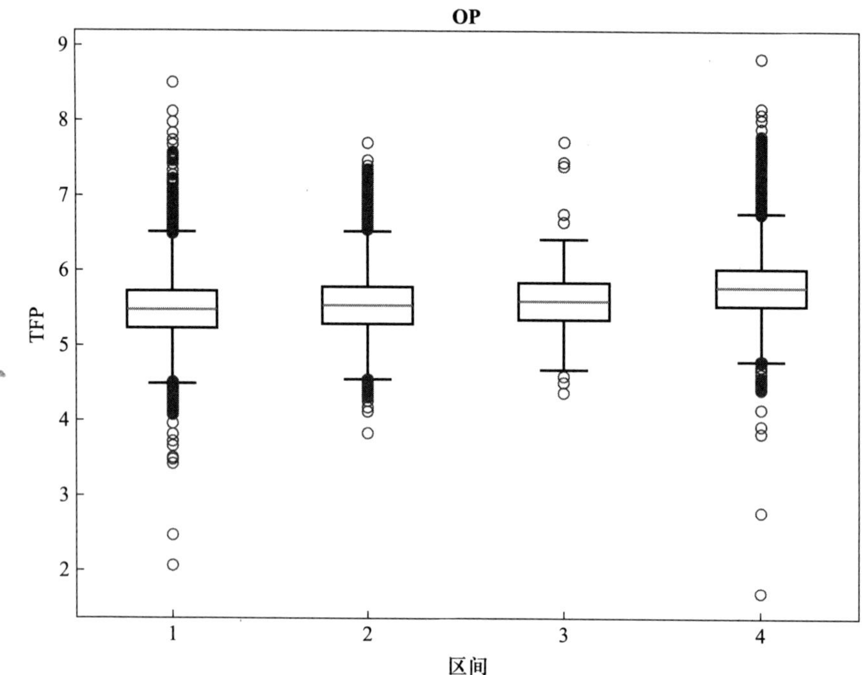

图 9-8 落户得分和 tfp_op 的箱线图

三、建模

通过对 OLS 和 OP 两种方法计算得到的 TFP 构建线性回归模型，能够观察到较为一致的结论。将其他一系列特征作为控制变量时，落户得分在两个模型中均表现出和企业全要素生产率的正相关关系，且模型中落户得分的 p 值均达到了 <0.001 的水平，更说明了落户水平对企业全要素生产率有着显著的正向影响。

（一）使用 OLS 方法构建的 TFP 指标的建模过程

首先把 tfp_ols 中存在的缺失值进行处理，并在此基础上进行与落户得分的 OLS 回归分析（见图 9-9）。

```
# 提取出tfp_ols非缺失的数据
reg_dat_ols = reg_dat[-np.isnan(reg_dat.tfp_ols)]
reg_dat_ols = reg_dat_ols.astype({"year": "category"})

# 使用中位数填补缺失值
reg_dat_ols = reg_dat_ols.fillna(reg_dat_ols.median())
print(reg_dat_ols.shape)
# 保存数据
reg_dat_ols.drop("tfp_op", axis=1).to_csv("ols.csv", index=False)
```

```
(12448, 15)
```

```
import statsmodels.formula.api as sm
model_ols = sm.ols(formula='tfp_ols~year+ttAsset+zyInc+LEV+ROA+growth+
                   ttAsetrat+Rsos+empee+FstHolder+yylrl+big4+lh_score',
                   data=reg_dat_ols)
```

```
fitted_ols = model_ols.fit()
print(fitted_ols.summary())
```

```
                            OLS Regression Results
==============================================================================
Dep. Variable:                tfp_ols   R-squared:                       0.189
Model:                            OLS   Adj. R-squared:                  0.188
Method:                 Least Squares   F-statistic:                     192.9
Date:                Wed, 20 Oct 2021   Prob (F-statistic):               0.00
Time:                        22:15:23   Log-Likelihood:                -1862.7
No. Observations:               12448   AIC:                             3757.
Df Residuals:                   12432   BIC:                             3876.
Df Model:                          15
Covariance Type:            nonrobust
================================================================================
                  coef    std err          t      P>|t|      [0.025      0.975]
--------------------------------------------------------------------------------
Intercept      -0.2030      0.010    -19.361      0.000      -0.224      -0.182
year[T.2017]   -0.0052      0.007     -0.712      0.477      -0.020       0.009
year[T.2018]    0.0055      0.007      0.747      0.455      -0.009       0.020
year[T.2019]    0.0073      0.007      1.009      0.313      -0.007       0.022
ttAsset      1.847e-13   6.57e-14      2.813      0.005     5.6e-14    3.13e-13
zyInc        8.909e-15   7.97e-14      0.112      0.911   -1.47e-13    1.65e-13
LEV            -0.0770      0.014     -5.511      0.000      -0.104      -0.050
ROA             0.6980      0.040     17.283      0.000       0.619       0.777
growth          0.0007      0.001      1.327      0.184      -0.000       0.002
ttAsetrat       0.1440      0.005     28.215      0.000       0.134       0.154
Rsos            0.0301      0.023      1.305      0.192      -0.015       0.075
empee       -1.288e-06   2.57e-07     -5.004      0.000   -1.79e-06   -7.84e-07
FstHolder       0.0003      0.000      1.672      0.094   -5.45e-05       0.001
yylrl          -0.0082      0.007     -1.135      0.256      -0.022       0.006
big4            0.0404      0.012      3.405      0.001       0.017       0.064
lh_score        0.0725      0.002     34.955      0.000       0.068       0.077
==============================================================================
Omnibus:                     1276.182   Durbin-Watson:                   1.612
Prob(Omnibus):                  0.000   Jarque-Bera (JB):            10607.267
Skew:                          -0.074   Prob(JB):                         0.00
Kurtosis:                       7.520   Cond. No.                     1.79e+12
==============================================================================

Notes:
[1] Standard Errors assume that the covariance matrix of the errors is correctly specified.
[2] The condition number is large, 1.79e+12. This might indicate that there are
strong multicollinearity or other numerical problems.
```

图 9-9 使用 OLS 方法构建的 TFP 指标的建模结果

（二）使用 OP 方法构建的 TFP 指标的建模过程

接下来，将 tfp_op 中存在的缺失值进行填补，并与落户得分进行 OLS 回归分析（见图 9-10）。

```
# 提取出tfp_op非缺失的数据
reg_dat_op = reg_dat[-np.isnan(reg_dat.tfp_op)]
reg_dat_op = reg_dat_op.astype({"year": "category"})

# 使用中位数填补缺失值
reg_dat_op = reg_dat_op.fillna(reg_dat_op.median())
print(reg_dat_op.shape)
reg_dat_ols.drop("tfp_ols", axis=1).to_csv("op.csv", index=False)
```

```
(12515, 15)
```

```
import statsmodels.formula.api as sm
model_op = sm.ols(formula='tfp_op~year+ttAsset+zyInc+LEV+ROA+growth+
                  ttAsetrat+Rsos+empee+FstHolder+yylrl+big4+lh_score',
                  data=reg_dat_ols)
fitted_op = model_op.fit()
print(fitted_op.summary())
```

```
                            OLS Regression Results
==============================================================================
Dep. Variable:                 tfp_op   R-squared:                       0.212
Model:                            OLS   Adj. R-squared:                  0.212
Method:                 Least Squares   F-statistic:                     223.6
Date:                Wed, 20 Oct 2021   Prob (F-statistic):               0.00
Time:                        22:15:25   Log-Likelihood:                -6564.0
No. Observations:               12448   AIC:                         1.316e+04
Df Residuals:                   12432   BIC:                         1.328e+04
Df Model:                          15
Covariance Type:            nonrobust
================================================================================
                   coef    std err          t      P>|t|      [0.025      0.975]
--------------------------------------------------------------------------------
Intercept        5.2577      0.015    343.762      0.000       5.228       5.288
year[T.2017]    -0.0223      0.011     -2.074      0.038      -0.043      -0.001
year[T.2018]    -0.0221      0.011     -2.069      0.039      -0.043      -0.001
year[T.2019]     0.0198      0.011      1.871      0.061      -0.001       0.041
ttAsset        9.71e-13   9.58e-14     10.137      0.000    7.83e-13    1.16e-12
zyInc        -7.482e-13   1.16e-13     -6.438      0.000   -9.76e-13    -5.2e-13
LEV              0.2096      0.020     10.286      0.000       0.170       0.250
ROA              0.9016      0.059     15.303      0.000       0.786       1.017
growth           0.0016      0.001      1.981      0.048    1.68e-05       0.003
ttAsetrat        0.0800      0.007     10.749      0.000       0.065       0.095
Rsos             0.1919      0.034      5.696      0.000       0.126       0.258
empee         2.543e-06   3.76e-07      6.771      0.000    1.81e-06    3.28e-06
FstHolder        0.0004      0.000      1.458      0.145      -0.000       0.001
yylrl            0.1029      0.011      9.780      0.000       0.082       0.123
big4             0.1900      0.017     10.968      0.000       0.156       0.224
lh_score         0.0961      0.003     31.729      0.000       0.090       0.102
==============================================================================
Omnibus:                     2449.163   Durbin-Watson:                   1.696
Prob(Omnibus):                  0.000   Jarque-Bera (JB):            14369.638
Skew:                           0.818   Prob(JB):                         0.00
Kurtosis:                       8.003   Cond. No.                     1.79e+12
==============================================================================

Notes:
[1] Standard Errors assume that the covariance matrix of the errors is correctly specified.
[2] The condition number is large, 1.79e+12. This might indicate that there are
strong multicollinearity or other numerical problems.
```

图 9-10 使用 OP 方法构建的 TFP 指标的建模结果

第四节 结 论

本案例利用2016—2019年上市公司财务数据及其注册地户籍门槛指标，考察了户籍门槛对企业全要素生产率的影响。回归分析表明，户籍门槛lh_score的系数在两种因变量TFP的构造方式下，都有显著的正向表现。这意味着落户难度对企业全要素生产率存在正向影响，落户难度越高，企业全要素生产率相应就会越高。这为劳动力流动影响企业全要素生产率提供了实证依据。

当前，我国户籍制度改革显著降低了各城市的户籍门槛和落户难度，这会大大促进地区间劳动力流动水平。对企业而言，劳动力供给的增加使其用工成本大幅降低，企业会降低其在技术创新上的投入，最终带来全要素生产率的下降。这与本案例的实证结果一致。

加强企业技术创新是加快转变经济发展方式的重要支撑，是促进科技体制改革的关键环节，是落实科学发展观、建设创新型国家的重要内容。为激励企业积极进行研发投入，提高技术创新水平，促使更多的企业从劳动密集型转型为技术创新型企业，政府应配合户籍制度改革，一方面需加大对技术创新的支持力度，创新财政投入方式，支持企业承接和采用新技术、开展新技术新产品的工程化研究应用，并组织实施一批科技成果转化示范项目；另一方面还需提高劳动力技能结构，引导科技创新人才向企业集聚。

思考与练习

通常，北京、上海等一线城市落户门槛更高，企业对于劳动力技能水平的要求也会更高，因此，户籍门槛对于企业全要素生产率的影响在不同城市是否存在差异？

在我国，相比于民营企业，国有企业面临的融资约束更小，能有更多资金进行技术创新。因此，对于不同产权性质的企业而言，落户门槛的高低对其生产率的影响是否也会有所不同？

主要参考文献

[1] 王秀文,郭明鑫,王宇韬. 超简单:用 Python 让 Excel 飞起来[M]. 北京:机械工业出版社,2020.

[2] 王宇韬,钱妍竹. Python 大数据分析与机器学习商业案例实战[M]. 北京:机械工业出版社,2020.

[3] 张杰. Python 数据可视化之美:专业图表绘制指南[M]. 北京:电子工业出版社,2020.

[4] 吴喜之,张敏. Python——数据科学的手段[M]. 2 版. 北京:中国人民大学出版社,2021.

[5] 斯文. 基于 Python 的金融分析与风险管理[M]. 2 版. 北京:人民邮电出版社,2021.

[6] 王晖,段文军,等,财务分析[M]. 北京:中国财政经济出版社,2017.

[7] 王小鲁,樊纲,胡李鹏. 中国分省企业经营环境指数 2020 年报告[M]. 北京:社会科学文献出版社,2020.

[8] 喻坤,李治国,张晓蓉,徐剑刚. 企业投资效率之谜:融资约束假说与货币政策冲击[J]. 经济研究,2014,49(05):106-120.

[9] 徐倩. 不确定性、股权激励与非效率投资[J]. 会计研究,2014(03):41-48、95.

[10] 申慧慧,于鹏,吴联生. 国有股权、环境不确定性与投资效率[J]. 经济研究,2012,47(07):113-126.

[11] 陈运森,谢德仁. 网络位置、独立董事治理与投资效率[J]. 管理世界,2011(07):113-127.

[12] 李焰,秦义虎,张肖飞. 企业产权、管理者背景特征与投资效率[J]. 管理世界,2011(01):135-144.

[13] 辛清泉,郑国坚,杨德明. 企业集团、政府控制与投资效率[J]. 金融研究,2007(10):123-142.

[14] 王斌会. 计量经济学时间序列模型及 Python 应用[M]. 广州:暨南大学出版社,2021.

[15] 岳殿民,等. 中国上市公司会计舞弊方式实证研究[J]. 审计研究,2009(05):82-89.

[16] 秦江萍. 上市公司会计舞弊:国外相关研究综述与启示[J]. 会计研究,2005(06):69-74、96.

[17] (美)塞西尔·杰克逊. 穿透会计舞弊[M]. 韩洪灵,陈汉文,等,译. 北京:中国人民大学出版社,2021.

[18] 张吉鹏,卢冲. 户籍制度改革与城市落户门槛的量化分析[J]. 经济学(季刊),2019,18(04):1509-1530.

郑重声明

高等教育出版社依法对本书享有专有出版权。任何未经许可的复制、销售行为均违反《中华人民共和国著作权法》，其行为人将承担相应的民事责任和行政责任；构成犯罪的，将被依法追究刑事责任。为了维护市场秩序，保护读者的合法权益，避免读者误用盗版书造成不良后果，我社将配合行政执法部门和司法机关对违法犯罪的单位和个人进行严厉打击。社会各界人士如发现上述侵权行为，希望及时举报，我社将奖励举报有功人员。

反盗版举报电话　（010）58581999　58582371

反盗版举报邮箱　dd@hep.com.cn

通信地址　北京市西城区德外大街 4 号

　　　　　高等教育出版社知识产权与法律事务部

邮政编码　100120

读者意见反馈

为收集对教材的意见建议，进一步完善教材编写并做好服务工作，读者可将对本教材的意见建议通过如下渠道反馈至我社。

咨询电话　400-810-0598

反馈邮箱　gjdzfwb@pub.hep.cn

通信地址　北京市朝阳区惠新东街 4 号富盛大厦 1 座

　　　　　高等教育出版社总编辑办公室

邮政编码　100029